Abenteuer Drogenmystik

Hans-Peter Waldrich

Abenteuer Drogenmystik

Ekstasen zwischen Erleuchtung und Tod

www.tredition.de

© 2016 Hans-Peter Waldrich

Umschlaggestaltung unter Verwendung einer Photographie von Alfredo Garcia, veröffentlicht auf Flickr unter CC BY-SA 2.0

Verlag: tredition GmbH, Hamburg

ISBN
Paperback: 978-3-7345-4131-5
e-Book: 978-3-7345-4132-2

Printed in Germany

„Mit dem alltäglichen Bewusstsein sehen und erfahren wir lediglich einen kleinen Bruchteil der Außenwelt [...]; im mystischen Gemütszustand – wenn der Empfänger auf volle Wahrnehmungsbreite eingestellt ist –, werden wir uns simultan eines unendlich erweiterten äußeren und inneren Universums bewusst." (Albert Hofmann, 1997, 46f.)

Für Bernd

Wegen stilistischer Klarheit und leichterer Lesbarkeit wurde im Text auf die sprachliche Verwendung weiblicher Formen verzichtet. Die Verwendung der männlichen Form gilt inhaltlich für Frauen und Männern gleichermaßen.

Inhaltsverzeichnis

Geleitwort

von Thomas Welter

Als langjähriger therapeutischer Leiter einer Fachklinik für Abhängigkeitserkrankungen ist mir der Umgang, der Reiz und die Gefahr von Drogen durchaus vertraut. Diese erscheinen wie "die dunkle Seite des Mondes" in Anlehnung an einen vom Pilzrausch durchdrungenen Roman von Martin Suter.
Nun hat der Mond auch eine helle Hälfte und etliche Helligkeitsübergänge. Drogen, besonders halluzinogene Drogen, haben nicht nur eine gefahrenvolle, klinisch bedenkliche Seite, sondern auch eine lange positive Tradition. Über Jahrtausende spielten sie eine kulturelle und spirituelle Rolle. Auch diese ist mir in zehn Jahren als Benediktinermönch einer großen Abtei begegnet. Dort erfuhr ich, dass sich die spirituelle Suche im Untergrund und im Verborgenen auch Wege sucht, die nur wenig den offiziellen Vorstellungen über Drogen und Drogengebrauch entsprechen.

Die in diesem Buch dargelegte Auseinandersetzung mit dem Thema Drogen, Spiritualität und Psychotherapie erscheint mir einzigartig und profund, denn sie ist keine Apologie von Glaubenssätzen für oder gegen den Drogengebrauch, sondern vermittelt einen differenzierten, abwägenden und sowohl wissenschaftlich wie philosophisch durchdachten Zugang. In Waldrichs Buch wird die Bedeutung halluzinogener Drogen für die Sinnsuche und Spiritualität des Menschen thematisiert. Waldrich befasst sich jedoch nicht nur mit einer fundierten Aufarbeitung und einer theoretischen Auseinandersetzung mit diversen thematischen Quellen, er problematisiert höchst aktuell konkrete Entwicklungen insbesondere innerhalb des therapeutischen Gebrauchs psychoaktiver Substanzen. Dabei stehen Möglichkeit und Gefahr des Missbrauchs im Mittelpunkt.
Letztlich bleibt das Büchlein eine philosophische Einladung und

Aufforderung zu einem öffentlichen Gespräch, zur Betrachtung des Mondes mit alle seinen Seiten, den lichten wie den dunklen. Wie spannend etwa die Forschungsgeschichte zu bestimmten psychoaktiven Substanzen auch erzählt wird, es geht in diesem überaus wertvollen Büchlein nicht nur um Theorie, vielmehr vor allem um die aktuelle Praxis des Umgang mit bedeutsamen und letztlich "philosophischen Hilfsmitteln" auf der Suche des Menschen nach Sinn.

Sonthofen, 15. Mai 2016

Thomas Welter
Dipl. psych. / Psychologischer Psychotherapeut

Teil eins: Psychoaktive Substanzen – Sinn und Unsinn

Sich durch den Konsum von Drogen innerhalb kürzester Zeit in ein Wrack zu verwandeln, ist keine Kunst. Jeder weiß das. Ebenso bekannt ist, dass nicht alle Drogen in dieser Weise zur Selbstzerstörung führen. Manche Drogen, so hört man, haben ganz andere Effekte: sie eröffnen seltsame Welten, magische Sphären, wecken Spiritualität, konfrontieren mit rätselhaften, fast schon religiösen Erfahrungen. Solche Drogen sind von einem Geheimnis umwittert. Von diesen Drogen ist hier die Rede.

Die These dieses Buches lautet: Viele Menschen interessieren sich für derartige Substanzen, weil sie sich auf der Suche befinden. Sie vermissen den Sinn in ihrem Leben und wollen ihn nun mit der Hilfe von Drogen finden. Zwar mag vielen nicht so recht klar sein, auf was sie sich einlassen, doch gerade die Aussicht, mit neuen, tiefen, bedeutungsvollen inneren Erfahrungen Bekanntschaft zu machen, scheint verlockend. Doch was sind das für Erfahrungen? Es ist nicht ganz leicht, sie auf einen gemeinsamen Nenner zu bringen. Sie sind vielfältig und betreffen alle Ebenen des Menschlichen. Dennoch haben sie einen gemeinsamen Kern, eine Art Höhepunkt des gesamten Erlebens und dieser Kern und Gipfelpunkt kann ohne Abstriche – dies allerdings, ohne sich an dieses Wort als undefinierten Begriff zu klammer – als „mystisch" bezeichnet werden. Wer sich mit Hilfe bestimmter Drogen auf die Suche nach Sinn und Orientierung aufmacht, begibt sich also auf so etwas wie einen „mystischen" Weg. Was das genau bedeutet, davon ausführlicher unten.

Die Möglichkeit dieses mystischen Weges sieht unsere Gesellschaft jedoch nicht vor. Obwohl ihr Tabak- und Alkoholkonsum enorm ist, hat der Rausch in ihr keinen wirklichen Platz. Jedenfalls kommt er als Mittel der Sinnsuche kaum in Frage. Sinnfragen zu stellen, betrachtet die Gegenwart als nebensächliches Privatvergnügen. Dagegen liebt sie kein Wörtchen so sehr wie die Bezeichnung „effizient". Räusche sind nicht effizient, daher gehören sie eher in die Schmuddelecke des Alltags. Denn die gemeinte Effizienz sieht der immer strikter werdende Kapitalismus ausschließlich im kostengünstigen Ineinandergreifen sämtlicher Rädchen, die jene gewaltige Megamaschine (André Gorz) antreiben, die Umsatz, Absatz und Renditen generiert. Eines dieser Rädchen ist der Mensch, ohne den es trotz umfassender Computerisierung noch nicht geht.

Doch das zur Megamaschine passende Menschenbild fußt auf falschen Voraussetzungen. Der Mensch ist ein Sinnsucher – davon lässt er sich auch durch noch so reizvolle Konsumversprechungen nicht abbringen. „Sinn" in einem erweiterten Verständnis kann auf vielen Wegen gefunden werden – seit Jahrtausenden spielen psychoaktive Substanzen dabei eine bedeutende Rolle. Kultische Ekstase findet man bei etwa 90 Prozent aller älteren Kulturen, und viele dieser veränderten Bewusstseinszustände sind mit Drogen erzeugt worden (Seger 1984, 158). Drogeneinnahme, Spiritualität und Sinn waren stets Geschwister. Kultischer Drogengebrauch gehört also zum Menschsein; und auch wenn eine Zeit beschließt, dass von nun an sowohl der tiefere Lebenssinn wie auch veränderte Bewusstseinszustände überflüssig seien, ist es dennoch nicht möglich, den Menschen das Bedürfnis nach beidem auszureden. Die Jahrtausende des Drogengebrauchs bei indigenen Völkern zeigt das mehr als deutlich.

Doch niemals ging es um den Rausch um des Rausches willen. Stets war der Rausch eine Art Sakrament, stets hatte er eine spirituelle Bedeutung. Die Drogeneinnahme als Problem, Drogen als Gefahr, Drogen als etwas, das unterdrückt, bekämpft, rechtlich und medizinisch reglementiert werden muss – das ist offenbar ein recht modernes Problem. Historisch gesehen ist nicht unser gegenwärtiger Umgang mit Drogen das Normale, sondern umgekehrt höchst ungewöhnlich und anomal. Diese Anomalität gleicht dem Versuch, den Menschen in eine Arbeitsmaschine zu verwandeln, die so berechenbar funktioniert wie ein Computer, frei von anderen

Wünschen als denjenigen nach Geld und Macht, frei von Phantasie, frei von Träumen, von Überschwang, von Liebe und von anderen Erfahrungen als denjenigen, die durch die ewige Wiederholung der immer gleichen Tretmühle im Dienste des Wirtschaftswachstums möglich wären.

Das verbotene Faszinosum

Aber die Verbannung fast sämtlicher Drogen in Bausch und Bogen entspricht mehr dem „offiziellen" Blick im Sinne einer Politcal Correctness. Tatsächlich behandeln wir die Drogenfrage in der typischen Art einer Doppelmoral; dabei ist ihre Verurteilung nur die eine Seite der Medaille. Denn während wir unablässig gegen Menschen vorgehen, die Drogen einnehmen, ist das Drogenthema mitten im Zentrum des Kapitalismus angesiedelt. In seinen Geldströmen rund um den Globus zirkulieren die Milliarden der Drogenkartelle. Ganz Mexiko steht unter ihrer Regie. Und da Geld nicht stinkt, auch nicht nach Drogen, wird Drogengeld durch Banken verliehen, in bürgerliche Unternehmungen investiert und finanziert gewiss auch teilweise die karitativen Engagements der Kirchen.

Manchmal aber stinkt Geld doch. So will man auf vielen Geldscheinen die Spuren von Kokain gefunden haben. Diese Spuren weisen auf eine zweite Ebene des Kapitalismus hin, die unterhalb der Geld- und Kapitalebene mindestens ebenso wichtig ist. Es geht um die kapitalistische Arbeitswelt. Dort wird das Leben immer hektischer. Und während auf der Gewinnebene mit Drogen großes Geld verdient wird, verkaufen sich Drogen massenweise an geschundene Arbeitnehmer, die ohne solche Substanzen kaum mehr leistungsfähig wären. Auch die Pharmaindustrie macht hier ihren Schnitt. Denn vom Ritalin, mit dem unsere Kinder konzentrationsfähig gehalten werden, bis hin zum Kokain oder Christal Myth, die so machen Vielarbeiter über 14 Stunden täglich bei der Stange halten, sind Drogen allgegenwärtig.

Während also insbesondere Drogen als Aufputschmittel, als „Upper" und Antreiber, obgleich sie offiziell verboten sind, inoffiziell eine unentbehrliche Rolle spielen, um die kapitalistische Leistungsgesellschaft zu stabilisieren, ist es im Hinblick auf eine ganz andere Art von psychoaktiven Substanzen genau umgekehrt: es handelt sich eher um „Oppositionsdrogen", sie stehen im Kontrast zum Leistungswahn der Geld- und Machtkultur. Nimmt sie der Mensch ein, so hat er das Gefühl, dass er eigentlich gar nichts mehr „leisten" will. Stattdessen erscheinen ihm Kunst, die Natur, andere Menschen oder das eigene Innere viel interessanter.

Ende des 18. Jahrhunderts wurde diese ganz andere Art von Drogen wieder entdeckt. Die gleichen oder ähnliche Substanzen, die bei den indigenen Völkern seit alters her eine wichtige Rolle gespielt hatten und deren Existenz lange vergessen worden war, tauchten nun als „Oppositionsdrogen" wieder auf. Von Anfang an ging es dabei um eine kritische Distanz und schließlich um Gegnerschaft gegenüber der arbeitsteiligen und profitorientierte Gesellschaft. Künstler, Intellektuelle, Philosophen suchten veränderte Bewusstseinszustände auf, interessierten sich für die Abgründe und die verdrängten Seiten unserer Existenz, und fast hundert Jahre vor *Sigmund Freud* – nicht zuletzt vermittelt durch psychoaktive Substanzen – wurde das „Unbewusste" entdeckt. So mancher „Romantiker", wie solche Leute schließlich genannt wurden, versetzte sich mit Haschisch oder mit Laudanum, einer Lösung aus Opium und Alkohol, in Zustände, bei denen er in rauchenden Fabrikschloten oder im Zusammenzählen von Zahlenkolonnen kaufmännischer Buchhaltung keinen tieferen Sinn mehr entdecken konnte (Dieckhoff 1996, 87ff.).

Als um die Mitte des 20. Jahrhunderts insbesondere LSD, Psilocybin und Meskalin, drei in ihrer Wirkung sehr ähnliche Substanzen, Verbreitung fanden, wurde dieser gesellschaftskritische Impuls noch viel lautstärker. Schließlich ging die Nutzung solcher Substanzen geradezu eine Symbiose mit der Revolte der 1968er-Jahre ein. Viele junge Leute hatten keine Lust mehr, sich in der kapitalistischen Megamaschine verwursten zu lassen. Besser war da zweifellos eine

Landkommune weit ab von der Zivilisation und die Devise „make love not war" war dabei ein naheliegender Slogan, wenn man die erotisierende Wirkung von Marihuana erlebt hatte. Bekam ein Polizist bei Demonstrationen von einer Hippieschönheit statt beschimpft zu werden eine Blume überreicht, so hatte er auf diese Weise wenigstens ein Ahnung davon mitbekommen, was man so alles unter LSD-Einfluss erleben kann.

Freilich wurde dem „Establishment" so viel Kritik an den Errungenschaften des Kapitalismus bald zu viel. In den USA rief Präsident *Richard Nixon* den „war on drugs" aus. Selbst die Einnahme des harmlosen Cannabis wurde unter strengste Strafe gestellt. Auch die wissenschaftliche Erforschung solcher Substanzen wurde weitgehend verboten.

Dabei war im Grunde nichts wirklich Schlimmes passiert. Jemand sei unter LSD-Einfluss, weil er meinte fliegen zu können, aus dem Fenster eines Hochhauses gesprungen, LSD beeinträchtige die Chromosomen. Alles stellte sich als falsch heraus. Dagegen behaupteten viele, sie hätten Erleuchtungszustände erlebt, die denjenigen der japanischen Zen-Mönche nicht nachständen (Cohen 1964/Masters 1966). Irgend etwas Unbegreifliches, aber tief Beeindruckendes überwältigte fast jeden, der mit LSD experimentierte. So schreibt der Drogenexperte und „Altachtundsechziger" *Günter Amendt*, LSD habe ihm das „intensivste und überwältigendste Glücksempfinden" verschafft, das er jemals erfahren habe, der damalige Harvard-Dozenten *Timothy Leary* betrachtete 1960 sein erstes Pilzerlebnis als „die tiefste religiöse Erfahrung meines Lebens" überhaupt (Amendt 2008/Don Lattin 2010, 46).

Um was es also auch immer geht – es sind zumindest sehr beeindruckende Zustände unter dem Einfluss bestimmter psychoaktiver Substanzen. Offenbar handelt es sich um etwas anderes als lediglich um ein ins Extrem gesteigertes Wohlbefinden. Auch um etwas anderes als schlicht um einen „Drogenrausch", jedenfalls wenn darunter eine abgehobene Reise ins Land der

Illusionen verstanden wird. Ganz im Gegenteil: psychedelische Gipfelerfahrungen fühlen sich sehr real an, fast realer als die Wirklichkeit des Normalbewusstseins. Doch das für viele Menschen Überraschendste ist dabei ihr ausgesprochen religiöser Anstrich. Tief bewegt, oft unter Tränen, erlebt man sich als eins mit dem Universum, entdeckt die Liebe als den Mittelpunkt der Welt, empfindet den Hintergrund des Lebens als ein tiefes Geheimnis und manche spüren auf die eine oder andere Weise Gottes Gegenwart. Doch auch Atheisten berichten von der eigenartigen Feierlichkeit des Erlebten, von tiefem Bedeutungsempfinden, von Ehrfurcht und großer Freude. Sie fühlen, dass die Welt und das Leben in ihrem Zentrum gut und in Ordnung sind und dass alles einen hintergründigen Sinn hat.

Doch während der Staat solche mit psychoaktiven Substanzen erzeugten Zustände mit Strafandrohung verfolgte, schloss das freilich nicht aus, dass er selbst Drogen aller Art für seine eigenen Zwecke einsetzte. Daher fand der amerikanische CIA nichts dabei, LSD zu Zwecken von Spionage und Kriegsführung zu testen (Amendt 2008, 85ff.). Und der Vietnam-Krieg wäre – wie übrigens jeder moderne Krieg – schon gar nicht ohne systematischen Drogengebrauch möglich gewesen. Alles was zur Vernebelung des Bewusstsein, zur Aufputschung oder zum Abtörnen nutzbar ist, war stets von jedem „war on drugs" ausgenommen, sondern stand umgekehrt im Dienste des „war *with* drugs". Das galt schon für die Nazis und die enorme Leistungsfähigkeit der Deutschen Wehrmacht, die auch auf den Gebrauch von Pervitin zurückging, ein Aufputschmittel, chemisch verwandt mit MDMA, das massenweise an die Kämpfer ausgegeben wurde. Immer schon war ein nüchterner Soldat überhaupt kein Soldat. Zumindest besaufen muss man sich bei einem so sinnlosen Geschäft wie dem Abschlachten von Gegnern.
Diese Tatsachen zeigen freilich, dass jene Drogen, die unter günstigen Umständen zu Zuständen der Erleuchtung führen, unter ungünstigen Bedingungen für das Gegenteil missbraucht werden können. Daher soll bereits hier betont werden: Es gibt keine Droge,

16

die von sich aus erleuchtete Bewusstseinszustände erzeugen könnte. Alles kommt auf die konkreten Umstände ihrer Einnahme an. So erlebte etwa *Aldous Huxley* mit Meskalin mystische Verzückungen, während die Mörderinnen der Schauspielerin *Sharon Tate* von ihrem Guru *Charles Manson* mit LSD abhängig gemacht und zu dieser blutrünstigen Tat angestiftet worden waren.

Nachdem also die offizielle Forschung und natürlich der private Gebrauch von psychoaktiven Substanzen, auch der eher harmlosen, über Jahrzehnte hinweg weltweit verboten war und lediglich Geheimdienste und Militär für sich selbst davon eine Ausnahme machten, wurden seit etwa der Jahrtausendwende Studien im begrenzten Rahmen wieder möglich (Langlitz 2013/Passie 2015). Vielleicht könnten derartige Substanzen doch ein Interesse für Neurobiologie und Pharmakologie haben. Dabei wurde Wert darauf gelegt, dass solche Untersuchungen den strengen Regeln empirischer Forschung genügen.
Doch solche Forschungen beziehen sich vorwiegend auf das Mess- und Objektivierbare. Der mögliche Erkenntnisgewinn der Drogenforschung liegt jedoch eher im Bereich des subjektiven Erlebens. Dieses ermöglicht persönliche Lernprozesse durch Einsicht in tiefere Innenräume. Innenräume aber lassen sich nur annähernd objektivieren. Um wirklich zu wissen, worum es geht, muss man sie selbst erfahren haben. Um solche Innenräume und Innenzustände geht es in diesem Buch.

Kann man solche Zustände auf einen Nenner bringen? Zeigen sie trotz ihrer Subjektivität vielleicht doch etwas Einheitliches und in diesem Sinne Fassbares? Ich bin davon überzeugt, dass zumindest ein Teil der inneren Erfahrungen unter dem Einfluss bestimmter psychoaktiver Substanzen, vielleicht der wichtigste Teil von ihnen, vollkommen identisch ist mit den Inhalten der Mystik. Unter „Mystik" wird eine menschliche Erfahrungsweise verstanden, über die seit uralten Zeiten und aus allen Weltteilen berichtet wird. Mystik, mystische Strömungen, gibt es in allen Weltreligionen. Von hinduistischen Richtungen und vom Buddhismus wird gesagt, dass sie bereits von Haus aus mystisch geprägt seien, aber auch im Judentum, dem Christentum und dem Islam sind mystische Richtungen bekannt.

Doch Mystik selbst ist keine Religion im eigentlichen Sinne, sie kennt keine Dogmatik, keine festen Glaubenssätze. Mystik ist persönliches Erleben. Zwar kann sie mit jeder Religion in der einen oder anderen Weise verbunden werden, doch sie kann auch mehr oder weniger atheistisch auftreten. Die Mystik des Buddhismus ist dafür ein Beispiel, doch auch ein gänzlich irreligiöser Atheismus kann durchaus Raum für Mystik lassen, es kommt ganz darauf an.

Wegen dieser Breite möglicher Interpretationen mystischen Erlebens muss im Hinblick auf die fragliche Thematik vor allen verbalen und begrifflichen Fixierungen gewarnt werden. Worte wie „Religion", selbst das Wort „Mystik" tun zunächst wenig zu Sache, auch nicht das Wort „spirituell". Sehr genau müsste eingegrenzt werden, was damit gemeint sein soll. Ein Streit um Worte ist leer und sinnlos. Ausschlaggebend auf diesem Feld sind vor allem die persönlichen inneren Erfahrungen – erst anschließend kann der Versuch folgen, anderen zu verdeutlichen, welche Art diese Erlebnisse waren. Die Forschung kann solche berichteten Erlebnisse vergleichen und daraus erwachsen sinnvolle Vorstellungen darüber, was als „mystische" oder in irgendeiner Weise „religiöse" innere Erfahrung angesprochen werden soll.

Unter diesem Vorbehalt kann gesagt werden, dass psychoaktive Substanzen eine immanent spirituelle, eine religiöse und eine mystische Tendenz haben. Wie auch immer man das Erlebte benennen mag, hier liegt der Kern aller Erfahrungsweisen auf dem Feld des psychedelischen Erlebens. Um nur eines von vielen fachwissenschaftlichen Urteilen zu zitieren, hier die Stellungnahme *Walter Huston Clarks,* seinerzeit Professor für Religionspsychologie am Andover Newton Theological Seminary/USA:

„Auf der Grundlage der vorgelegten Aufweise erscheint der Schluss als zwingend, dass es ein bedeutsames Merkmal der psychedelischen Drogen ist, bei vielen Menschen als Auslöser tiefer religiöser Erfahrungen ekstatischer und mystischer Art wirken zu können, die sonst nicht einmal im Traum daran denken würden, mit solchen Gaben ausgestattet zu sein." *(Clark 1971, S. 113)*

Diese Beurteilung stammt aus dem Jahr 1969. In der deutschen Einleitung zu seinem Buch „Chemische Ekstase, Drogen und Religion" wird *Clarks* Arbeit folgendermaßen charakterisiert: *Clark* „hat viele Fakten gesammelt, über 175 kontrollierte Anwendungen von LSD oder Psilocybin beobachtet und versichert, selbst sechs 'Trips' unternommen zu haben." (Clark 1971) Es handelt sich also um Forschungen aus einer Zeit, als es noch legalerweise möglich war, diesen Forschungsgegenstand nicht bloß „von außen" zu betrachten, sondern ihn auch im Selbstversuch von innen her zu erleben.

Das heißt nicht, dass seit *Clark* auf diesem Feld nichts geschehen wäre. Doch welche Methoden auch immer angewandt wurden, *Clarks* Urteil ist wieder und wieder bestätigt worden: Das Herzstück, der Höhepunkt, der Gipfel des psychedelischen Zustandes liegt in einer der seltsamsten Extremerfahrungen, die denkbar ist – religiös, mystisch, euphorisch, philosophisch, transzendent. Der Worte sind viele für diese Ekstase, doch im Innersten ist sie unbeschreiblich. Was sich dennoch sagen lässt, wird im Folgenden vorgebracht werden. Zunächst allerdings sollte genauer untersucht werden, welche Drogenarten besonders zur Herbeiführung der entsprechenden Zustände taugen und welche Drogen eher nicht.

„Droge" – ein Wort, aber viele Bedeutungen

Was versteht man eigentlich unter dem Begriff „Droge"? Da das Wort auch in der Bezeichnung „Drogerie" steckt, kann der Begriff nicht allzu präzise sein. Tatsächlich verbirgt sich dahinter ein weites Feld, und was das vertrackte Wörtchen in ein und dieselbe Schublade packt, kann bei Licht betrachtet etwas Grundverschiedenes sein (Schmidbauer 1998).

Aber der Begriff bezieht sich auch auf eine Gemeinsamkeit. Als „Droge" bezeichnet werden sollte jede Substanz, die über Gehirn und Nervensystem Einfluss auf die seelische und geistige Befindlichkeit nimmt. Das Gemeinsame im Begriff „Droge" ist damit bereits erschöpft. Wichtiger sind die Unterschiede. Psychopharmaka sind ohne Zweifel Drogen in diesem Sinne, auch wenn sie öffentlich vielleicht nicht so wahrgenommen werden. Auch Psychopharmaka sind psychoaktive Substanzen. Sie gelten als nützlich und befinden sich daher nicht in den Anlagen zum deutschen Betäubungsmittelgesetz, in denen alle verbotenen psychoaktiven Substanzen aufgelistet sind.

Dass viele Menschen mit erlaubten und als nützlich angesehenen Drogen ähnlich umgehen, wie mit den verbotenen und das nicht selten aufgrund von ärztlicher Verschreibung, steht auf einem anderen Blatt. Viele Menschen sind von Tranquilizern, von Weckaminen oder auch von Schlaftabletten abhängig. Mit einer Unzahl verschiedener Drogen werden Sportler wettbewerbsfähig gemacht und dabei ist Spitzensport und Doping schon beinahe ein Synonym. Doping ist eine Art der Drogenverwendung, die zwar verboten und öffentlich sanktioniert, aber im Spitzensport dennoch völlig selbstverständlich ist. Nur herauskommen darf es halt nicht.

Zusammenfassend heißt das: Ob eine Droge als schädlich, gar verwerflich oder ob sie als gesundheitsfördernd oder zu irgendeinem Zweck nützlich angesehen wird, hängt weitgehend davon ab, wie die jeweilige Droge von maßgeblichen Leuten gerade beurteilt wird. Eine besondere Rolle spielt dabei die Politik, die gesetzlich festlegt, was zur Zeit offiziell als „Droge" im Sinne einer schädlichen Verwendung zu gelten hat und was nicht. So war LDS ursprünglich ein 1946 von dem Pharmakonzern Sandoz unter dem Namen „Delysid" vertriebenes Medikament, also ein als nützlich eingestuftes Heilmittel, wurde jedoch schließlich verboten und damit zu dem, was der Sprachgebrauch als „Droge" verdammt. Dabei hatte LSD lediglich die übliche Karriere nahezu jeder psychoaktiven Substanz durchgemacht, die sich nicht eindeutig als Psychopharmakon bewährt. Sobald ihr Wert für den „hedonistischen Gebrauch" entdeckt wird, entsteht ein Schwarzmarkt und die Menschen beginnen damit zu experimentieren, viele werden in der einen oder anderen Weise abhängig (Amendt 2008/Hofmann 1993). Daraufhin wird die Substanz als nutzlos bezeichnet und verboten.

Solche Überlegungen zeigen: der Begriff „Droge" ist sehr weit ausgelegt, er umfasst Nützliches und Schädliches zugleich, und ob eine bestimmte Droge als gut oder schlecht zu betrachten ist, hängt häufig davon ab, welche Entscheidungen die Politik getroffen hat und in welchem Kontext eine Droge verabreicht wird, etwa von einem Arzt durch die Aushändigung eines Rezepts oder durch einen Dealer.
Der Unterschied zwischen einem Heilmittel und einer „Droge" liegt dementsprechend für sehr viele Menschen lediglich in der Bezeichnung. Sie urteilen also sehr oberflächlich über alles, was mit diesem Thema zusammenhängt. Sollte die einzige wirklich bestehende Gemeinsamkeit, nämlich die Einflussnahme auf die Befindlichkeit über biochemische Prozesse, ausreichen, um alles, was „Droge" heißt, abzulehnen, so würde es auch unsere morgendliche Tasse Kaffee treffen, auf die wir prinzipientreu verzichten müssten und natürlich auch auf das Bier vor dem Fernseher oder ein Glas Rotwein anlässlich eines Besuchs.

Hier soll grob und behelfsmäßig in vier Kategorien von so genannten Drogen eingeteilt werden: erstens die Genussdrogen, zweitens Drogen mit medizinischer Heilwirkung, drittens Substanzen, die ich als „Leistungsdrogen" bezeichnen möchte, und viertens schließlich Substanzen, die über jene seltsame Potenz verfügen, uns unser eigenes Inneres durchsichtiger zu machen oder gar spirituelle Intensiverlebnisse hervorzurufen. Solche Drogen bezeichne ich als „Psychedelika". Zu dieser Kategorie gehören die Halluzinogene wie etwa LSD, Psilocybin, Meskalin oder die Entaktogene wie MDMA („Ecstasy"). Nur die Psychedelika, die sich in ihrer Wirkung sehr deutlich von allen anderen Arten von Drogen unterscheiden, stehen in diesem Buch zur Debatte. Dabei versteht man unter den unscharfen Begriffen „Halluzinogene" solche Drogen, die eher eine Veränderung der Wahrnehmung hervorrufen und unter „Entaktogenen", ebenso unscharf, Substanzen, die die Fähigkeit zur Einfühlung erhöhen.

Natürlich gibt es andere Möglichkeiten einer Kategorisierung von Drogen, etwa diejenige in „Upper" und „Downer" oder früher in „harte" und in „weiche" Drogen. Doch über Einteilungen lässt sich trefflich streiten, je nachdem welchen Einteilungsgesichtspunkt man zugrunde legt, etwa einen chemischen, psychopharmakologischen, psychiatrischen usw. Wichtig ist es zunächst zu begreifen, dass das Wort „Droge" sehr Verschiedenes in ein- und die dieselbe Schublade packt. Darüber hinaus tun Bezeichnungen im Hinblick auf ein allgemeines Verständnis wenig zur Sache. Ihnen nachzugehen, lohnt sich nicht. Denn jeder Streit um Wörter ist fruchtlos.

Um die Eigenart der in diesem Buch zur Debatte stehenden Drogen, nämlich der Psychedelika, deutlicher zu erfassen, ist der Vergleich mit den Leistungsdrogen besonders erhellend, da sie zu den Psychedelika in Kontrast stehen. Leistungsdrogen sind eine Art Schmiermittel unserer Kultur. Sofern es zutrifft, dass sich unsere Kultur in historisch einmaliger Weise zunehmend ausschließlich an der Effizienz ihrer Ökonomie misst, Wirtschaftswachstum und das dahinter stehende Wachstum der Renditen zu ihren zentralen Zielen geworden sind, bedarf es offenbar chemischer Stimulierung, damit das Ganze noch funktioniert. Die Menschen müssen auf Trab gehalten werden und das auch dann noch, wenn sie längst überfordert sind. Das „erschöpfte Selbst" (Haubl 2007) der geplagten Menschen sieht dann oft keinen anderen Ausweg mehr, als zur Pille oder zum Pulver zu greifen. Dabei spielen so genannte „Neuro-Enhancer" (vor allem Amphetamine, die eine Art Seelendoping fördern) eine bedeutende Rolle. Sie vermitteln, wie es in der Szene heißt, „Speed" oder „Pepp".

Nicht zuletzt auch die „Leistungseliten" auf den Führungsetagen dopen sich zunehmend mit Mitteln, die nichts anderes als Drogen sind. Schon die Führungselite der Nazis wusste, dass ohne Leistungsdrogen gar nichts läuft. Hitler schluckte Eukal, einen morphin-basierten Wirkstoff, der es dem maroden Psychopathen bis zum bitteren Ende ermöglichte, ein ganzes Volk in den Abgrund zu jagen (Dobrinski 2015, 3). Die Deutsche Wehrmacht, besonders Luftwaffe und Marine, brachten sich mit Pervitin auf Trab, einer Substanz, die dem MDMA verwandt ist, was zeigt, dass jede psychoaktive Substanz grundsätzlich missbraucht werden kann (Militärhistorisches Museum Dresden).Es gibt keine von sich aus „heiligen" oder „spirituellen" Substanzen. Stets kommt es auf den Kontext an.

Leistungsdrogen, das betrifft auch das neuerdings so verbreitete Christal Meth, sind Ego-Aufbläher. Der in der Ego-Gesellschaft auch sonst überall geförderte Narzissmus wird durch diese Drogenart bis zum Bersten gesteigert. Die fürchterliche Selbstzerstörung, die gerade auf den Gebrauch von Christal Meth folgen kann, entspricht dabei etwa dem Platzen einer Spekulationsblase. So fiktiv wie viele Blasen im finanzmarktgetriebenen Kapitalismus sind, so fiktiv und wahnhaft ist auch die durch solche Drogen ermöglichte Flucht in die Ich-Besessenheit.

Im Vergleich zu den Leistungsdrogen weist die Wirkung der Psychedelika, der Halluzinogene und Entaktogene, in die entgegengesetzte Richtung. Fördern die „Enhancer", sowie andere Dopingmittel für den Alltag die Leistungsbereitschaft, die Arbeitsausdauer, die Lust an der Konkurrenz, das „Ich-bin-die-Nummer-1" – Gefühl, den gesellschaftlich geforderten Narzissmus, so kann nach der Einnahme von LSD oder Psilocybin der genau gegenteilige Impuls stimuliert werden: nämlich die Lust, aus dem blinden Leistungssystem auszusteigen.

Jedenfalls lag hier die historische Rolle der Drogenbewegung der 1968ger-Zeit. Von den Hippies und den rebellischen jungen Leuten wurde LSD nicht etwa als Dopingmittel angesehen oder als therapeutische Droge, mit der Kranke zu heilen waren, ihre Einnahme entlarvte die gesamte Gesellschaft als eine einzige große Krankenanstalt. Der Harvard-Dozent *Timothy Leary* ließ seine Universitätskarriere hinter sich – als Prophet des LSD rief er dazu auf, der Gesellschaft den Rücken zu kehren und mit erweitertem Bewusstsein das wahre Leben zu beginnen. Dabei wurde gerade der mystische Aspekt der LSD-Erfahrung betont, denn die entsprechenden Gipfelerlebnisse standen im krassen Kontrast zur Geld- und Machtbesessenheit und zur Alltagsbanalität der amerikanischen Kultur (Waldrich 2008).

In Deutschland war es vor allem der junge *Ronald Stekel*, der, aufgeweckt durch ein LSD-Erlebnis, flammend zu einem Bruch mit dem aus seiner Sicht wahnsinnig gewordenen System aufrief.

> *„Die vermeintliche Besorgnis, die von den Vertretern der herrschenden Klasse über die Jugend in der Rauschgiftwelle und die rapide Verbreitung dieser Drogen in der Öffentlichkeit zum Ausdruck gebracht wird, gleicht [...] mehr der Besorgnis eines Bauern, dem seine Hühner weglaufen, bevor sie geschlachtet werden“, schrieb Stekel 1969.*

Sich dieser Schlachtung durch das kapitalistische Profitsystem zu entziehen, war Sinn des Weges mit psychoaktiven Substanzen. Dabei wurden die psychedelischen Einsichten zugleich als Impulse betrachtet, eine Gegenkultur zu verwirklichen, in der wahrhaft menschliche Werte wieder zur Geltung kommen (Steckel 1971, 28, 69ff.).

Psychedelika – keine Drogen wie andere

Den Unterschied zwischen den Leistungsdrogen, die den Stress einer bis ins Sinnlose beschleunigten Arbeitswelt übertünchen sollen, und den hier in Frage stehenden Substanzen, kann man sich also nicht krass genug vorstellen. Aber die Wirkung der Psychedelika ist sehr stark an die Umstände gebunden, innerhalb derer sie eingenommen werden. Unter ungünstigen Bedingungen können auch Psychedelika Effekte entfalten, die der Wirkung anderer Drogenkategorien gleichen. Im Hinblick auf den Drogengebrauch spricht man diesbezüglich von Set und Setting. Damit ist gemeint, dass die Wirkung von Halluzinogenen und Entaktogenen nicht durch die eingenommene Substanz alleine ausgelöst wird, sondern ebenso durch zwei weitere Umstände: einerseits die persönliche Disposition des Probanden und zum anderen durch den Kontext der Verwendung. Dosisabhängig scheint es sogar so, als seien Set und Setting neben der chemischen Substanzwirkung die insgesamt wichtigeren Faktoren.

Das ist leicht nachvollziehbar, wenn man sich die Substanzwirkung zunächst einmal als Sensibilisierung oder auch als seelische Öffnung vorstellt. In diese für den Probanden überraschende neue Offenheit können einerseits aus der eigenen Psyche und andererseits etwa durch die Interaktion mit anderen Menschen in dieser Weise bislang nicht erlebte Stimuli eindringen. Die Substanzwirkung ergibt sich also stets als eine Resultante mehrerer Ursachen. Eine Wirkung derartiger Drogen bloß aus sich selbst heraus gibt es nicht.

Übrigens ist das auch ein wichtiger Grund, vor der unüberlegten, schlecht vorbereiteten Einnahme psychoaktiver Substanzen zu warnen. Damit es gut geht, muss alles stimmen: der User sollte geeignete Voraussetzungen mitbringen und die Situation wie auch das Ambiente für die Einnahme sollten förderlich sein. Passen Droge Set und Setting nicht zueinander, droht im schlimmsten Fall der Horrortrip, der niemandem zu empfehlen ist.

Unter Berücksichtigung ihres spezifischen Gebrauchs kann das Gemeinsame der hier infrage stehenden Substanzen in Folgendem gesehen werden:

- Sie verursachen und determinieren keine festgelegten Reaktionen. Sie sind eher Katalysatoren oder „Trigger" (Metzner 1996, 69ff.).

- Sie sind also keine „chemischen Hebel", mit denen eine alleine durch den Stoff selbst erzeugte Wirkung eintritt. Jeder kennt das vom Alkohol. Auch hier ist durch die Chemie des Alkohols nicht gänzlich festgelegt, wie jemand darauf reagiert. Jedenfalls bei niedriger Dosierung und einem milden Alkoholrausch bleibt eine breite Palette von Erlebensweisen, die durch Persönlichkeit und Umgebung mitgeformt werden. Der Vergleich bedeutet allerdings nicht, dass darüber hinaus irgendeine Ähnlichkeit zwischen der Alkoholwirkung und der Wirkung der fraglichen Substanzen besteht.

- Die hier infrage stehenden Substanzen erzeugen auch keine „Traumwelt" im Umgangssprachlichen Sinne. Das ist wichtig, denn viele vermuten, dass eine chemische Einflussnahme auf das Bewusstsein in einer Art „chemischem" Zustand enden müsse, also etwas „Künstlichem". Diese Annahme verfehlt den Sachverhalt mehrfach. Weiter unten zeige ich das im Einzelnen. Hier nur so viel: Die Erlebnisse unter dem Einfluss psychoaktiver Substanzen der hier zur Debatte stehenden Kategorie werden von den Probanden in keiner Weise als „künstlich" erfahren, sondern durchaus als eigene, authentische Erlebnisse. Dieser Eindruck bleibt auch im Nachhinein, in der Erinnerung, bestehen. Dass diese Erfahrungen durch Drogen ausgelöst worden sind, spielt dabei keine Rolle. Wer Erlebnisse unter dem Einfluss psychoaktiver Substanzen hatte, verarbeitet diese in der gleichen Weise wie auch andere seelische Erfahrungen, etwa Wahrnehmungs- oder Bewusstseinsvorgänge. Die Vorgänge in Nervensystem und Gehirn selbst, das heißt die

Abläufe auf der materiellen Ebene, bleiben ausgeblendet, weil sie nicht unmittelbar zugänglich sind. So wenig, wie beim normalen Denken oder Fühlen irgendjemand zur gleichen Zeit sein Gehirn beobachtet und daher seine Wahrnehmungen als „gehirnproduziert" empfindet, so wenig werden Drogenerfahrungen als „drogenproduziert" und daher als „unechte" Formen von Bewusstsein erlebt. Im normalen Erleben, etwa beim Lösen einer mathematischen Gleichung oder beim Betrachten eines Sonnenuntergangs, lässt uns alles, was auf der materiellen Ebene im Gehirn abläuft, völlig kalt. Es tritt nicht ins Bewusstsein. Genauso ist es im Hinblick auf Erfahrungen unter dem Einfluss psychoaktiver Substanzen. Das absichtlich „Gemachte" daran, die durch einen Eingriff in die Mechanik des Gehirns erzeugte, besondere Erlebnisweise wird nicht als absichtlich gemacht oder bewusst erzeugt wahrgenommen. Nur hartnäckige Materialisten, die von der Identität bewusster und materieller Erfahrungen ausgehen, können daher an der angeblichen „Künstlichkeit" von Erfahrungen unter dem Einfluss psychoaktiver Substanzen festhalten, wobei auch unter materialistischen Voraussetzungen „Künstlichkeit" nur bedeuten würde, dass die materiellen Abläufe in diesem Falle andere materielle Abläufe sind, als es bei den sonst in diesem Zusammenhang üblichen Naturabläufen die Regel ist.

- Dagegen ist alles, was unter dem Einfluss der fraglichen Substanzen innerlich erfahren wird, in jeder Hinsicht ein Ausfluss der eigenen Persönlichkeit oder steht jedenfalls mit ihr in Verbindung. Auch als negativ erlebte und vielleicht abgewehrte Erfahrungen entpuppen sich als *eigene* Erfahrungen, die nichts „Chemisches" und nichts „Künstliches" an sich haben. Als gesichert bestätigen kann dies freilich nur jemand, der wenigstens einen einzigen Selbstversuch gewagt hat. Ein Urteil „rein theoretisch" und von außen, ganz ohne Erfahrungsbasis, kommt als ernst zu nehmendes Urteil kaum in Frage, auch wenn manche Kritiker sich anmaßen, in genau dieser Weise „rein theoretisch" zu urteilen und zu verurteilen.

- In gewissem Sinne „fremd", wenn auch in keiner Weise „chemisch" oder „künstlich", fühlt sich für die meisten Menschen allerdings die Intensität oder auch die Art ihrer Erfahrungen unter dem Einfluss psychoaktiver Substanzen an. Sehr gesteigert ist etwa das Bedeutungserleben. Im Alltag sind unsere Wahrnehmungen, unsere Empfindungen und Gefühle eher blass. Vieles kommt uns so bekannt vor, dass wir es zumeist nur noch am Rande zur Kenntnis nehmen. Unsere Stimmungen sind auf ein Grau in Grau eingestellt, auf eine Art Langeweile der alltäglichen Routine, unterbrochen von gelegentlichen emotionalen Aufwallungen, die aber unsere grundsätzliche gefühlsmäßige Gleichgültigkeit gegenüber der Welt nicht berühren. Unter dem Einfluss von Psychedelika verschwindet diese Gleichgültigkeit sowie das alltägliche Grau in Grau. Plötzlich werden die Dinge, das eigene Innere, aber insbesondere die anderen Menschen wie durchglüht von einer tiefen Bedeutsamkeit. Und diese Aufhebung der alltäglichen „Langeweile", in der wir gewissermaßen alles in den gleichen Topf der Nebensächlichkeiten werfen, geht in ein heftiges Interesse und möglicherweise in eine wahre Begeisterung für alles über, was ist. Dieser Empfindungswechsel bezieht sich vor allem auf die unmittelbare Umgebung, Reflexionen oder Theorien treten zurück. Bei geschlossenen Augen entfaltet sich eine reiche Innenwelt. Dies ist die Grenze zum ekstatischen Erleben unter dem Einfluss psychoaktiver Substanzen, von dem in Fortgang ausführlich zu reden sein wird.

- Erscheinen die Dinge und Phänomene bedeutsamer und tiefer zu sein, auch die Phänomene des eigenen Seelenlebens, unabhängig davon, ob sie sich positiv oder negative anfühlen, so tritt die Bereitschaft ein, sich ihnen zuzuwenden und sich mit ihnen zu befassen. Es ist daher kein Wunder, dass Psychotherapie und Psychiatrie in vielen Studien wahrscheinlich gemacht haben, dass bestimmte psychoaktive Substanzen für ihre Heilverfahren bedeutsam sein können (Jungaberle 2008/Passie 2009). Erinnerungen an Früheres, das Hervortreten geliebter und ungeliebter Emotionen, die heftige Verwicklung in Komplexhaftes, Abgespaltenes, Geleugnetes, doch stets mit einem Schuss Liebe auch gegenüber diesen „Aschenputtels" unserer Persönlichkeit, eröffnen die Gelegenheit, das Innere genau anzuschauen, es zu erfühlen, zu erleben und im weiteren Fortgang der Therapie zu integrieren. Unterstützt werden solche Effekte durch die Möglichkeit, sich hervorragend an die inneren Erlebnisse unter dem Einfluss psychoaktiver Substanzen zu erinnern. So können sie psychotherapeutisch bearbeitet werden.

- Es ist daher richtig, die fraglichen Substanzen als Vergrößerungsgläser zu bezeichnen oder – eine sehr treffenden Bezeichnung – als „katalytische Substanzen" (Jungaberle 2008, 29). Katalytische Prozesse bringen etwas in Bewegung. Innerhalb einer guten therapeutischen Beziehung wird diese Bewegung heilsam sein und eine integriertere, konsistentere und – das ist der besondere Akzent einer Psychotherapie mit Substanzen – vielleicht eine weisere Persönlichkeit hervorbringen.

Doch bezieht sich das auf klassische Weise therapeutisch nutzbare Potential von Substanzen lediglich auf einen begrenzten Bereich ihrer Wirkungen. Denn die möglichen Effekte dieser Substanzen enden nicht mit der Ausleuchtung des rein Persönlichen. Unvermeidlich wird Allgemeines zum Thema. Existenzielle Fragen tauchen auf. Geburt und Tod, das Schicksal, die fundamentale Rolle der Liebe, die Frage nach dem Sinn des Lebens und der Zukunft unseres Planeten, die Frage nach Gott. In ozeanischer Entgrenzung, im kosmischen Erleben, kann diese Ausweitung der inneren Erfahrung ins Transpersonale übergehen. Gewiss sind es hier die chemischen Mittel, die gewissermaßen eine inhärente Tendenz haben, transpersonale Erfahrungen auszulösen, sofern beim Probanden eine innere Bereitschaft besteht. „Chemische" oder „künstliche" Erfahrungen sind aber gerade diese Erlebnisse in keiner Weise.
Deutlich wird, dass die psychoaktiven Substanzen, die hier zur Debatte stehen, jedenfalls in ihrer konkreten Verwendung,

schlechterdings überhaupt nichts mit den Genussdrogen und vor allem nichts mit den Leistungsdrogen gemeinsam haben. Ohne diese Unterschiede zu kennen, ist ein Urteil über die fraglichen Substanzen ohne Fundament. Gleichwohl wird in der Öffentlichkeit in der Regel alles in einen Topf geworfen.

Tod und Horror – die Dunkelseite

Wer sich mit drogengestützten Versuchen der spirituellen Sinnsuche befasst, sollte bereit sein, sich auf ein recht widersprüchliches Thema einzulassen. Licht- und Schattenseiten liegen nahe beieinander. Bereits grundsätzlich sind Erfahrungen mit Psychedelika auf Polarität angelegt. Gibt es Erleuchtungstrips, dann auch Horrortrips. Das heißt nicht, dass man stets und notwendig irgendwann einmal einen Horrortrip erleben muss. Bei einem guten Setting und unter der Voraussetzung, dass reife Menschen, die ihre persönlichen Probleme bearbeitet haben und sich selbst einigermaßen kennen, solche Substanzen einnehmen, sind Horrortrips äußerst unwahrscheinlich.
Doch grundsätzlich sind die entsprechenden Erfahrungen nichts anderes als eine Widerspiegelung der Wirklichkeit. Und diese ist nun einmal fundamental polar aufgebaut. Licht und Dunkelheit, Schwarz und Weiß strukturieren unsere Welt. Und auch wer keinen *bad trip*, keinen Horror unter dem Einfluss von Substanzen erlebt, wird zumindest gelegentlich mit seinen Schattenseiten konfrontiert. Doch dieser eher dunkle Teil der Erleuchtung gehört unbedingt dazu. So lohnt es sich, einige Zeit schwitzend und stöhnend, manchmal weinend und schluchzend auszuhalten, dass es jetzt hinab geht in die Untiefen der Seele. Sich nicht dagegen zu wehren und einfach wahrzunehmen, was sich da zeigt und was heraus will, ist der beste Weg damit umzugehen. Aufstehen und wegrennen gilt nicht und ist bei gutem Setting auch gar nicht möglich. Im Alltag verfahren wir manchmal nach der Devise „Augen zu und durch!"; jetzt heißt es umgekehrt: Augen auf und aufpassen! Also genau hinsehen, welche

Gefühle, Bilder und Visionen auftauchen. Im Übrigen ist es oft nicht klar, welcher Pol der „negative" Erfahrungspol ist. Schwarz ist weiß und weiß ist schwarz. Oft zeigt es sich erst im Nachhinein, wie sehr das Helle auf das Dunkle angewiesen ist und umgekehrt. Wir sehnen uns danach, ständig im Hellen zu leben. Doch das bleibt unerreichbar und ein Traum.

Richten wir den Blick nun allgemein auf die Gefahrenseite der entsprechenden Substanzen, so kann das Folgende gesagt werden:

- Polar aufgebaut, ist der veränderte Bewusstseinszustand nach der Einnahme von psychoaktiven Substanzen sowohl angenehm wie auch unangenehm. Angenehme innere Erlebnisse können sehr leicht von weniger angenehmen abgelöst werden, auch wenn innerhalb eines geeigneten rituellen Settings die angenehmen weit überwiegen. Der eventuelle „Horrortrip" oder „bad trip" (der wie gesagt in seiner vollen Ausprägung bei gutem Setting sehr unwahrscheinlich ist) entspricht dabei der aus der experimentellen Forschung bekannten „angstvollen Ich-Auflösung" (AIA). Davon weiter unten mehr. Das Erleben wird mit so viel Unbekanntem überschwemmt, dass sich das Ich nicht mehr orientieren kann. Es kommt zu einem als „negativ erlebten Kontrollverlust, einhergehend mit Gefühlen der Angst, der Panik oder Paranoia sowie der Desintegration oder Trennung von sich selbst und der Welt." (Diesch 2015, 75). Diese Erfahrung ist höchst unangenehm und wenig empfehlenswert, insbesondere nicht für Menschen mit psychotischer Neigung. Sollte jemand, mit dem zusammen man eine Erfahrung mit psychoaktiven Substanzen macht, in einen solchen Zustand geraten, so empfiehlt es sich übrigens, ihn nach Anfrage sanft in den Armen zu halten und mütterlich oder väterlich zu trösten. Wir alle (fast alle!) haben diese mütterliche oder väterliche Zuwendung in Gehirn und Körper gespeichert und reagieren automatisch mit Beruhigung.

- Für den Anfänger sind psychoaktive Substanzen ein wenig vergleichbar mit dem russischen Roulette. Gelangweilte russische Adelige vertrieben sich früher die Zeit damit, ihre sechsschüssigen Revolver mit nur einer einzigen Kugel zu füllen, dann das Magazin rotieren zu lassen, um sofort gegen die Schläfe abzudrücken. Wer überlebte, bekam die von allen Teilnehmern eingesetzte Geldsumme ausgezahlt. Hatte der Spieler Pech – also mit einer Chance von eins zu sechs – verpasste er sich jedoch den Todesschuss. Auch wenn eine tödliche Dosierung bei Psilocybin und LSD kaum möglich und bei anderen Substanzen bei einiger Vorsicht unwahrscheinlich ist (MDMA vielleicht ausgenommen), könnte – sofern man zu viel davon nimmt – durchaus von russisch Roulette gesprochen werden. Viele hässliche Stunden und unter Umständen schwere Angstzustände könnten die Folge sein. Lässt man sich in diesem Zustand in ein Krankenhaus einliefern, kann sich jeder selbst ausmalen, welche Folgen das für das Alltagsleben haben könnte. Manch einer hat eine Reputation zu verlieren und möchte nicht als Drogenwahnsinniger in der Psychiatrie landen. Hohe Dosen sind aber in keiner Weise notwendig, um die fraglichen Mittel zur Innenschau zu nutzen. Niedrige oder mittlere Dosen tun es auch.

- Interessanterweise gibt es auch Menschen, die ziemlich unsensibel gegenüber solchen Substanzen reagieren. „Ich liege hier herum und fühle mich wie benebelt", hört man dann. Doch in der Regel ist es ganz anders: Je nach der Dosierung und den Umständen sind die in Frage stehenden Substanzen ungemein wirksam und effektiv. Ich will damit nicht ausdrücken, dass das Verfahren etwas Gewaltsames hat. Doch die durchschlagende Wirkung von psychoaktiven Substanzen darf keinesfalls unterschätzt werden. Selbstversuche zwischen Tür und Angel, unvorbereitet und einfach mal so, sind – jedenfalls bei hoher Dosierung – stets riskant und nicht empfehlenswert.

Zwischenfälle bestätigen das Gefahrenpotential der Psychedelika. Ausführlich ist davon in späteren Kapitel die Rede.

- Da kommt es innerhalb einer Gruppe, die psycholytische Therapie praktiziert, zu einer Hirnblutung, in einem anderen Fall zu einem Herzinfarkt. Beides wird zunächst falsch gedeutet oder aus Furcht vor dem Bekanntwerden der Drogeneinnahme erst viel zu spät behandelt.

- Ein Mitglied der *Schweizerischen Ärztegesellschaft für psycholytische Therapie* (SÄPT) verabreicht bei einem Workshop in Frankreich die Droge Ibogain, die zum Tod eines der Patienten führt (Weigle 1992, 62).

- Weil im Rahmen der psycholytischen Therapie im Untergrund oft wirkliche Anamnesen unterbleiben, wird das Risiko psychotischer Reaktionen unterschätzt. Ich selbst habe erlebt, dass mir auf die Frage, weshalb eine bestimmte Teilnehmerin nicht erschienen sei, gesagt wurde, sie sei eingewiesen worden. Ob ihre mögliche Psychose in einem ursächlichen Zusammenhang mit der Psycholyse stand, ist unklar. Doch könnte die Drogeneinnahme genau jener „Trigger" gewesen sein, der manchmal zum Anlass wird, in die Psychose abzugleiten. Psycholyse-Therapeuten, die Gruppengrößen von bis zu 100 Personen für passend halten, können über Gesundheitszustand und Geeignetheit ihrer Probanden kaum in jedem Einzelfall Bescheid wissen. Fraglich wäre auch, wie sicher die Kriterien sind, unter denen eine Psychoseneigung ausgeschlossen werden kann.

- Auch zu gemeinsamen Katastrophen ganzer Gruppen kommt es. In den bekannten Fällen handelt es sich um psycholytische Therapien. In einer Gruppensitzung verliert der behandelnde Arzt die Kontrolle über die Teilnehmer, die regelrecht ausrasten, aggressiv werden und wild herumschreien. Er geht dazu über, die Randalierenden mit Valium „niederzuspritzen", wie es Teilnehmer dieser Gruppe ausdrückten. Die Entgleisung von Sitzungen mit psychoaktiven Substanzen ist niemals ausgeschlossen.

- In einem anderen Fall, demjenigen 2009 in Berlin, hat sich der Therapeut mit der Dosierung der Substanzen vertan oder verunreinigte Drogen auf dem Schwarzmarkt beschafft. Zwei Menschen sterben, ein anderer wird für sein Leben körperlich geschädigt, der Rest wird traumatisiert. Dazu weiter unten.

- 2015 läuft eine Session von Heilpraktikern und Ärzten – vermutlich im Rahmen einer Therapeutenausbildung der psycholytischen Therapie – aus dem Ruder. 29 Teilnehmer werden in Kliniken eingeliefert, manche schweben in Lebensgefahr.

- Auf der rein seelischen Ebene sind die Risiken weniger greifbar, aber gleichwohl erheblich. Psychoaktive Substanzen erweisen sich als perfekte Mittel der Manipulation. Um charismatische Therapeuten herum können sektenartige Gruppen bzw. Kulte entstehen, die Psychotherapie und Drogeneinnahme nicht mehr als Weg zur Heilung, sondern als gemeinsamen Heilsweg betrachten. Auch dazu ausführlich unten.

Die Gefahren, die von den fraglichen Drogen ausgehen, sind also durchaus beachtlich. Dabei sollte gesehen werden, dass es weniger die Drogen selbst sind, die die Risiken mit sich bringen. Eine solche Sicht verengt das Drogenproblem auf die Chemie dieser Substanzen. Drogen, insbesondere die hier zur Debatte stehenden, sind – vielleicht von MDMA und vergleichbaren Designerdrogen abgesehen – nicht so sehr ein chemisches oder neurobiologisches Problem, sondern ein Problem ihrer Verwendung innerhalb verschiedener Kontexte. Vorwiegend diese Kontexte, die Settings, machen den Unterschied. Aus diesem Grunde kann ja auch eine bestimmte Droge innerhalb einer indigenen Kultur völlig unproblematisch sein, während sie innerhalb einer anderen Kultur zu heftigen Suchterscheinungen und zu Drogenelend führt (Deltgen 1993, 15ff.). In diesem Sinne tendiert die psycholytische Therapie im Untergrund, speziell die so genannte „echte Psychotherapie" dazu, eher kein gutes Setting zu sein.

Grundsätzlich jedoch sind die Gefahren nicht größer als etwa bei bestimmten Extremsportarten. Die meisten Probleme werden durch den Zwang zur Illegalität ausgelöst. Physisch machen Entaktogene und Halluzinogene nicht süchtig. Auch andere schädliche Auswirkungen sind (von MDMA abgesehen) nicht bekannt, immer vorausgesetzt die Einnahme dieser Mittel bleibt ihm Rahmen und findet nicht etwa täglich statt oder dergleichen. Da Menschen prinzipiell nach fast allem süchtig werden können, ist in seltenen Fällen eine rein psychische Sucht nicht ausgeschlossen. Auf der physischen Ebene ist die Einnahme einer mittleren Dosis LSD oder psilocybinhaltiger Pilze wahrscheinlich weniger gefährlich als die Einnahme einer Tablette Aspirin, wovon man sich rasch überzeugen kann, wenn man einmal den Beipackzettel dieses als harmlos geltenden Schmerzmittels studiert.

In der Diskussion war die mögliche langfristig neurotoxische Wirkung von MDMA und dessen Derivaten. Der Hirnforscher *Gerald Huether* geht davon aus, dass MDMA bei entsprechender Dosierung und unter bestimmten Bedingungen schon sehr rasch massive Folgen bis hin zur anhaltenden Veränderung bestimmter Persönlichkeitsmerkmale hat (Huether 2000). Eine völlige Unschädlichkeit von MDMA ist also eher unwahrscheinlich. Auch ist bei MDMA relativ schnell eine letale, also tödlich Dosis erreicht, was insbesondere die Todesfälle in Berlin 2009 gezeigt haben, wo möglicherweise eine bis zu zehnfache Überdosierung verabreicht wurde. Bereits eine zwei bis dreifache Überdosierung könnte Probleme machen.

Doch weshalb sollte man sich mit den fraglichen Substanzen völlig „zudröhnen" oder sie gewohnheitsmäßig einnehmen, etwa wie den morgendlichen Kaffee? Niemand hat dazu häufiger Stellung genommen als *Albert Hofmann*: LSD, so sein Erfinder, sei kein Rauschmittel, sondern ein Heilmittel. Und Heilmittel nehme man nur dann ein, wenn ein begründeter Anlass dazu vorliege, das aber sei nur selten der Fall.

Gerade die großen Gipfelerfahrungen unter dem Einfluss von Psychedelika kann man nicht erzwingen, auch wenn man die entsprechenden Substanzen noch so oft einnimmt. Sie sind eine Gnade. Bei vielen trat die intensivste Erfahrung bei der allerersten Einnahme auf und häufige Wiederholungen konnten diese Erfahrung kein zweites Mal reproduzieren. Doch für viele Menschen war eine einzige große Gipfelerfahrung so eindrucksvoll, dass sie für den Rest ihres Lebens genügend Stoff zur Verarbeitung hatten. Eine regelmäßige Einnahme von LSD war überflüssig.

Zwei wichtige Probleme gibt es gleichwohl. Einmal die Frage, ob jemand, der mit den fraglichen psychoaktiven Substanzen experimentiert, eine Neigung zur Psychose hat. Wie auch bei der Einnahme von THC, also bei Cannabis, kann durch die fraglichen Mittel eine Psychose getriggert werden. Doch wer für eine mögliche Psychose anfällig ist, lässt sich, insbesondere bei jungen Leuten, nicht so leicht sagen. Wer sich wenigstens in mittlerem Alter befindet, wer sich seelisch gesund fühlt und zur Zeit der Einnahme keine allzu heftigen persönlichen Probleme hat, der kann es riskieren – jedenfalls sofern er die entsprechenden Regeln beachtet, auf die weiter unten eingegangen wird.

Das Hauptproblem der fraglichen Substanzen liegt offenbar nicht in der Schädlichkeit der eingesetzten Mittel selbst, auch nicht in der Gefahr, süchtig zu werden, sondern eher im Risiko, auf der Suche nach Möglichkeiten, solche Mittel einzunehmen, in schlechte Gesellschaft zu geraten. Denn die größte Untergrundszene, in der LSD, Psilocybin oder MDMA verbreitet werden, ist die Szene der so genannten psycholytischen oder der „echten Psychotherapie" und die wird leider in der Illegalität nicht nur, aber doch sehr verbreitet unseriös durchgeführt.

Sollte die wissenschaftlich fundierte psycholytische Therapie, die es ja auch gibt, eines Tages legalisiert werden, so wird das natürlich völlig anders aussehen. Eine legale psycholytische Therapie würde nach offiziellen Ausbildungsstandards durchgeführt werden und der regelmäßigen Supervision unterliegen. Für Heiler, Gurus und Weltverbesserer hätte sie keinen Platz. Doch bis es so weit ist, wird noch viel Wasser den Rhein herunterfließen.

Wer nach Gruppen Ausschau hält, die psychoaktive Substanzen verwenden, der schaue daher genau hin, wes Geistes Kind diese Leute sind. Der Hinweis, man mache „Therapie", ist eher kein gutes Kriterium. Nichts gegen Psychotherapie, wo sie sinnvoll und notwendig ist. Doch im Untergrund kann sich gute Psychotherapie nur schwer entwickeln, Therapeutinnen und Therapeuten bleiben sich selbst überlassen und ohne Supervision. Wo „therapiert" wird, da geht es oft darum, Menschen in eine vorbestimmte Richtung zu bewegen. Das ist schon in der Legalität ein Problem, in der Illegalität erst recht. Es ist aber gerade das Kennzeichen eines guten Trips mit Entaktogenen oder Halluzinogenen, dass auf oft überraschende Weise alle festgefahrenen Richtungen aufgesprengt werden und der Nutzer seine eigenen Wege in eine neue Offenheit findet. Das Risiko, in einer Sackgasse zu landen, sofern man sich einem psycholytischen Untergrundtherapeuten ausliefert, ist also leider sehr groß. Natürlich existieren auch gute Therapeuten im Untergrund. Die Kunst liegt darin, sie zu finden.

Was ist „Spiritualität"?

Wer sich entschließt, die eigenartige Wirkung von psychoaktiven Substanzen zu erkunden, befindet sich auf einem Weg, bei dem es nicht ganz klar ist, wohin er führen wird. Irgendetwas haben die fraglichen Substanzen mit Spiritualität zu tun. Doch was ist das – Spiritualität? Kann man das definieren?
Für viele handelt es sich um so etwas wie einen Verlegenheitsbegriff. Man will Abstand zur Religiosität der Kirchen halten, aber zugleich zugestehen, dass man in unbestimmter Weise an „irgend etwas glaubt". Wer sich als nicht-„spirituell" bezeichnet, sagt er sei „Agnostiker" oder „Atheist". Wer sich zu etwas „Spirituellem" bekennt, glaubt an die Natur, den Kosmos, die Liebe oder das Leben. Oder er bezeichnet sich etwa als Christ und ist zusätzlich noch „spirituell". Jedenfalls ist der Spiritualitätsbegriff in einer

charakteristischen Weise undeutlich und changiert zwischen theistischen, kirchlich-religiösen oder esoterisch ausgerichteten Glaubensinhalten und einer völlig diesseitigen „säkularisierten Spiritualität", wie sie der Philosoph *Thomas Metzinger* vorschlägt und die auf jede überweltliche Transzendenz verzichtet (Metzinger 2013).

Wer über Spiritualität spricht, sollte sich daher festlegen, damit wenigstens einigermaßen klar ist, was er damit meint. Ich verwende das Wort in der Weise, wie ich sie in einem Lehrbuch über den so genannten „spiritual turn" in der Psychotherapie gefunden habe:

> *„Spirituality is a way of being in the world that acknowledges the existence of a transcendent dimension. It includes an awareness of the connectedness of all that is, and accepts that all of life has meaning and purpose and is thus sacred." (Utsch 2014, Pos. 1103f.) (Spiritualität ist eine Weise des Daseins in der Welt, die anerkennt, dass es eine transzendente Dimension gibt. Sie impliziert das Gewahrsein der Verbundenheit von allem Seienden und erfährt, dass alles im Leben Bedeutung und Sinn hat und daher heilig ist.)*

Diese Beschreibung liegt etwa in der Mitte zwischen einer theistischen Religiosität, wie sie von den Kirchen vorausgesetzt wird, und *Thomas Metzingers* rein weltlicher Spiritualität, die es nach meiner Auffassung eigentlich nicht geben kann.
Andererseits zeichnet sich Spiritualität, wie ich sie verstehe, durch große Offenheit aus. Sie ist völlig undogmatisch. Sie bindet sich nicht an die Glaubensvorstellungen bestimmter Religionen. Die „transzendente Dimension", auf die sich Spiritualität bezieht, kann nur insofern „transzendent" sein, als sie das „Ganz Andere" meint, das unsere Vorstellungen weit übersteigt. Ob im „Ganz Anderen" Gott „existiert", ist eine ausufernde Frage, auf die hier nicht

eingegangen werden soll. Ich kann verstehen, dass der amerikanische Mystikforscher *Walter Terence Stace* sagte, er könne den Begriff Gott nicht verwenden, nicht etwa weil er ihm zu schwammig sei, sondern viel zu präzise (Stace 1961, 5f.). Das Wort Gott suggeriert, es gebe ein Objekt namens „Gott", und das ist zweifellos falsch. Doch wenn es um Spiritualität geht, stolpern viele Leute permanent über den Begriff „Gott" und hängen sich daran auf. Dabei kann es zu nervenden Diskussionen kommen. Gibt es so etwas wie „Gott" oder nicht? Die Frage nach dem Spirituellen wird einfach mit der Gottesfrage gleichgesetzt.

Weshalb aber, wenn das Wort „Gott" Schwierigkeiten bereitet, sich nicht einfach zu einer „Religion ohne Gott" bekennen, wie es der atheistische Philosoph *Ronald Dworkin* tat (Dworkin 2014)? Gott ist ein Wort mit vier Buchstaben und mit bestimmten Assoziationen verbunden. Die primitivste davon führt uns einen alten Mann mit langem Bart vor Augen. Auf religiöse Phantasien über eine solche Vaterfigur schoss sich zum Beispiel *Sigmund Freud* in seiner Religionskritik ein. Er hielt den Glauben an einen solchen Vater im Himmel für eine infantile Neurose, und da hatte er recht.

Dagegen war etwa *Goethe* zwar ein spiritueller Mensch, aber er vertrat nicht unbedingt eine theistische Position. Deutlich wird Goethes Haltung zu dieser Frage etwa im ersten Teil des „Faust" bei Fausts Antwort auf die so genannte „Gretchenfrage". Gretchen fragt ihn: „Glaubst du an Gott?" Dazu könne er nichts sagen, ist die Antwort von Faust, dem Gelehrten. „Magst Priester oder Weise fragen und ihre Antwort scheint nur Spott auf den Frager zu sein." Mit Spott und Gerede sollte man sich bei so ernsten Themen nicht aufhalten. Über Gott zu schwadronieren, ist leicht, über Gott wirklich etwas zu wissen ungeheuer schwer. Ganz ähnlich klang der Mystiker *Angelus Silesius* (1624-1677): „Was du von Gott verjahst [aussagst], dasselb ist mehr gelogen als wahr: weil du ihn nur nach dem Geschöpf erwogen." Wer daher über Gott nicht lügen will, der möge besser schweigen. Unsere Phantasien über Gott sind nicht Gott. Es sind Phantasien über uns selbst.

Während also „Spiritualität", wie ich sie verstehe, die Gottesfrage ausklammert (auch wenn diese Frage interessant sein kann, sofern man Lust am Denken verspürt und sich Zeit dafür nimmt), treten andere Aspekte in den Vordergrund. Etwa die Frage nach der Einheit des Kosmos, der Alleinheit und unter Umständen dem mystischen EINEN bzw. der „Leere". In ozeanischer Entgrenzung diese Allverbundenheit zu erleben, kann eine von bestimmten Gottesvorstellungen ganz unabhängige Erfahrung sein – spirituell ist sie gleichwohl. Neben der transzendenten Dimension erlebt man also, im Sinne der oben angeführten Definition, die Verbundenheit von allem, das ist.

Das dritte Element des oben zitierten Begriffs von Spiritualität ist das Erleben von tiefer Bedeutungshaftigkeit. Das Leben ist bedeutungsvoll, ja heilig. Doch nicht etwa, weil ein Gott oder eine heilige Schrift diese Sicht vorschreiben, sondern weil es einfach so ist und der spirituelle Mensch es so erlebt. Bewegt von seiner Einsicht und der Entstehung einer neuen Form der Wahrnehmung verfügt der spirituelle Mensch dadurch über einen neuen Leitfaden für die Alltagspraxis.

Problematisch ist freilich der Zusammenhang zwischen Spiritualität und den eher konventionellen oder gar mit den destruktiven Formen von Religiosität, wie sie im religiösen Wahn oder im religiösen Fanatismus eine Rolle spielen. Hier könnte die Unterscheidung des Psychologen *Gordon W. Allport* zwischen extrinsischer und intrinsischer Religiosität eine Rolle spielen (Grom 2007, 12). Extrinsische Religiosität ist eher etwas Äußerliches, das auch für andere Zwecke instrumentalisiert werden kann. Intrinsische Religiosität oder Spiritualität wird eher selbst erlebt und von innen her als bewegend erfahren. Auf keinen Fall wird sie zu anderen Zwecken missbraucht. Religiosität kann also konventionell ausgeübt werden, als Kirchgang und im Hinblick auf die unter Umständen dogmatisierten Glaubenssätze als ein Fürwahrhalten, ohne dass solche Überzeugungen sehr tief gehen müssen. Und obzwar sich sowohl extrinsisch Glaubende wie auch intrinsisch Motivierte als „religiös" bezeichnen mögen, handelt es sich – psychologisch gesehen – um etwas recht Verschiedenes. Für die intrinsische Glaubenshaltung wäre der Begriff „spirituell" angemessener.

Spiritualität – ein Gesundheitsfaktor

Eine intrinsische und mehr oder weniger im Sinne der Offenheit und dogmatischer Ungebundenheit verstandene Spiritualität bzw. Religiosität – so haben neuere Forschungen gezeigt – ist ein Gesundheitsfaktor. Bestimmte Richtungen der Psychotherapie, wie etwa *Viktor Frankls* Logotherapie, haben schon vor Langem auf die fundamentale Bedeutung des letztlich spirituellen Sinns für die Bewältigung des menschlichen Lebens aufmerksam gemacht.

> *„Ob er will oder nicht"*, so Frankl, *„ob er es wahrhat oder nicht – der Mensch glaubt an einen Sinn, solange er atmet. Noch der Selbstmörder glaubt an einen Sinn, wenn auch nicht des Lebens, des Weiterlebens, so doch des Sterbens. Glaubte er wirklich an keinen Sinn mehr – er könnte keinen Finger mehr rühren..."* (Böschmeyer 1984, 41).

Unterdessen spricht man in Psychotherapie wie Psychiatrie vom so genannten „spiritual turn". Während früher gerade Psychotherapeuten, speziell die Psychoanalytiker, sehr „weltlich" orientiert waren und einige von ihnen Spiritualität sogar als pathologisch ansahen, änderte sich das nun offenbar. Der Grund ist die überwältigende Faktenlage. Die einschlägigen wissenschaftlichen Grundlagenwerke zeigen das eindeutig. So schreiben etwa die Psychiater *Utsch, Bonelli* und *Pfeifer* in ihrem Lehrbuch aus dem Jahre 2014:

"Nach über 1200 Studien gilt als erwiesen, dass zwischen körperlicher Gesundheit und persönlichem Glauben ein positiver statistischer Zusammenhang besteht [...]. Das heißt:Wer über positive Glaubensüberzeugungen verfügt, ist gesünder, kann zusätzliche Bewältigungsstrategien im Umgang mit Leid und Krankheit einsetzen und genießt eine höhere Lebenserwartung." (Utsch 2014, Pos. 3869ff.)

Dementsprechend hat die Weltgesundheitsorganisation (WHO), „spirituelles Wohlbefinden" als einen eigenständigen Bestandteil umfassender Gesundheit anerkannt (Utsch 2014, Pos. 436). Manche Forscher plädieren unterdessen dafür, den Forschungsbereich „medizinische Spiritualität" einzurichten (Utsch 2014, Pos. 948f.). So auch der Religionspsychologe *Anton A. Bucher*:

Die Effekte von Spiritualität sind „zahlreichen Studien zufolge [...] dermaßen stark, dass amerikanische Autoren gefordert haben, spirituelle Elemente nicht nur in die psychotherapeutische Behandlung zu integrieren, sondern auch in die medizinische. [...] Auch im deutschen Sprachraum stößt dieses Anliegen auf zusehends mehr Resonanz." (Bucher 2007, 101) *„Denn Spiritualität korreliert negativ mit der Anfälligkeit für kardiovaskuläre Erkrankungen, desgleichen mit dem Risiko, von der Diagnose ‚Karzinom' erschüttert zu werden." „Der Überlebenseffekt von Religiosität sei gleich stark wie jener, den der Verzicht auf Nikotin bewirkt." „Bei Zen-Priestern, die in Japan intensive Spiritualität praktizieren, ist die Mortalitätsrate um 18 Prozent niedriger."* (Bucher 2007, 101f.)

Bereits der Psychologe *Abraham Maslow* – berühmt durch seine Pyramide der Bedürfnisse – fand einen positiven Zusammenhang zwischen spirituellen Gipfelerlebnissen (peak experiences) und seelischer Gesundheit (Maslow 1996, 195ff.). Unterdessen konnte offenbar eine positive Wirkung solcher Gipfelerfahrungen auf das Immunsystem nachgewiesen werden (Yensen 1994, 184/Newberg, 2003,112).

Die Mehrheit der bislang vorliegenden Studien bescheinigt einer religiösen bzw. spirituellen Einstellung auch eine positive Auswirkung auf die Lebenszufriedenheit und subjektiv erlebtes Glück (Grom 2007, 254). Ähnliche empirisch basierte Aussagen könnten noch viele zitiert werden. Angefügt werden soll nur noch die Position von *Stanislav Grof*, dem Altmeister der therapeutischen LSD-Forschung. Er schreibt:

> *„Der Mensch hat ein extrem starkes und ernstzunehmendes Bedürfnis, mit [...] spirituellen Bereichen Verbindung aufzunehmen. Dieses Bedürfnis ähnelt seiner natürlichen Sexualität, ist aber noch viel grundlegender und zwingender. Das Leugnen oder Verdrängen dieses transzendenten Impulses führt ein schwerwiegendes Element der Verzerrung sowohl in das individuelle als auch des kollektive Leben des Menschen ein.“ (Grof 1987, 299)*

Für den Psychiater *Grof* ist eine gute Psychotherapie daher notwendigerweise eine spirituelle Therapie.

Teil zwei: Die spirituelle Bedeutung psychoaktiver Substanzen – Wege der Forschung

Ich möchte nun den Weg nachzeichnen, der zu einer Wiederentdeckung der spirituellen Potenz psychoaktiver Substanzen führte. Dabei geht es insbesondere um die spirituellen Intensiverlebnisse: die mystischen Gipfelerfahrungen. Auch wo die Forscher anfänglich ganz andere Ziele verfolgten und in keiner Weise irgendetwas Spirituelles von den psychoaktiven Substanzen erwarteten, kamen sie an diesem Thema schließlich nicht mehr vorbei.

William James (Lachgas und Peyote) – ein Philosoph entdeckt die Drogenekstase

Die systematische Erforschung psychoaktiver Substanzen beginnt mit dem weltberühmten Psychologen und Philosophen *William James* (1842 – 1910). An der amerikanischen Harvard–Universität begründete er die empirische Psychologie und die Pharmakologie, soweit sie sich mit den Zusammenhängen zwischen der chemischen Beeinflussung des Organismus und der Seele befasst (Pharmakopsychologie oder Psychopharmakologie). Zugleich war *James* ein bedeutender Philosoph und der Begründer des philosophischen Pragmatismus, einer wichtigen Strömung der Philosophiegeschichte.

Bereits als Medizinstudent in den 60ger Jahren des 19. Jahrhunderts unternahm *James* zusammen mit anderen Studenten Experimente mit

Chloralhydrat, einem Hypnotikum. Später, im Auftrag der amerikanischen Regierung, einen Selbstversuch mit „Mescal" in Form des Peyote-Kaktus. Der Versuch missglückte. *James* wurde übel, er musste sich übergeben, und 24 Stunden lang ging es ihm sehr schlecht (Kupfer 1996,99).

Damals existierten bereits die ersten Berichte über unerwartet Eigenschaften bestimmter Stoffe. Für die Anästhesie, aber auch für die Psychiatrie wurde mit Chloroform und Äther experimentiert. Der amerikanische Arzt *Shoemaker* und der bekannte deutsche Psychiater *Emil Kraepelin* berichteten dabei von einer seltsamen Eigenschaft insbesondere des Äther-Rausches: Er führe häufig nicht in Verwirrung oder Benommenheit, sondern umgekehrt in eine Art Erleuchtung. *Shoemaker* hatte im Selbstversuch die sichere Empfindung, den Geheimnissen des Daseins auf die Spur gekommen zu sein und befand sich in einem eigenartig ekstatischen Zustand, der ihn tief beeindruckte (de Boor 1956, 37ff.).

Auch Lachgas (Distickstoffmonoxid) spielte bei den zahlreichen Experimenten der damaligen Zeit eine Rolle. Es galt speziell in der Zahnmedizin als wirksames Anästhetikum. Der bezeichnende Name stammt von dem englische Chemiker *Humphry Davy* (1778 – 1829), der sich damit einem Selbstversuch unterzog. Sobald *Davy* das Gas inhaliert hatte, geriet er in einen Zustand größten Entzückens. Noch nie war ihm die Welt so wundervoll erschienen! Alle Probleme schienen gelöst. Endlich begriff er, welchen Sinn das Leben hat und er quittierte diese Einsicht mit einem herzhaften, befreienden Lachen (de Boor 1956, 227).

1874 bekam *James* eine merkwürdig Abhandlung zugeschickt, die von *Paul Blood* stammte, einem Poeten und Philosophen aus Amsterdam in Bundesstaat New York. Sie hatte den seltsamen Titel: „The Anaesthetic Revelation and the Gist of Philosophy" (Die anästhetische Offenbarung und die Quintessenz der Philosophie), die bei *James* auf ein so lebhaftes Interesse stieß, dass er mit *Blood* in Kontakt trat und sich mit ihm befreundete (Peter Widmer, 2004, 59). *Blood* behauptete, er habe bei einer Zahnoperation unter dem

Einfluss von Lachgas eine Erleuchtung erlebt, die er dementsprechend als „anästhetische Offenbarung" bezeichnete (James 1979, 563ff.). *Blood* schrieb:

> *„Die anästhetische Offenbarung ist die Einführung des Menschen in das undenkbare Mysterium des offenen Seinsgeheimnisses, offenbart als unentrinnbarer Strudel der Kontinuität."* Diese Offenbarung durch ein *Betäubungsmittel sei „in ihrer Feierlichkeit bestürzend"* und bestehe im sicheren Empfinden, *„mit dem Ursprünglichen und Universalen eins geworden zu sein".* *„Die Welt ist nicht mehr das schreckeneinflößend Fremde, als die man sie mich zu betrachten gelehrt hat."* Die Erfahrung führe ins *„heile Zentrum des Alls – Wunder und Gewissheit der Seele in einem – für das die Sprache des Verstandes bis jetzt keinen anderen Namen hat als Anästhetische Offenbarung."* Die Erfahrung *vermittle die Gewissheit: „Das Himmelreich ist innen."* *(James 1979, 563)*

William James wiederholte die Lachgasexperimente von *Blood* an sich selbst. Seine eigene Beurteilung war kaum weniger euphorisch:

> *„Für mich, wie für jede andere Person, von der ich gehört habe, besteht das Grundlegende der Erfahrung in dem unerhört aufregenden Gefühl einer eindringlichen metaphysischen Erleuchtung. Die Wahrheit öffnet sich dem Blick in immer neuen Tiefen, deren Offenkundigkeit einen beinahe erblinden lässt. Der Geist erkennt alle logischen Beziehungen des Seins in einer offenkundigen Subtilität und Unmittelbarkeit, für die es im normalen Bewusstsein nichts Vergleichbares gibt (...)."* (Kupfer 1996, 98)

Solche Rauscherfahrungen, so meinte *James*, stimulieren „das mystische Bewusstsein in außerordentlichem Maße" und es bleibt

> *„das Gefühl, als sei etwas tief Bedeutsames da gewesen [...] und ich kenne mehr als eine Person, die davon überzeugt ist, dass wir im Lachgasrausch eine echte metaphysische Offenbarung empfangen."* (James 1979, 365f.)

1900 und 1901 hielt *William James* seine berühmt gewordenen Vorlesungen über die „Vielfalt der religiösen Erfahrung" (James 1979). Dabei wurde deutlich, was er von *Blood* gelernt und übernommen hatte, nämlich die Hochschätzung der Mystik. Die von *James* vorgetragenen Berichte über die entsprechenden Erlebnisse unter dem Einfluss psychoaktiver Substanzen ordnete er in die 16. und 17. Vorlesung ein, die von der Mystik handeln. Die mystischen religiösen Erfahrungen bilden den Mittelpunkt der gesamten Vorlesungsreihe und den Kern seiner Anschauungen. Sowohl im Haupttext der Buchausgabe, wie auch in den Anmerkungen bezieht sich *James* dabei über viele Seiten hinweg auf psychoaktive Substanzen und deren Ekstase erzeugende Wirkungen.

Dabei kommt er zu einem Urteil, das seitdem von vielen Wissenschaftlern bestätigt wurde: Bestimmte Erlebnisformen unter dem Einfluss von psychoaktiven Substanzen sind keine wertlosen Rauschzustände, sondern haben große Ähnlichkeit mit der Psychologie der Mystik. Im Grunde sind sie davon nicht zu unterscheiden. Sprechen wir von gewissen „Drogenerfahrungen", meinte *James*, so sprechen wir zugleich auch von Mystik.

Das ist eine folgenreiche Aussage. Denn wenn sie zutrifft, kommen wir nicht daran vorbei, eines der schwierigsten und philosophisch bzw. theologisch beziehungsreichsten Kapitel aufzuschlagen. Es handelt, oberflächlich betrachtet, von einer bestimmten psychopharmakologischen „Intoxikation", also eine Art Vergiftung, zugleich jedoch von der möglicherweise bedeutsamsten menschlichen Bewusstseinserweiterung, die bekannt ist. Im Hintergrund stellen sich weitreichende metaphysische Fragen, die über Psychologisches weit hinausreichen: Handelt es sich um Illusionen oder wird hier etwas „Wahres" widergespiegelt? Sind solche Erlebnisse Erfahrungen, die auf wirkliche Transzendenz verweisen oder bedeuten sie lediglich, dass hier jemand einen interessanten Trip hatte? Aber auch wenn es bloß „interessante Trips" sein sollten, so sind es doch unter Umständen „Trips" mit gesundheitsfördernder Wirkung. Um was geht es also?

Natürlich hatte man auch zur Lebenszeit von *William James* – wir befinden uns im Amerika des späten 19. Jahrhunderts mitten im Getöse des aufstrebenden Kapitalismus, etwa verbunden mit der Entstehung des Ölimperiums der *Rockefellers* – keine hohe Meinung von Rauschzuständen. Sie galten, ähnlich wie die mystischen Erlebnisweisen, verbreitet als unproduktiv und pathologisch (James 1979, 365). Dass zwischen beiden unter bestimmten Bedingungen ein Zusammenhang bestehen könnte, war eine eher exzentrische Auffassung. Das galt zumindest in einem kulturellen Umfeld, das, wie im puritanisch geprägten Osten der USA, mehr am gottgefälligen Gelderwerb als an Ekstase interessiert war.

William James sah das anders. Er war auch bereit, die subjektive Erfahrungsebene derartiger Erlebnisse mit der Frage nach ihrer objektiven Bedeutung zu verbinden. Bei *James* wird deutlich, dass er den „Offenbarungen" im Rauschzustand eine Art Wahrheit zuspricht. Unter gewissen Umständen, so die Auffassung von *William James*, führten Rauschzustände auf den „mystischen Kern", der in jedem Menschen schlummere. Dieser mystische Kern verweise jedoch, jenseits der rein psychologischen Ausdeutung, auf etwas Objektives. Sein diesbezügliches Resümee lautet so:

> *„Ein Ergebnis drängte sich mir damals auf, und mein Eindruck seiner Wahrheit ist seit dem unerschüttert geblieben. Es ist der Sachverhalt, dass unser normales waches Bewusstsein, das rationale Bewusstsein, wie wir es nennen, nur ein besonderer Typ von Bewusstsein ist,*

während überall jenseits seiner, von ihm durch den dünnsten Schirm getrennt, mögliche Bewusstseinsformen liegen, die ganz andersartig sind. Wir können durchs Leben gehen, ohne ihre Existenz zu vermuten; aber man setze den erforderlichen Reiz ein, und bei der bloßen Berührung sind sie in ihrer ganzen Vollständigkeit da: wohlbestimmte Typen von Mentalität, für die wahrscheinlich irgendwo ein Bereich besteht, in dem sie angewendet werden können und passen. Keine Betrachtung des Universums kann abschließend sein, die diese anderen Bewusstseinsformen ganz außer Betracht lässt. [...] Auf jeden Fall verbieten sie einen vollständigen Abschluss unserer Rechnung mit der Realität. Wenn ich auf meine eigenen Erfahrungen zurückblicke, konvergieren sie alle in einer Art von Einsicht, der ich eine gewisse metaphysische Bedeutung zusprechen muss. Ihr Grundton ist unveränderlich eine Versöhnung. Es ist, als wenn die Gegensätze der Welt, deren Widersprüchlichkeit und Konflikt all unsere Schwierigkeiten und Sorgen begründet, zu einer Einheit verschmelzen." (James 1979, 366)

Liegt für *James* der Grundton der mystischen sowie der Rauscherfahrung „in der Versöhnung", so reduziert er den positiven Kern dieses veränderten Bewusstseinszustandes gewissermaßen auf einen einzigen zentralen Punkt. Dabei nimmt James interessanterweise den Alkohol nicht aus. Wer sich ein wenig in der Kulturgeschichte des Alkohols auskennt und beispielsweise den alten Dionysos- bzw. Bacchuskult ins Auge fasst, wird hier folgen können (Eliade 1978, 327ff.).

„Nüchternheit verkleinert, unterscheidet und sagt Nein; Trunkenheit erweitert, schafft Einheit und sagt Ja. Sie ist in der Tat der große Erreger der Ja-Funktion im

Menschen. Sie bringt ihren Anhänger von der kalten Peripherie der Dinge zu ihrem strahlenden Herz. Sie macht ihn für den Moment eins mit der Wahrheit. Nicht aus bloßer Perversität laufen ihr die Menschen nach. [...] Das trunkene Bewusstsein ist ein Stück des mystischen Bewusstseins, und unser Gesamturteil über es muss seinen Platz in unserem Urteil über jenes größere Ganze finden." (James 1979, 365)

Die Sichtweise von *James*, dessen Ruf als bedeutender Philosoph und Wissenschaftler ungebrochen ist, möchte ich noch einmal zusammenfassen. Sie steht im deutlichen Kontrast zu den naturalistischen und materialistischen Interpretationen von spirituellen oder von Drogenerfahrungen, die heute als angeblich wissenschaftlich und vernünftig gelten. Erstens: Es gibt Rauschzustände, die mit dem mystischen Grunderlebnis identisch sind. Zweitens: Der Rausch kann die „Ja-Funktion" in uns stimulieren. Wir lehnen dann das Leben nicht mehr ab, sondern nehmen es zustimmend an. Drittens: Die Offenbarungen im Rauschzustand weisen über sich selbst hinaus in eine weitere und größere Dimension, in der veränderte Bewusstseinszustände angemessen sind, weil sich dort eine Sphäre befindet, die unser nüchternes Alltagsbewusstsein übersteigt. Und viertens vielleicht (zumindest liegt das in der Konsequenz der Gedanken von *James*): Bestimmte Rauschzustände sind wirkliche Sinnvermittler – zumindest können sie das sein.

Kurt Beringer (Meskalin) – ein Psychiater stößt auf das kosmische Bewusstsein

William James war Psychologe und Philosoph. Nach *James* fiel die weitere Forschung an psychoaktiven Substanzen, wie es scheint, zunehmend den Psychiatern in die Hände (Yensen 1996, 32ff./Hermle 153ff.). Und diese Psychiater waren keine Medizinmänner und Schamanen mehr, die sich glänzend mit veränderten Bewusstseinszuständen auskannten, sondern eher Experten für die Beseitigung solcher Zustände, die sie unterschiedslos dem „Wahnsinn" zuordneten. Vor gar nicht allzu langer Zeit arbeiteten Psychiater noch an „Irrenanstalten", dort hatten sie es mit der Unschädlichmachung von „Verrückten" zu tun. Der Sprachgebrauch ist entlarvend, denn wer ein „Irrer" ist, der „irrt", er befindet sich im Unrecht und wer, wie ein Möbelstück, das am falschen Platz steht, ver-rückt ist, der muss zurecht gerückt werden, bis er sich wieder an der richtigen Stelle befindet.

Psychiater waren also so etwas wie die Ordnungshüter und Saubermänner des Bewusstseins. Sie schafften Übersichtlichkeit in einer Welt des common sense, in der immer wieder „Gestörte" auftauchten. Durch „Einweisung", also die Ausgliederung dessen, der sich mit „Wahnideen" herumschlägt, wurde die Welt der „Normalen" von solchen Individuen gesäubert (Foucault 1977). An das Thema Rauschzustände – Ausnahmen gab es auch hier – gingen sie also mit der Erwartung heran, dort in erster Linie Krankhaftes vorzufinden, jedenfalls Abweichungen von demjenigen, was kulturell zu dieser Zeit als „normal" vorgegeben war.

Hoch interessant ist es , wie sich die Beurteilung von Rauschzuständen, ja von Ekstase und verändertem Bewusstsein überhaupt, die Kulturgeschichte hindurch verändert hat. Auch die unterschiedliche Sichtweisen je nach Kulturkreis zeigen bedeutsame Unterschiede (Dobkin de Rios 1993/Rätsch 1995/). Im Hinblick auf die okzidentale im Vergleich zur orientalischen Perspektive hat dies der Orientalist *Rudolf Gelpke* in seinem ungemein anregenden Buch „Vom Rausch im Orient und Okzident" getan. Er meinte, dass die machtförmig an Ausbeutung und Beherrschung orientierte technische Kultur für den Rausch keinen Platz habe. Sie geißle ihn als irreal und als eine Flucht aus der Wirklichkeit, ohne zu bemerken, dass die Jagd nach Besitz und Macht wesentlich irrealer sei und alles, was tatsächlich im Leben bedeutsam ist, ausblende (Gelpke 1982, 140f., 101). *Gelpke* – die erste Auflage seines Buches erschien 1966 – nahm damit jene Gesellschaftskritik vorweg, die während der 1968ger Jahre gerade auch aus der Perspektive des Drogenrauschs eine bedeutende Rolle spielte (Leary 1970).

Von wissenschaftlichen Disziplinen wie etwa der Psychiatrie müsste man erwarten, dass sie jenseits gesellschaftlicher oder gar politischer Vorurteile und Interessen stehen. Es wäre jedoch aufschlussreich gerade am Drogenthema zu zeigen, wie sich wissenschaftliche Forschungsergebnisse vollständig ändern können, je nachdem, welche kulturell und gesellschaftlich vermittelten Voraussetzungen und Annahmen in den Untersuchungsgegenstand eingehen.
Zum Ende des 19. und zu Beginn des 20. Jahrhunderts war die Bewusstseinsforschung, jedenfalls in der Medizin und Psychologie, stark von naturalistischen, also letztlich materialistischen Annahmen geprägt. Als Leitwissenschaft galt die Physik, und das innere Erleben des Menschen sollte nach Möglichkeit exakten Gesetzmäßigkeiten entsprechen und objektivierbar sein. Solche Gesetzmäßigkeiten vermutete man im Gehirn. Daher galt die Hirnforschung als der Dreh- und Angelpunkt für wissenschaftliches Verständnis, eine Sicht die in der Gegenwart ihren Höhepunkt erreicht. Subjektive religiöse, ekstatische oder mystische Erfahrungen passten in dieses Korsett nicht hinein, am allerwenigsten Rauschzustände. Zwar hätte eine Beschäftigung mit der kultischen Verwendung psychoaktiver Substanzen bei indigenen Völkern zur Überzeugung führen können, dass ekstatische Zustände bei diesen weit verbreitet sind und ihre Erforschung möglicherweise eine Bereicherung des psychologischen und medizinischen Wissens hätte bedeuten könnte; doch „Naturvölker" galten immer noch als „primitiv" und wurden an den Maßstäben der damals gültigen Vorstellungen des weißen Mannes gemessen, der sich gerade der positivistischen und naturalistischen Wissenschaft verschrieben hatte (Schultes 1998).
Kaum verwunderlich ist es daher, dass die frühe Forschung auf dem Gebiet der Psychedelika weitgehend unter diesen Voraussetzungen

begann. Man wendete sich zunächst dem Meskalin zu. Zwar lässt sich auf dem amerikanischen Kontinent der kultische Gebrauch des meskalinhaltigen Peyote und des San-Pedro-Kaktus mehr als 5000 Jahre zurückverfolgen (Passie 2009, X/Myerhoff 1980), doch konnte man aus naturalistischer und materialistischer Perspektive in den durch Meskalin ausgelösten Erlebnissen zunächst nichts weiter als Wahnideen erkennen. Eine pathologisierende Interpretation der entsprechenden veränderten Bewusstseinszustände beherrschte also zunächst die Forschungsszene.

Die ersten Versuche, den Meskalinrausch systematisch zu untersuchen – vorausgegangen waren Experimente verschiedener amerikanischer Forscher, unter ihnen *William James* – fanden zu Beginn des 20. Jahrhunderts an der Münchner Psychiatrischen Universitätsklinik statt (Beringer 1927, 25ff./Hermle 2014, 2). Bekannter und wichtiger jedoch wurden die Untersuchungen und Experimente von *Willy Mayer-Gross* und *Kurt Beringer*, die *Beringer* 1927 als Habilitationsschrift veröffentlichte. Zur Zeit seiner Experimente war *Beringer* (1893-1949) Assistenzarzt an der Psychiatrischen Klinik Heidelberg und Privatdozent an der dortigen Universität. *Beringer* war vorwiegend an der Psychopathologie des Meskalinrausches interessiert, die er dann auch fand und in der Sprache der Psychiatrie ausdrückte. Ausgelöst werde eine „experimentelle Intoxikationsspychose", so *Beringer*, eine „künstliche Geistesstörung" oder „Giftpsychose" (Beringer 1965, 46). Wissenschaftliche „Rauschgiftversuche" geschähen mit der Absicht, „künstliche Geistesstörungen beim Gesunden zu erzeugen, da hier – nicht anders als bei den anderen Psychosen – gerade die Vergleichsmöglichkeit uns erlaubt, Besonderheiten und Gemeinsamkeiten herauszuheben." (Beringer 1965, 46f.)
Beringers Ansatz, man könne mit psychoaktiven Substanzen „Modellpsychosen" bzw. „experimentelle Psychosen" auslösen, die zum Verständnis von Geisteskrankheiten beitragen, beherrschte im Folgenden die weitere Forschung. Noch im Beipackzettel für „Delysid (LSD 25)", das 1946 vom Schweizer Pharmakonzern

Sandoz auf den Markt gebracht wurde, war zum Thema Indikation unter anderem zu lesen: „Delysid vermittelt dem Arzt im Selbstversuch einen Einblick in die Ideenwelt des Geisteskranken und ermöglicht durch kurzfristige Modellpsychosen bei normalen Versuchspersonen das Studium pathogenetischer Probleme." (Hofmann 1993, 54)

Die Experimente für seine Habilitationsschrift führte *Beringer* 1920 im Heidelberger Universitätsklinikum durch. 60 Versuchspersonen wurde Meskalin verabreicht. Die Mehrzahl bestand aus Ärzten und Medizinstudenten. Über ihre Erlebnisse und inneren Erfahrungen unter Meskalineinfluss mussten sie anschließend Protokolle bzw. „Selbstschilderungen" verfassen. Ihnen wurde die relativ hohe Dosis von 400 – 600 mg als einmalige Gabe intramuskulär injiziert (Beringer 1927, 33f./Passie 2009, XIV). Bei diesen Experimenten verlief alles so wie erwartet. Die „Modellpsychosen" traten auf – aber zugleich und gewissermaßen nebenbei noch etwas anderes, das *Beringer* sehr irritierte: *Beringer* stieß auf das kosmische Bewusstsein.

Damals war die große Bedeutung von Set und Setting noch nicht bekannt. In außerordentlichen Maße entscheiden sie über die Art der Wirkung von Psychedelika, auch darüber, wo der sinnvolle Gebrauch endet und der Missbrauch anfängt. Bei Set und Setting geht es um die persönlichen Voraussetzungen der jeweiligen Versuchsperson und um den konkreten Kontext der Drogenverwendung (Leuner 1981, 36). Ein determinierender, also aus der Chemie der Droge alleine stammender Zusammenhang zwischen einer bestimmten Substanz und einer bestimmten Wirkung existiert nicht (auch wenn das tendenziell in der esoterischen Untergrundszene oft unterstellt wird). Auch eine als „heilig" angesehene Substanz kann destruktiv wirken, sofern sie unter Bedingungen eingenommen wird, die eher problematische sind.

Aus *Beringers* Studie erfährt man nicht genügend über die persönlichen Dispositionen seiner Probanden und auch wenig über die Umstände, unter denen sie die Wirkung des Rauschmittels erlebten. Was das Setting anging, so handelte es sich um die normale Klinikumgebung. Die Versuchspersonen wurden zu einer Reihe von Experimenten in ein Dunkelzimmer und ein Laboratorium geführt, sie nahmen an einem gemeinsamen Mittagessen in der Kantine teil und wurden auch längere Zeit über alleine gelassen. Die Wirkung des Meskalinrausches dauert etwa 10 bis 12 Stunden.

Bei *Beringer* unklar bleibt auch, wie weit die Probanden vorinformiert und ihnen auf diesem Wege vielleicht bestimmte Erwartungen suggeriert wurden. Gewiss hatten sie von der Modell-Psychosen-Theorie gehört. Und dementsprechend gelang es immer wieder, die entsprechenden „künstlichen Geistesstörungen" zu produzieren. Einschlägig reagierte zum Beispiel eine Psychiaterin unter Meskalineinfluss: Sie glaubte, sie habe eine Geisteskrankheit. Sie geriet in Verzweiflung und konnte sich gegen die Überflutung mit schrecklichen Selbstdiagnosen nicht retten: Sie bescheinigte sich eine totale geistige Umnachtung, "Autismus", "Schizophrenie", "eine gewisse amnestische Aphasie" und nicht zuletzt "paranoische Dementia praecox". Da sie sich in der Kantine ständig beobachtet fühlte, war sie sich sicher, alsbald "in die Frauenabteilung abgeführt zu werden" (Beringer 1927, 121ff.).

Doch dieses krasse Erlebnis einer Psychiaterin ist eher eine Ausnahme innerhalb der 60 Protokolle, die über rund 200 Seiten im Anhang von *Beringers* Studie abgedruckt sind. Geht man sie durch, so zeigt sich, dass *Beringers* Erwartung, nämlich grundsätzlich psychoseartige Zustände bei Normalen erzeugt zu haben, nur zutrifft, sofern man konsequent durch die psychiatrische Brille schaut. Entledigt man sich des diagnostischen Zwangskorsetts, so wartet der Meskalinrausch mit einer überraschenden Vielfalt von Erlebnisweisen auf, und *Beringer* sieht sich schließlich außer Stande, sie alle in ein pathologisches Schema einzuordnen. Bei einigen Probanden kamen – aus heutiger Sicht war es zu erwarten – selbst in einer kalten Klinikatmosphäre ekstatische Erlebnisse zum Durchbruch, so als müsse sich die Quintessenz jener Substanz, mit der Indianer seit Urzeiten Kontakt zur Transzendenz aufnehmen, auch unter solch widersinnigen Bedingungen bemerkbar machen.

Dementsprechend spürt man in den meisten Protokollen eine Art Schock. Die Versuchspersonen sind erschüttert, die Meskalinerfahrung sprengt alles, was sie bis jetzt erlebt haben. Doch die Fremdheit und Andersartigkeit des inneren Erlebnisses stellt vor ein Problem: Wie soll man das Erfahrene ausdrücken, um es anderen zu vermitteln? In den Protokollen findet sich immer wieder der Hinweis: Es gibt keine Sprache, in der sich das Erlebte wiedergeben lässt! Immer wieder die gleiche Warnung: Wir versuchen, den Zustand zu schildern, aber im Grunde lässt er sich nicht in Worte fassen! Auch *Beringer* selbst konstatiert schließlich: "Es wird *stets mehr erlebt*, als gerade geschildert wird." Dabei liegt die Unmöglichkeit, das Erlebnis über die Sprache vollständig zu vermitteln, nicht an seiner Verworrenheit. Es liegt auch nicht an der Schwierigkeit, sich daran zu erinnern. Unvergesslich und deutlich steht den Versuchspersonen ihre Meskalinerfahrung vor Augen, und doch wissen sie nicht, wie sie darüber berichten sollen.

Das betrifft insbesondere dasjenige, was *Beringer* – nun ganz außerhalb der psychiatrischen Terminologie – als „Meskalinoffenbarung" bezeichnet (Beringer 1927, 75). Es handelt sich um das evidente Empfinden, in unerwarteter Weise eine Antwort auf alle Fragen zu bekommen, die Lösung des Lebensrätsels zu erhalten, alle kosmischen Zusammenhänge zu begreifen.

Oft beginnt dieses große Verstehen mit einer „Euphorie", wie es *Beringer*, jetzt wieder in psychiatrischer Ausdrucksweise, nennt. Schon die Kollegen *Knauer* und *Guttmann* hätten das „hypomanische Gepräge" des Meskalinrauschs betont (Beringer 1927, 50). Die Versuchspersonen empfanden es wohl weniger als „hypomanisch", sondern einfach als das Einsetzen einer großen Heiterkeit. *Beringer* resümiert: Es "entsteht eine außerordentlich gesteigerte Empfänglichkeit für die Komik der Situation". Und eine der Versuchspersonen:

> "Das Lachen lag mir dauernd bereit, nur für Momente
> konnte ich es unterdrücken, und so peinlich es für

Momente war, mich so wenig beherrschen zu können, so genoss ich doch mit Behagen alles Humorvolle." (Beringer 1927, 89)

Es ist, als nähme man Distanz zum Beobachteten auf und aus der Distanz wirkt alles plötzlich – komisch.

Von der Komik der Situation, die nicht mehr zum Eingreifen und Handeln auffordert, sondern eher Gelassenheit und ein wohlgefälliges Vergnügtsein auslöst, bis zum freudvollen „Ja", das *William James* für den Kern des Rauscherlebnisses hielt, ist es nur ein kleiner Schritt.

"Ich gab zu," – so schildert eine Ärztin in ihrem Protokoll – "vielleicht euphorisch zu sein, weil mir alles so besonders schön, gut, angenehm, lebendig und sinnvoll erschien [...] Jede Vision war von eigenem Temperament und eigener Atmosphäre, die ich irgendwie durch die ganze Haut aufzunehmen schien [...] Mit dem Sehen setzte ein packendes, starkes Erleben ein, in jeder Pflanze glaubte ich das Leben selbst zu erleben, wenn nicht zu sehen, das geistige Vorbild, nach dem sie sich entfalten musste, der Rhythmus des Wachsens, ihre Urform. Und je weiter ich diese Wiese sah, um so klarer wurde mir der geistige Plan jedes Gewächses, die große Harmonie der ganzen Wiese [...] Ich hatte nicht das geringste ästhetische Lustempfinden, nicht das Gefühl, dass gerade mir etwas Angenehmes geschähe, ich sah, wusste, erlebte: das vitale Leben. Und wieder war die Atmosphäre voll Heiterkeit, Dankbarkeit und Gegenwartsfreude, aus allem erstrahlte der unerhörte Jubel einer starken Harmonie [...] Ich musste an Verse des alten Zarathustra denken, wie die Erde sich einst über ihr Schicksal, getreten zu werden, beklagte, dann aber den Sinn begriff und betete: Herr, lass mich blühen. Jetzt

sah und erlebte ich in ihrer Verwirklichkeit: Herr, lass mich blühen." (Beringer 1927, 93f.)

Aus einem anderen Protokoll:

„Die Sofainsel schwand, ich empfand mein körperliches Dasein nicht mehr; zunehmendes, unermessliches Gefühl des sich Auflösens. Eine große Spannung kam über mich. Es musste sich mir Großes enthüllen. Ich würde das Wesen aller Dinge sehen, alle Probleme des Weltgeschehens würden sich enthüllen. Ich war entsinnlicht... Ein zunehmendes Gefühl der Befreiung kam über mich. Hierin musste sich alles lösen, im Rhythmus lag letzten Endes das Weltgeschehen. Immer langsamer und feierlicher, zugleich aber auch immer eigenartiger, unbeschreiblicher wurde der Rhythmus, immer näher musste der Augenblick kommen, wo die beiden polaren Systeme miteinander schwingen konnten, wo ihre Kerne sich zu einem gewaltigen Bau vereinigten. Dann sollte ich alles sehen können, dann waren meinem Erleben und Verstehen keine Schranken mehr gesetzt. Ein widerlicher Trismus (Kaumuskelkrampf) riss mich aus dem Augenblick höchster Spannung heraus. Die Zähne knirschten, die Hände schweißten und die Augen brannten mir vom Sehen [...]". (Beringer 1927, 94f.)

Natürlich – so muss konstatiert werden, liest man, in welchem Ausmaß hier die Enthüllung der Weltprobleme erlebt wird – gibt es einen Zusammenhang zwischen Hypomanie und Selbstüberschätzung, und dieser Zusammenhang kann sich pathologisch auswirken, etwa wenn sich Psychotiker einbilden, Gott zu sein. Aber trotz seiner Unsicherheit, wie er das Ganze bewerten soll, ist sich *Beringer* an dieser Stelle bewusst, dass hier etwas anderes vorliegt. Eine Grenze wird überschritten, die in Bereiche führt, die nicht mehr der Psychopathologie zuzuordnen sind. Immerhin sind seine Versuchspersonen psychisch gesunde, fest im Leben stehende Menschen. Offenbar werden hier keine psychotischen Zustände erlebt, sondern etwas anderes.

Beringer urteilt: "Es bedarf keines weiteren Hinweises auf die Analogien, die die Struktur derartiger Erlebnisse mit der religiöser Erlebnisse hat" (Beringer 1927, 95). Zu Recht verweist er auf *William James* und vor allem auf den Amerikaner *Richard Maurice Bucke* (1837 – 1895).

Bucke, ebenfalls ein Psychiater, doch vom eher spirituellen Zuschnitt, war aufgrund einer eigenen und überwältigenden spirituellen Erfahrungen davon überzeugt, dass bestimmte Zustände veränderten Bewusstseins keinesfalls als pathologisch, sondern umgekehrt als überaus gesund und als erleuchtet zu bezeichnen seien. In solchen Zuständen werde etwas von jenem Bewusstsein vorweggenommen, das als Ziel für die ganze Menschheitsentwicklung angesehen werden könne. Er nannte solche Zustände „kosmisches Bewusstsein". Das „kosmische Bewusstsein", dessen Merkmale *Bucke* herausarbeitete und dessen Ausbreitung er im Hinblick auf die weitere menschlichen Evolution erhoffte, ist ein ekstatisches Erleben, dass letztlich auf die freudvolle Erfahrung der Alleinheit oder des EINEN hinausläuft (Bucke 1993). Es hat eine ausgesprochen noetische Qualität, das heißt, es vermittelt das Empfinden, einer außerordentlichen *Erkenntnis*. *Bucke* war wohl einer der Ersten, die auf die weltweit große Ähnlichkeit ekstatischer bzw. mystischer Erfahrungen aufmerksam machte.

Ein Indiz „für die reale Spiritualität des kosmischen Bewusstseins", so schrieb er, „ist die Tatsache, dass die Berichte der Erleuchteten in Einzelheiten zwar Abweichungen aufweisen mögen, dass sie in allen wesentlichen Zügen aber vollkommen übereinstimmen."
(Bucke 1993, 32)

Hanscarl Leuner (LSD) – Psychotherapieforschung an den Grenzen zur Religion

Beringer war sich im Zweifel, welchen Nutzen Meskalin für die Psychiatrie stiften könnte. „Experimentellen Psychosen" wurden zwar ausgelöst, sofern man sich einer psychiatrischen Sichtweise befleißigte, doch es kam auch zu ganz anderen Erlebnissen, insbesondere die merkwürdigen Phänomene der „Meskalineuphorie" und der „Meskalinoffenbarung". Was konnte man damit anfangen?

Diese Frage stellte sich auch ein weiterer Psychiater, der sich des Themas annahm, *Hanscarl Leuner. Leuner,* 1919 geboren, war Professor an der Universität Göttingen und dort Leiter der Psychotherapeutischen Abteilung der Psychiatrischen Universitätsklinik. Auf *Leuner* geht das so genannte *Katathyme Bilderleben* zurück, eine psychotherapeutische Methode, die auf einer imaginativen Tagtraumtechnik beruht (Leuner 1981). Imagination und so etwas wie Tagträume spielen auch unter dem Einfluss von Entaktogenen und Halluzinogenen eine Rolle, und so stieg *Leuner* in die inzwischen weltweit angelaufene Forschung an psychoaktiven Substanzen ein, wie sie etwa auch an der John Hopkins Universität in Baltimore/USA betrieben wurde (Yensen 1994).

Auch *Leuners* Forschungen fanden in einer eher sterilen klinischen Umgebung statt. *Leuner,* keineswegs ein ausgeflippter Psychedeliker, sondern der seriöse Universitätsprofessor wie aus dem Bilderbuch, neigte einer nüchtern-psychoanalytischen Beurteilung zu. Doch ihm wurde bald ebenso wie *Beringer* klar, dass unter dem Einfluss bestimmter Substanzen Dinge geschehen, die jenseits des psychiatrischen Paradigmas liegen. Die Wirkung von „Halluzinogenen", wie er die fraglichen Substanzen nannte (insbesondere LSD und Psilocybin), führt, wie *Leuner* feststellt, auf die

„unerklärliche, mitunter als unheimlich empfunden *numinöse Wurzel des Archaischen, der anderen Welt, die im Grunde in unserem System der Wissenschaften nicht deklinierbar ist, und dies sowohl für den Beobachter solcher Zustände als auch für den, der sie erlebt.“ (Leuner 1981, 88)*
„Das subjektive Erleben des Ekstatischen und die Transzendierung in die kosmisch-mystische Dimension ist eine kategoriale Ebene, die weder durch Interpretationen der wissenschaftlichen Empirie noch durch Theoriebildungen ‚begriffen' werden kann. Das Primat der Wissenschaftlichkeit kann in diesem Zusammenhang nicht postuliert werden.“ (Leuner 1981, 190)

Einigermaßen irritiert darüber, dass er mit dem in seiner Ausbildung angeeigneten Wissen an Grenzen stößt, resümierte *Leuner*: „Der Psychiater kann hier nicht mehr ohne den Religionspsychologen auskommen.“ Er verweist auf eine Studie des amerikanischen Religionspsychologen *G. Ray Jordan* JR., der die Erlebnisse unter LSD mit jenen Erfahrungen gleichstellt, die der Religionsphilosoph *Rudolf Otto* in seiner berühmten Studie über das „Heilige" als das Wesen des Religiösen herausgestellt hatte. In der Begegnung mit dem „Numinosen" – so *Otto* – werde von hoch religiösen Menschen das „mysterium tremendum" als ein abgründiges Geheimnis erfahren. *Otto* stellte die These auf, dass die Religionen ihre Wurzeln nicht in rationalen Glaubenssystemen hätten, sondern in besonderen, außerrationalen Gefühlserfahrungen ganz besonderer Art (Otto 1971/Leuner 1981, 80ff.).

Während die seltsam religiösen und spirituellen Erfahrungen unter dem Einfluss psychoaktiver Substanzen für *Leuner* viele ungeklärte Fragen aufwarfen, gibt es für ihn im Hinblick auf die mögliche psychotherapeutische Wirksamkeit von Halluzinogenen keinen Zweifel:

„Die überwiegende klinische Evidenz spricht dafür, dass die LSD-Aktivierung der Psychodynamik diese einer psychotherapeutischen Beeinflussung eher zugänglich macht als ohne einen Halluzinogenspiegel im Blut." (Leuner 1981, 92)

Doch erleben Menschen, die LSD eingenommen haben, eine reale spirituelle und religiöse Wirklichkeit oder ist alles sozusagen eine gehobene Art der Einbildung? Das lässt *Leuner* offen. Ob die Heranziehung des Religionspsychologen auch bedeuten müsse, dass die in Frage stehenden ekstatischen Erfahrungen auf die Wahrheit des Religiösen zielten, sah er wohl als außerhalb seines psychiatrischen Beurteilungsrahmens stehend. *Leuners* Erwägungen gehen vielmehr in eine psychoanalytische Richtung. Diese vermutet hinter ekstatischen Erfahrungen eher frühe Kindheitserlebnisse und ist insofern durchaus „profan". Diese Thema werde ich weiter unten erneut aufgreifen.

Um das Ergebnis der bisherigen Darstellung noch einmal zusammenzufassen: Die systematische Erforschung psychoaktiver Substanzen fiel zunächst in den Zuständigkeitsbereich der Psychiatrie. Das war gewiss nicht selbstverständlich, blickt man auf die vieltausendjährige Geschichte des kultischen Drogengebrauchs zurück. Doch dieser Tatbestand hat wohl auch etwas damit zu tun, dass die Wirkung solcher Substanzen kaum in eine technisch und ökonomisch auf pures alltägliches Funktionieren ausgerichtete Kultur passte. Von vornherein – nicht zwar bei *William James*, dafür war dieser zu sehr reflektierter Philosoph – standen solche Drogenwirkungen unter dem Verdacht, krankhafte Zustände hervorzurufen. Bei der Suche nach dem Verständnis von Geisteskrankheiten und nach Heilmitteln stieß man, durchaus überraschend und irritierend, auf die ekstatische Funktion dieser Drogen. Aber die Frage, was man damit anfangen sollte, blieb offen. Sollte angenommen werden, dass es so etwas wie Heilung durch Religion oder Heilung durch Mystik gebe?

In der Folge weitete sich die Forschung an psychoaktiven Substanzen aus. Schriftsteller, wie etwa *Aldous Huxley*, engagierte „Laien", wie etwa der Bankier *Gordon Wasson*, Chemiker wie *Albert Hofmann*, Psychologen wie *Timothy Leary* oder *Richard Albert* (*Ram Dass*) oder Religionswissenschaftler wie *Huston Smith* oder *Walter Houston Clark* spielten dabei eine Rolle.

Gordon Wasson (Psilocybin) – der Pilzforscher und der ekstatische Schamanismus

Das psychiatrische Paradigma: hypomanische Zustände, Modellpsychosen, Störungen aller Arten, stets im irgendwie psychotischen Sinne, war also nicht in der Lage, die Zustände unter dem Einfluss psychoaktiver Substanzen angemessen zu erklären. Zumindest blieb ein Erlebnisrest von beachtlichem Ausmaß, der ohne den Religionspsychologen nicht mehr recht zu beurteilen war (*Leuner*). *William James* sah das von Anfang an.

In der Mitte des Zwanzigsten Jahrhunderts brach die Forschung an den Psychedelika daher aus den dafür vorgesehenen Forschungsdisziplinen aus. Das konnte dazu führen, dass Forscher, obwohl als Psychologen akademisch dafür zuständig, die geregelte berufliche Entwicklung quittierten und die Universität verließen. So war es bei dem Harvard-Dozenten *Timothy Leary* (1920-1996) der Fall sowie bei dem Psychologie-Professor *Richard Arbert* (geb. 1931), der an der gleichen Universität tätig war. Seitdem ist Letzterer unter dem Namen *Ram Dass* bekannt. Wer durch Selbstversuche mit so überraschenden inneren Erlebnissen konfrontiert wurde, wie sie die fraglichen psychoaktiven Substanzen vermittelten, war nicht selten dazu geneigt, auch seine bürgerliche Karriere hinter sich zu lassen und seinem Leben in einer unerwarteten Weise eine neue Richtung zu geben.

Exemplarisch für eine solche Wandlung steht das Leben des Journalisten, Bankiers und Pilzforschers *Gordon Wasson* (1898-1986). Bis in die Mitte des 20. Jahrhunderts hinein war die psychoaktive Wirkung bestimmter Pilze in Europa und Nordamerika fast vollkommen vergessen worden. Die Wiederentdeckung der psychedelischen Pilze ist untrennbar mit seinem Namen verknüpft. Auf welche Weise *Gordon Wasson* angeregt wurde, der Welt der Börsenkurse und Renditen den Rücken zu kehren, um sich auf einem skurrilen Seitenzweig der Pilzkunde zu engagieren, schildert *Wasson* als ein Erlebnis aus den Flitterwochen mit seiner Frau Valentina.

Ende August 1927 verbrachte das frisch gebackene Ehepaar *Wasson* in einem Chalet in Big Indian in den Cathills (USA). Der damalige Journalist in der Finanzabteilung der *Herald Tribune* hatte *Valentina Pavlovna*, eine Russin, geheiratet, die im Alter von 17 Jahren mit ihrer Familie im Gefolge der Oktoberrevolution aus ihrem Heimatland geflohen war.

Händchenhaltend unternahmen sie einen Spaziergang. Rechts von ihnen eine Lichtung, linker Hand ein Bergwald. Plötzlich schien Valentina etwas entdeckt zu haben und schoss wie ein Pfeil in den Wald hinein. Dort standen Pilze, die in großen Mengen und unterschiedlichsten Arten den Waldboden bedeckten. Außer sich vor Freude kniete Valentina inmitten der zahllosen Hütchenträger und sprach sie liebevoll mit Ihren russischen Namen an. Schließlich sammelte sie einige davon in ihrer Schürze.

Gordon Wasson war ihr Entzücken nicht so recht verständlich. Pilze! Na schön. Er konnte kaum erkennen, dass es sich um verschiedene Arten handelte, wusste nicht, wie sie hießen und hielt sie überhaupt für giftig.

"Komm zurück!" rief er. "Das sind Giftpilze!"

Aber Valentina war nicht zu bremsen. Abends würzte sie die Suppe mit Pilzen, garnierte mit ihnen das Fleisch. Den Rest legte sie zum Trocknen zurück. *Gordon Wasson* ärgerte sich. Er aß keinen einzigen Pilz an diesem Abend. Er wollte auch seine Frau daran hindern, und sie stritten sich. Vergrätzt und gleichzeitig ängstlich machte sich *Wasson* darauf gefasst, viel zu früh zum Witwer zu werden. Aber es kam anders. *Valentina Pavlovna* starb nicht an Pilzvergiftung. Stattdessen entdeckten die *Wassons* ihr Lebensthema – die Erforschung des Teonanacatl, des Götterfleischs. So nennen die mittelamerikanischen Indianer ihre heiligen Pilze.

Gordon Wassons Geschichte ist typisch für die Drogenforschung. Jemand fängt gewissermaßen nüchtern an, so wie man eben ein interessantes Forschungsgebiet erschließt und wandelt sich dann ziemlich rasch in einen Typus von Mensch, wie man ihn eher selten in unserer durchrationalisierten Kultur vorfindet: in einen Mystiker. Diesen Weg hat der Chemiker *Albert Hofmann* beschritten, der Erfinder des LSD, *Richard Alpert* alias *Ram Dass*, der sich vom Professor zum hinduistischen Weisen wandelte, der Neurophysiologe und Delphinforscher *John Lilly*, der seine LSD-Forschungen für viel wichtiger hielt, als jene Wissenschaften, durch die er zu internationaler Anerkennung gelangt war, und eben *Gordon Wasson*. Letzterer war in der ersten Hälfte seines Lebens mehr an Aktienkursen interessiert als an spirituellen Fragen, doch das änderte sich vollkommen, als *Wasson* an sich selbst erfahren hatte, was bestimmte Pilze auslösen können, nachdem man sie eingenommen hat.

Bei seiner Frau Valentina war das anders. Immer schon liebte sie die Natur und hatte nicht vor, sich ewig als Ärztin in der Betonburg einer New Yorker Kinderklinik einzumauern. Angeregt durch das Erlebnis während ihrer Flitterwochen in den Cathills verlegte sie sich auf ein eigenartiges Hobby: die Ethnomykologie.

Irgendwie hatte Valentina schon sprachlich einen besonderen Bezug zu Pilzen. In ihrer Muttersprache verfügte sie über einen unglaublichen Ausdrucksreichtum, wenn es um die Bezeichnung von Pilzen ging. Dagegen sagte *Gordon Wasson* als Amerikaner zum allem Pilzähnlichen "toadstool", "mushroom" oder "fungus". Mehr war ihm nicht geläufig, und das genügte ihm auch. Im Deutschen hätte er über noch weniger Begriffe verfügt. Wer sich auf diesem Feld nicht auskennt, für den heißt alles, was diesbezüglich in Wald und Flur zu finden ist, lediglich „Pilz".

Doch allmählich lies sich *Gordon Wasson* von der Pilzbegeisterung seiner Frau anstecken. Zunächst begannen beide als Sprachforscher. Auf ausgedehnten Reisen sammelten sie mit großem Eifer die Pilz-Bezeichnungen verschiedenster Völker und katalogisierten diese Wörter samt ihren oft bezeichnenden Nebenbedeutungen in einem umfangreichen lexikographischen Werk. Manche der Bezeichnungen brachten Furcht oder Ekel, andere Zuneigung und Bewunderung zum Ausdruck. Schließlich teilten sie die Völker in "mykophobe" (pilzängstliche) und "mykophile" (pilzliebende) ein. Dabei wurde ihnen immer klarer, dass hinter diesem seltsam emotionalen Verhältnis vieler Völker gegenüber ihren Pilzen mehr stecken musste als ein Versuch, zwischen Giftpflanzen und Nahrungsmitteln zu unterscheiden.

Besonders die mykophilen Völker waren da interessant. Sie liebten ihre Pilze. Gelegentlich ging diese Liebe bis zur Ehrfurcht. Was konnte das bedeuten? "Bei unseren damaligen Gesprächen" – so erzählt *Wasson* – "stellten wir fest, dass sich unsere Gedanken in dieselbe Richtung bewegt hatten, doch waren wir zu scheu gewesen, sie auch nur dem anderen gegenüber zur Sprache zu bringen: sie waren allzu phantastisch." (Wasson 1984, 18) War es denkbar, dass einige Völker bestimmte Pilze für heilig gehalten hatten, dass für sie Pilze Götter waren?

Diese Frage sollte *Valentina Pavlovna* und *Gordon Wasson* nicht mehr loslassen. Dass Pilze wie Götter verehrt wurden, war auch vorher schon behauptet worden, aber es gab keine zwingenden Beweise. Zwar existieren Berichte spanischer Chronisten aus dem 16. und 17. Jahrhundert, die Eingeborenen Mittelamerikas berauschten sich zu ihren kultischen Festen mit Pilzen, denen sie Göttlichkeit zuschrieben. 1916 hatte jedoch ein Botaniker die These aufgestellt, das Ganze beruhe auf einem Irrtum. Die Eingeborenen hätten damals den Behörden die Pilze vorgezeigt, um sie zu täuschen. In Wirklichkeit hätten sie sich mit dem Peyote-Kaktus berauscht, dessen getrocknete Köpfe Pilzen ähnlich sehen. Auf diese Weise hätte sie ihre heilige Droge vor dem Zugriff der Spanier geschützt.

Erst 1938 konnte eine Gruppe junger amerikanischer Anthropologen erstmals an einer geheimen mazatekischen Pilzzeremonie in Mexiko teilnehmen, ohne allerdings selbst den Pilz einzunehmen. 1939 beschrieb der amerikanische Botaniker und spätere Harvard-Professor *E. Schultes* die narkotische Wirkung eines Pilzes in Mexiko. Seine Entdeckung wurde jedoch nur Fachleuten bekannt. Heute wissen wir, dass der Gebrauch des heiligen Pilzes Teonanacatl ("Fleisch der Götter") vermutlich schon seit weit über 2000 Jahren in Mittelamerika heimisch ist.

In anderen Weltgegenden wurden ebenfalls psychotrope Pilze verehrt. Schamanistische Pilzmotive finden sich bereits in uralten Höhlenmalereien in Frankreich und Spanien (Leakey 1999, 152ff.). Am bekanntesten ist jedoch "Amanita muscaria", der Fliegenpilz, der bereits in Indien und Sibirien vor Jahrtausenden eine kultische Rolle spielte. Unsere "mykophobe" Kultur hat den halluzinogen wirkenden Fliegenpilz zum Giftpilz erklärt. Aber auch als "Glücksbringer" tritt er bezeichnenderweise auf, doch keiner weiß mehr, warum.

Gordon Wasson und *Valentina Pavlovna* betraten also ein bedeutsames, aber fast unbeackertes Neuland, als sie sich entschlossen, den göttlichen Pilz zu suchen. *Wasson* war unterdessen zum Bankier, Vizepräsident der Bank J. P. Morgan & Co. in New York avanciert. Nachdem er genügend Vermögen angesammelt hatte, stieg er aus und widmete sich fast nur noch der Ethnomykologie.

1955 reisten *Gordon Wasson* und *Valentina Pavlovna* nach Mexiko. "Wir hatten einen wilden Pilz als Brennpunkt religiöser Anbetung postuliert – eine phantastische Annahme. Nun war er da, sozusagen vor der Haustür." (Wasson 1984, 20) In der Nacht vom 29. auf den 30. Juni nahmen sie in Begleitung des Fotografen *Alan Richardson* an einem mitternächtlichen schamanistischen Ritual teil. Dabei wurde Teonanacatl, das göttliche Fleisch, gegessen. Die amerikanischen Forscher waren wahrscheinlich die ersten Weißen, die den heiligen Pilz zu sich nahmen.

Der Leser mag ausschmücken, was *Gordon Wasson* über sein

Erlebnis in Mexiko in einem seiner Bücher und im *Life*-Magazin vom 10. Juni 1957 schildert. Zunächst hatte die Gruppe in den Mixeteco-Bergen nach psychotropen Pilzen gesucht und war fündig geworden. Die Schamanin, die das Ritual durchführen sollte, im Sprachgebrauch der Einheimischen eine *cundera*, eine Heilerin, war begeistert über die Qualität der Pilze. Dann setzte man sich gemeinsam um einen Altar herum, der mit Blumen geschmückt war und auf dem ein Bild stand, das Jesus bei seiner Taufe im Jordan zeigte. Die Gruppe verzehrte die Pilze, *Wasson* nahm 12 Stück davon zu sich, schließlich legten sich alle nieder, auf Matten oder auf Luftmatratzen, welche die Gruppe mitgebracht hatte.

Nun vollzog die *cundera* ein Heilungsritual. Und während man in der Ferne das Bellen eines Hundes und den Ruf eines Esels vernahm, gerieten alle zunehmend in den Bann der Pilze und in ein inneres Erleben, das – so *Wasson* – realer war

> *„als alles, was ich mit meinen eigenen Augen gesehen habe."* *Und wach wie nie zuvor wurde die Seele frei, verlor jedes Gefühl für die Zeit, durchlebt die Ewigkeit in einer Nacht und sah die Unendlichkeit in einem Sandkorn. „Was man gesehen und gehört hat, ist unauslöschlich im Gedächtnis eingeprägt. Endlich weiß man, was das Unsagbare ist, und was Ekstase bedeutet. Ekstase!" In diesen Stunden erfuhr Wasson „die tiefste religiöse Erfahrung seines Lebens". (Wasson 1984, 26/Don Lattin 2010, 37ff.)*

Verwundert es, wenn *Wasson* postulierte, dass die Religionen der Menschheit aus der Ekstase entstanden seien, aus der Verzückung, die durch heilige psychotrope Pilze verursacht wird ? Er nannte sie "Entheogene", was bedeutet: Gott in sich hervorrufend.

> *„Ich möchte die These aufstellen",* so Wasson, *„dass unsere primitivsten Vorfahren bei der Suche nach Nahrung auf unsere psychotropen Pilze stießen – oder*

auf andere Pflanzen mit derselben Eigenschaft –, sie
aßen und auf diese Weise das Wunder der Ehrfurcht im
Angesicht Gottes kennen lernten. Diese Entdeckung
muss bei vielen Gelegenheiten gemacht worden sein, die
zeitlich und räumlich weit voneinander entfernt lagen."
(Wasson 1967, 222)

Verständlich ist diese These nur, wenn man den grundsätzlichen Unterschied zwischen dem Zustand unter dem Einfluss eines Halluzinogens und dem durch Alkohol erzeugten Rausch ins Auge fasst, den wir ja fast alle kennen. *Wasson* behauptet also nicht, die Religion sei aus dem Alkoholrausch entstanden. Obgleich auch der Alkohol im rituellen Kontext historisch eine gewisse Rolle spielt, würde dieser Gedanke auf einen Holzweg führen.

Eine alte Kritik an der Religion, sagt, sie sei aus der Furcht entstanden. Die Furcht vor der Übermacht der Natur und das Wissen um die eigene Sterblichkeit habe die Menschen dazu veranlasst, Götter zu erfinden und damit sich selbst in Überlebensgröße an den Himmel zu projizieren. Der Alkohol beschwichtigt ebenfalls die Furcht und verführt nicht selten zum Größenwahn. Auch andere Rauschmittel wie etwa das Kokain haben diese Eigenschaft. *Karl Marx* nannte die Religion daher "das Opium für das Volk."

Halluzinogene dagegen, auch die heiligen Pilze, sind nicht geeignet, Furcht und Angst zu vertreiben. Sie können sie sogar erheblich verstärken. Halluzinogene haben aber die Eigenschaft, manche Menschen für religiöse Erfahrungen zu öffnen und das in einem Ausmaß und einer Nachhaltigkeit, die ihresgleichen sucht. Dabei unterscheidet sich die auf diese Weise hervorgerufene religiöse Erfahrung sehr deutlich von der alltäglichen Furcht, aber auch von allen anderen Emotionen und Stimmungen, die wir kennen. Ganz im Sinne *Rudolf Ottos* tritt sie als ein eigenständiges, autochthones Erleben auf. Das *mysterium tremendum*, das schreckenerregende Geheimnis, enthält zwar so etwas wie Angst, doch diese besondere Art der zitternden Scheu ist Teil der Begegnung mit dem Absoluten, die zugleich begeistertes Entzücken wie auch respektvoll-furchtsame

Ehrfurcht enthält.

So könnte also auch die These aufgestellt werden, die Religion sei aus der ehrfürchtigen Freude entstanden. Jedenfalls ist diese These nicht weniger plausibel als die alte Behauptung, Vorstellungen von Transzendenz und Göttlichkeit seien ein Beruhigungsmittel, um die Angst zu vertreiben. Da es aber mystische Gipfelerfahrungen auch ganz ohne die Einnahme psychoaktiver Substanzen gibt, sollte *Wassons* Vorstellung von der Entstehung der Religionen unbedingt weiter gefasst werden. Zudem gibt es ja noch viele andere Ekstasemittel, mit denen sich Naturvölker in der Regel hervorragend auskennen.

Die *Wassons* bemühten sich darum, die chemischen Inhaltsstoffe des Teonanacatl isolieren zu lassen. Analyseversuche in den USA verliefen unbefriedigend, ebenso bei dem Mykologen *Roger Heim* in Paris. *Heim* wandte sich an die Schweizer Sandoz AG. So kamen einige hundert Gramm der einschlägigen Pilze, die Professor *Heim* im Laboratorium gezüchtet hatte, in die Hände von *Albert Hofmann*, des Leiters der Naturstoffabteilung der Firma Sandoz. 1938 war er zufällig auf LSD gestoßen, 1943 hatte er im Fortgang seiner Forschungen unwillentlich den ersten LSD-Rausch der Geschichte erlebt. Eine winzige Menge des Stoffes war aus Versehen in seinen Körper gelangt. Für mehrere Stunden schwankte *Hofmann* zwischen Wahnsinn und Erleuchtung, ohne wirklich zu verstehen, was ihm geschah.

Hofmann gelang es, das wirksame Prinzip der Pilze zu isolieren. Dabei wurden zwei neue Substanzen in Form von farblosen Kristallen gewonnen, die *Hofmann* „Psilocybin" und „Psilocin" nannte. Durch Totalsynthese konnte er den Stoff der Götter – der große chemische Ähnlichkeit mit LSD aufwies – sogar in Pillenform herstellen (Hofmann 1993, 121ff.). Während einer zweiten Forschungsreise nach Mexiko, die *Gordon Wasson* durchführte und bei der er von *Albert Hofmann* und dessen Frau begleitet wurde, wurden diese Pillen bei einem weiteren schamanistischen Ritual bei der bekannten Heilerin *Maria Sabina* getestet. Sie waren noch nicht einmal von der *cundera* selbst von der echten Substanz in den Pilzen zu unterscheiden. Hofmann war sehr stolz, dass ihm seine chemische Synthese ganz offensichtlich geglückt war.

Aldous Huxley – Halluzinogene und die Welt als sakrales Ereignis

In den 60ger-Jahren des 20. Jahrhunderts brach in der westlichen Welt eine gigantische Drogenbegeisterung aus, LSD stand im Mittelpunkt. Alle Zeitungen berichteten über dieses spannende Thema, viele Bücher erschienen. Bewusstseinserweiterung war die Devise. Schließlich verband sich diese Begeisterung mit der Gesellschaftskritik der 1968ger-Bewegung, wobei die Psychedelika zu Mitteln des politischen Protestes wurden „Turn on, tune in, drop out!" lautete die Devise, die der LSD-Prophet *Timothy Leary* an die Jugend richtete, die er aufforderte, aus dem sinnlos gewordenen gesellschaftlichen System auszusteigen. LSD, aber auch Marihuana sollten dabei die Augen öffnen (Waldrich 2008).

Das "Establishment" bis hinauf zum amerikanischen Präsidenten reagierte bitter ernst. *Leary* wurde zum Staatsfeind Nummer eins erklärt, so als habe er die kommunistische Machtübernahme ausgerufen, gegen die man sich zu dieser Zeit bis an die Zähne mit Atombomben bewaffnete. 1966 wurde *Leary* wegen des Besitzes einer geringen Menge Marihuanas zu einer Gefängnisstrafe von 30 Jahren verurteilt, ein Urteil das anschließend jedoch vom Obersten Gerichtshof der Vereinigten Staaten wieder aufgehoben wurde. *Leary* kommentierte solcherlei Dinge mit dem weisen Bonmot: „Diese Drogen scheinen Panik und Wahnsinn bei Leuten zu erzeugen, die sie gar nicht eingenommen haben." (Cashman 1967, 71)

Sehr maßgebend ging der Ausbruch dieser Halluzinogen-Hype auf den Schriftsteller *Aldous Huxley* (1894-1963) zurück. Mit seinem utopischem Roman „Brave new world" war er weltberühmt geworden, nun hatte er sich dem Drogenthema zugewandt und seine Publikationen dazu machten Millionenauflagen, insbesondere sein Essay „The Doors of Perception", „Die Pforten der Wahrnehmung".

Huxley war ein unermüdlicher spiritueller Sucher, er neigte einer mystischen Weltsicht zu, und die Behauptung, Psychedelika führten in ekstatische Zustände, wollte er an sich selbst überprüfen. Jedenfalls unterzog sich *Huxley* am Morgen des 6. Mai 1953 einem Selbstexperiment mit 0,4 Gramm Meskalin. Assistiert wurde er dabei von seiner Frau Maria und von dem Freund und Psychiater *Humphrey Osmond*. *Osmond* war bereits durch Halluzinogen-Forschungen an der Universität Saskatchewan (Kanada) bekannt geworden und hatte dabei die Bezeichnung *psychedelisch* eingeführt. *Huxley* hatte noch niemals zuvor psychoaktive Substanzen eingenommen, von Alkohol und Kaffee einmal abgesehen. Wie die meisten Menschen, die keine Erfahrungen mit Psychedelika haben, stellte er sich vor, dass ihn die Droge möglicherweise in eine Art Illusionswelt entführen würde. Doch es kam ganz anders.

> *„Die Veränderung, die tatsächlich in dieser Welt vorging, war in keiner Weise revolutionär", so berichtet Huxley. „Eine halbe Stunde, nachdem ich das Meskalin genommen hatte, wurde ich mir eines langsamen Reigens goldener Lichter bewusst. Ein wenig später zeigten sich prächtige rote Flächen, und sie schwollen an, dehnten sich aus, wurden von hellen Energieknoten gespeist, die sich ständig veränderten und dabei stets neue, vibrierende Muster bildeten."*

Die anfänglichen visuellen Impressionen verschwanden schnell wieder. Stattdessen trat die unmittelbare Umgebung des Arbeitszimmers, in dem das Experiment stattfand, in einer unerwarteten Weise in den Mittelpunkt von *Huxleys*

Aufmerksamkeit. „Die 'andere' Welt, zu der das Meskalin mir Zutritt gewährte, war nicht die Welt der Visionen: sie existierte draußen, war das, was ich mit offenen Augen sehen konnte." Sein Blick fiel auf Blumen in einer Vase, Regale voller Bücher, ein Schreibmaschinentischchen, einen Korbsessel, einen Schreibtisch. Dabei geschah etwas, was *Huxley* aufs Höchste faszinierte. „Die große Veränderung vollzog sich im Bereich der objektiven Tatsachen", schreibt er. Dabei geschah ein Doppeltes und eigentlich Paradoxes: Alles blieb so, wie es war und doch war alles zugleich völlig anders. Die „objektiven Tatsachen" blieben also bestehen und veränderten sich nicht. Sie blieben Blumen, Regale voller Bücher, Schreibmaschinentischchen und Korbsessel. Doch diese alltäglichen Dinge, obwohl sie einerseits blieben, wie sie waren, zeigten sich ihm andererseits so neuartig, so überraschend und geradezu schockierend verwandelt, dass *Huxley* in Begeisterung geriet.

Seine gesamte Halluzinogen-Erfahrung beruhte auf dieser beispiellosen Umgestaltung seiner Wahrnehmung. Auf den folgenden Seiten seines Essays, in welchem er seine Meskalin-Erfahrung schildert, bemüht sich *Huxley* nun, diese Revolution der objektiven Dinge, diesen Umsturz des inneren Verhältnisses zu ihnen, dieses radikal neue Sehen und Schauen sprachlich zu vermitteln. Dabei ringt der große Schriftsteller permanent mit der Frage, was im Hinblick auf ein solches Erlebnis überhaupt noch durch sagen und schreiben vermittelt werden kann.

Was aber war es, was eine so große Veränderung hervorrief, obgleich sich eigentlich nichts veränderte? *Huxley* hat dafür ein immer wiederkehrendes Wort: „meaningfulness", Bedeutung. Auf der ganzen Linie vollzog sich eine fundamentale Bedeutungswandlung. Er wunderte sich, dass Blumen in ihrer Vase, eine erblühte Rose, eine Nelke und eine Schwertlilie, plötzlich nicht mehr einfach Blumen in einer Vase waren, sondern, obwohl sie bloße Blumen blieben, plötzlich eine „so große Bedeutung" erlangten. Er blickte sich im Zimmer um. Noch weitere Gegenstände waren einerseits wohlbekannt und andererseits doch völlig verändert. Er versank in den Anblick von Bücherrücken. Wieder war er von deren „tiefer

Bedeutsamkeit" hingerissen. Faszinierend waren die Farben und Formen, die er als ästhetischer und schöner als sonst wahrnahm, doch viel eindrucksvoller war deren „meaningfulness".

Als *Huxley* von *Osmond* aufgefordert wurde, sich des Raumes und der Zeit bewusst zu werden, winkte er ab. Irgendwie war es ihm egal, wo er sich auf dem Zeitstrahl gerade befand und wie es mit den räumlichen Verhältnissen aussah.

> *„Lage und Entfernung verlieren stark an Interesse, und der Geist macht seine Wahrnehmungen in Begriffen der Daseinsintensität, der Bedeutungstiefe." Schließlich gipfelte die „Erkenntnis der allem Seienden innewohnenden Bedeutsamkeit" in einer geradezu „sakramentalen Schau der Wirklichkeit". (Huxley 1986, 14ff.)*

Gleichgültig war es, worauf *Huxley* seinen Blick richtete. Die „sakramentale Schau der Wirklichkeit" verwandelte auch das Trivialste in etwas Bedeutsames. Zum Beispiel die Falten seiner grauen Flanellhose. Sie sind Ausdruck des unbewegten, geheimnisvollen Seins. Sie sind mit „Istigkeit" aufgeladen – ein Ausdruck, den der Mystiker *Meister Eckhart* verwendete, um die zeitlose Anwesenheit des Absoluten in den Dingen anzudeuten. „Istigkeit" in einer Flanellhose!

Doch *Huxley* hatte offenbar lediglich einen Blick auf das EINE getan. Das EINE ist in allem, auch in einer Flanellhose, sie *ist* das EINE. *Huxleys* Erleben entsprach der klassischen Form einer „extravertierten" Mystik (Stace), die weder Visionen noch Symbole noch irgendwelche transzendenten Wesenheiten erfährt. Die Falten einer Flanellhose als Ausdrucksform des EINEN – diese fast schon triviale Metaphysik kann durch Nachdenken oder Wissen kaum verständlich gemacht werden. Es klafft eine Lücke zwischen dieser grotesken Logik und dem, was gemeint ist. Zwar kann das *Wissen* um die reale Einheit helfen, ein Stück weit auf das Faktum des EINEN zuzugehen. So mancher Quantenphysiker hat sich auf diese

Weise an das paradoxe Geheimnis der Alleinheit herangepirscht. Denn Aussagen über Elementarteilchen fallen oft ebenso grotesk aus, wie *Huxleys* Erkenntnisse über seine Flanellhose. Doch weil das EINE für das Wissen trotz aller Anstrengung notwendig paradox bleibt, kann nur das Hinzutreten der intuitiven Erfahrung im veränderten Bewusstseinszustand die offen gebliebene Paradoxie überbrücken. Dabei kommt es zum unmittelbaren Gewahrsein des völligen Ineinanderfallens von Transzendenz und Immanenz. Das „Übersinnliche" ist unvermittelt nichts weit Entferntes mehr, sondern das ganz Nahe. Es deckt sich vollkommen mit dem, was gerade da ist.

Diese Sicht entspricht sehr stark der östlichen Sicht auf die Mystik. Doch auch der Naturmystik, wie wir sie aus den pantheistischen Vorstellungen, etwa der geistesgeschichtlichen Epoche der Romantik kennen. Die Aufhebung des Unterschieds zwischen Transzendenz und Immanenz sieht das EINE in allem. Somit verwandelt sich die Wahrnehmung auch des Alltäglichsten in etwas Sakrales. Einer solche Erfahrung „mit offenen Augen", so wie bei *Huxley* im Sinne der „extravertierten Mystik", stehen Erfahrungen „bei geschlossenen Augen" in der Art der „introvertierten Mystik" gegenüber, wenn alles Gegenständliche verschwindet und sich in die „Leere" auflöst.

Auf jeden Fall befinden sich solche Erfahrungen jenseits jeden Streites um religiöse Fragen. Ist Gott mit dem Sein oder der Welt identisch, so ist sehr rasch der theologische Vorwurf zur Stelle, es handle sich um „Pantheismus". Innerhalb der abrahamistischen Religionen Judentum, Christentum und Islam bekamen Mystiker und entsprechend ausgerichtete Philosophen daher nicht selten Probleme. Dementsprechend wurde der große pantheistische Philosoph *Baruch Spinoza* (1632-1677) aus der Amsterdamer jüdischen Gemeinde ausgeschlossen, noch schlechter erging es dem frühneuzeitlichen Pantheisten *Giordano Bruno* (1548-1600), der den klaffenden Gegensatz von Gott und Welt nicht akzeptierte. Er wurde auf der Piazza Navona in Rom öffentlich verbrannt. Dabei soll er übrigens einen Holzscheit aus seinem Scheiterhaufen herausgezogen haben, um zu rufen, dass alleine dieses Stück Holz ihm die Existenz Gottes garantiere. Gott ist in allem.

Auch *Huxley* war der Meinung, dass wir uns, wenn es um Gott und solche Dinge geht, viel zu sehr im Vordergründigen und damit in der Welt der Symbole aufhalten. In dieser Weise lässt sich leicht ein Unterschied zwischen Gott und Welt konstruieren. Doch Symbole und theologische Konstruktionen sagen wenig über Transzendenz aus, wie sie von Menschen oft wirklich erfahren wird. *Huxley* jedenfalls hatte die Allidentität erlebt, das EINE, das kein Zweites zulässt.

> *„Das, was man sieht,", so erläuterte Huxley später, „ob mit dem inneren oder dem richtigen Auge, empfindet man als tief bedeutsam. Ein Symbol steht für etwas anderes, und eben dieses andere ist seine Bedeutung. Die bedeutungsvollen Dinge, die man während des Meskalinerlebnisses sieht, sind keine Symbole. Sie stehen nicht für etwas anderes, sie bedeuten nichts anderes als das, was sie selbst sind. Die Bedeutung jedes Dinges ist identisch mit seiner Existenz. Das Entscheidende ist, dass es ist. Auf paradoxe, aber (für jene, die diese Steigerung der eigentlichen Bedeutung erfahren haben) ganz selbstverständliche Weise wird das Relative zum Absoluten, das Vergängliche universal und ewig." (Huxley 1998, 77, 79)*

In *Huxleys* utopischem Roman „Schöne neue Welt" spielen Drogen noch eine negative Rolle. Sie dienen zur Gehirnwäsche und Manipulation in einem totalitären Gemeinwesen. Damit hatte *Huxley* durchaus eine negative Möglichkeit des Drogengebrauchs erfasst. Doch in *Huxleys* letztem Roman „Eiland" ist es umgekehrt. Auf der Insel „Eiland" befindet sich eine ideale Zukunftsgesellschaft. Sie setzt heilige psychotrope Pilze als kultisches Sakrament ein. Durch eine Art psychedelischen Initiationsritus erkennen auf Eiland bereits die Jugendlichen, worum es im Leben wirklich geht. Sie werden befähigt, gemeinsam mit den anderen Inselbewohnern eine friedliche und liebevolle Kultur zu verwirklichen und natürlich – so wird ihnen durch die sakralen Drogen deutlich – geht es nicht um schnelle Motorräder, um Geld und um Macht (Huxley 1996).

Huxley selbst übrigens traute den spirituellen Erfahrungen unter dem Einfluss von Halluzinogenen auch zu, ihm das Sterben zu erleichtern. Als er mit 69 Jahren an Mundkrebs starb, ließ er sich in der Sterbestunde LSD verabreichen und sich von seiner Frau dabei nach den Ritualen des Tibetanischen Totenbuches begleiten.

Teil drei: Drogenmystik – kritisch hinterfragt

Schön und gut, könnte man sagen, psychoaktive Substanzen führen zu überwältigenden spirituellen Intensiverlebnissen. Aber sind diese Erfahrungen echt? Menschen können sich vieles einbilden und eindrucksvoll finden, möglicherweise handelt es sich trotzdem um nichts anderes als um irgendeine Art von Halluzinationen.

Dieser Einwand ist ernst zu nehmen. Im Hinblick auf Erfahrungen unter dem Einfluss von psychoaktiven Substanzen sollten dabei allerdings zwei ganz unterschiedliche Teilfragen auseinander gehalten werden. Die erste Teilfrage lautet: Beziehen sich Gipfelerfahrungen unter dem Einfluss von psychoaktiven Substanzen auf eine objektive Realität, also zum Beispiel auf eine wirklich vorhandene Transzendenz? Diese ontologische bzw. metaphysische Fragestellung möchte ich an dieser Stelle ausklammern. Sie würde in umfangreiche und schwierige philosophische Erörterungen führen. Gesagt werden kann allerdings, dass Menschen, die Gipfelerfahrungen unter dem Einfluss von Psychedelika gemacht haben, von deren „Objektivität" meistens fest überzeugt sind und das auch ohne philosophische Erwägungen.

Die zweite Teilfrage lautet etwa so: Sind psychedelische Erfahrungen nicht „künstlich", irgendwie unecht und insofern gar nicht ernst zu nehmen? Bei der Frage nach der „Echtheit" schwingt ein fundamentaler Verdacht mit, nämlich der Argwohn, dass angeblich „mystische" Erlebnisse unter dem Einfluss von Psychedelika in keiner Weise mit den authentischen Erfahrungen der Mystiker zu vergleichen seien. Die Drogeneinnahme steht im Verdacht, etwas nur Vordergründiges, Scheinbares und Illusionäres zu produzieren, also eine Welt der Wahnideen, noch schärfer ausgedrückt: eine Welt abartiger, vielleicht krankhafter Phantasien .

Dieser Verdacht sitzt bei vielen so tief, dass sie gar nicht mehr in der Lage sind, eine echte Drogenmystik überhaupt nur in Erwägung zu ziehen. Sobald sie das Wort „Mystik" im Zusammenhang mit „Drogen" hören, winken sie bereits ab und betrachten die Sache als erledigt. Dabei bleibt allerdings der merkwürdige Tatbestand unerklärt, dass Drogen bei vielen Völkern seit vielen Jahrtausenden und verbreitet über den ganzen Erdball als eines der klassischen Mittel galten, um religiöse und kultische Ekstasen auszulösen. Sollte man deren Erfahrungen allesamt als „unecht" abqualifizieren?

Die Frage nach der Echtheit oder möglichen Unechtheit von spirituellen Drogenerfahrungen begleitete jedenfalls die Auseinandersetzung um den Wert der Drogenmystik, seit die systematische Erforschung dieser Substanzen gegen Ende des 19. Jahrhunderts begann. Als *Aldous Huxley* in den 1950iger-Jahren begeistert von seinen Selbstexperimenten mit Meskalin berichtete und sie als mystisch einstufte, meldeten sich sehr bald Kritiker dieser These zu Wort. Einerseits, weil *Huxley* überhaupt Drogen genommen hatte, andererseits weil er sie mit einem so ernsten Thema wie der Mystik verband. Völlig ungehalten reagierte *Thomas Mann* auf *Huxleys* „Pforten der Wahrnehmung". *Thomas Mann* bezeichnete den Essay als ein „verantwortungsloses Buch, das nur zur Verdummung der Welt und zu ihrer Unfähigkeit beitragen kann, den todernsten Fragen der Zeit mit Verstand zu begegnen". Der bekannte Weise *Krisnamurti*, *Huxleys* langjähriger Freund, sagte sich zeitweilig von ihm los. Auch er konnte Spiritualität und Drogen überhaupt nicht miteinander in Verbindung bringen (Schumacher 1992, 112).

Doch unter sachbezogenem Gesichtspunkt war die Kritik von *Robert Zaehner* am wichtigsten. Dieser Orientalist und Mystikforscher war der gleichen Auffassung wie etwa *Thomas Mann* oder *Krisnamurti*, aber er beließ es nicht bei einer Ablehnung von *Huxleys* Experimenten ohne weiter Prüfung, sondern fand, dass man nur verurteilen darf, was man auch selbst wenigstens ansatzweise aus eigener Erfahrung kennt. Daher ging er dazu über *Huxleys* Mystikexperiment an sich selbst zu wiederholen.

Robert Zaehner – Meskalin und das „Universum der Farce"

Professor *Zaehner* nahm am 3. Dezember 1955 um 11.40 Uhr 0,4 Gramm synthetisches Meskalin, also die gleiche Menge wie *Aldlous Huxley* ein. Das Experiment fand in seinen Amtsräumen am All Souls College der Universität Oxford statt. Es wurde von vier interessierten Kollegen begleitet und von *Zaehner* anschließend ausführlich protokolliert. Um besser zu verstehen, welche Erfahrungen *Zaehner* anschließend machte, sollte man wissen, wie es ihm schon vor Beginn des eigentlichen Experiments erging und welche Voraussetzungen und Erwartungen er mitbrachte.

Zaehner war ein frommer Mann, er war erst vor wenigen Jahren zum Katholizismus konvertiert, was darauf hindeutet, dass er seinen Glauben ernster nahm, als das beim Durchschnitt der Fall ist. Dass das Thema Mystik von *Huxley* so prominent mit der Drogeneinnahme in Verbindung gebracht wurde, empörte ihn geradezu, denn zur Mystik hatte er geforscht und kannte sich aus. Offenbar hatte *Zaehner* vor seinem Selbstversuch noch keinerlei anderweitige Drogenerfahrungen gemacht und er teilte die weit verbreitet Abneigung dagegen. "Mein bewusster Widerstand gegen die Droge", so schreibt *Zaehner*, „war in der Tat sehr stark und mag erklären, warum es so lang dauerte, bis sie wirkte." Es verstrichen nämlich zwei Stunden, bis *Zaehner* vom eingenommenen Meskalin überhaupt etwas spürte.

> *„Hier sollte ich vielleicht einmal einschalten", schreibt Zaehner weiter, „dass mir zunehmend unbehaglich wurde, als sich der Tag näherte, an dem ich die Droge einnehmen sollte. Drei Nächte hintereinander träumte ich davon und hatte eine ganz irrationale Furcht davor, die Droge könnte tödlich sein oder mich auf Dauer verrückt machen."*

Auch während des Versuches selbst traten solche Gedanken auf. "In einem späteren Stadium, als ich ein ausgeprägtes Kältegefühl in den Extremitäten und in den Genitalien spürte, dachte ich allerdings, es könne ganz gut möglich sein, dass ich sterben würde."
Zaehner spürte also viel Furcht vor seinem geplanten Versuch und auch währenddessen. Dabei ging es offenbar – so wie bei sehr vielen Menschen, die zum ersten Mal Drogen einnehmen – um die Angst vor dem Kontrollverlust. Todesgedanken sind in diesem Zusammenhang naheliegend, denn der umfassendste Kontrollverlust, mit dem wir konfrontiert werden, ist das Sterben.

Möglicherweise, um sich beruhigen, schlug *Zaehner* zunächst einen Spaziergang vor. Die Gruppe der fünf Wissenschaftler verließ also das Institut und wanderte durch die Straßen von Oxford – während der Einstiegsphase im Übrigen ein bemerkenswertes Setting, denn im übersichtlichen Oxford hätte es passieren können, dass die Hochschullehrer Studenten begegneten. Eine latente Furcht, in diesem Falle nicht mehr normale reagieren zu können, mag die eher ängstliche Stimmung verstärkt haben. Geübte User wissen zwar, dass es Unbeteiligten nicht unbedingt auffallen muss, wenn man sich selbst im Drogenrausch befindet und „drauf" ist, doch Professor *Zaehner* wusste das bestimmt nicht. *Zaehners* Irritationen wurden auf diese Weise jedenfalls gewiss nicht geringer.
Da fühlte es sich an – so berichtet *Zaehner* in seinem Protokoll – "als wenn etwas Warmes im Körper emporquelle. Das Gefühl kehrte immer wieder, bis der Höhepunkt des Experiments erreicht war, und zwar jedes mal nach einer Periode der Beruhigung. Es gefiel mir ganz und gar nicht." *Zaehner* hatte Schwierigkeiten, seine Beine unter Kontrolle zu halten.
In der Merton Chapel, einer Kapelle in der Innenstadt Oxfords, beruhigte sich *Zaehner* ein wenig. Alles sah aus "wie immer", protokollierte er. Aber da stellten sich doch die ersten Phänomene ein: Die Muster einer Glasscheibe und deren Rosette waren "ständig in Bewegung, bildeten sich und entstanden neu und blieben nicht für einen Augenblick in Ruhe."

Zurück in der Hochschule, wollte sich *Zaehner* nach all der Unruhe des Anfangs in religiöse Stimmung versetzen. So ließ er sich Bilder mit andachtsvollen Motiven vorlegen. Zunächst zeigte man ihm *Gentile da Fabrianos* "Anbetung der heiligen drei Könige", dann *Michelangelos* "Heilige Familie", schließlich *Raphaels* "Kreuzabnahme".

Da geschah etwas, was den frommen Professor über die Maßen irritierte und schließlich in der These bestätigte, Meskalin erzeuge überhaupt keine Mystik, sondern eher vollkommene Konfusion – später nannte er es ein "Universum der Farce". Denn angesichts der religiösen Darstellungen musste er furchtbar lachen.

Nun ist die übergroße Lust zu lachen unter Meskalineinfluss keine Seltenheit. Halluzinogene erzeugen Distanz, und Distanz ermöglicht Humor. Doch den frommen Professor brachte dies völlig durcheinander. Denn er schmunzelt nicht bloß milde oder kichert unterdrückt, nein er hatte – wie er protokolliert – angesichts der frommen christlichen Motive ein "Erlebnis totaler Komik". Jedes fromme Bild, das man ihm vorlegte, wurde ihm zur "nackten Posse". Sein ununterbrochenes Gelächter, seine respektlosen und albernen Bemerkungen über die heiligsten Dinge, seine ständige Belustigung auch angesichts der verehrungswürdigsten Devotionalien dauerte über eine Stunde.

Auf der "Anbetung der heiligen drei Könige" kniet einer der Könige vor den Füßen des Christuskindes und möchte sie küssen. Aber da durchfuhr es den Professor wie eine bizarre Erleuchtung: Der König möchte die Füße des Jesuskindes nicht küssen, er möchte hinein beißen! Und wieder brach er in homerisches Gelächter aus! Ein heiliger König, der das Jesuskind beißen möchte! "Ich brachte diese groteske Szene einfach nicht mit dem wirklichen Gegenstand des Bildes in Verbindung."

Nach Abschluss seines Versuchs, Mystik durch Drogeneinnahme zu produzieren, war *Zaehner* geradezu entsetzt über das Ergebnis. Das hatte ja offenbar überhaupt nichts mit Religiosität zu tun. Seine Meskalinerfahrung war deutlich das Gegenteil von Mystik gewesen, absolut trivial, überhaupt nicht spirituell und sogar gotteslästerlich. Andererseits hatte er die wissenschaftliche Pflicht des Selbstexperiments nun erledigt und fühlte sich darin bestätigt, dass Drogenerfahrungen und religiöses Erleben etwas Grundverschiedenes seien. Echte Mystik, so sein Verdikt aufgrund seines Selbstversuchs, war durch Meskalin nicht zu erreichen. Die Künstlichkeitsthese galt ihm damit als bewiesen (Zaehner 1957, 280ff.).

Doch genauer betrachtet lief *Zaehners* Kritik an *Huxley* und an anderen, die über mystische Erleuchtungen unter Drogeneinfluss berichteten – immerhin sind es, wie wir heute empirisch wissen, unter bestimmten Bedingungen rund 70 Prozent derer, die Halluzinogene einnehmen (Diesch 2105, 88) – darauf hinaus, diesen Menschen ihre inneren Erfahrungen abzusprechen. Denn *Zaehners* „Universum der Farce" war ebenso unecht oder echt wie die Erfahrungen *Huxleys* oder der anderen Drogenmystiker. Auf der Erfahrungsebene selbst ließ sich nämlich gar nicht entscheiden, welche der beiden inneren Erlebnisse – das mystische oder das „Universum der Farce" – die besseren, authentischeren oder echteren waren. Weshalb hier qualitative Unterschiede machen? *Zaehners* Selbstversuch lag auch die irrige Erwartung zu Grunde, Meskalin determiniere bzw. programmiere bestimmte Effekte. *Zaehner* meinte also gezeigt zu haben, dass Meskalin nicht „Mystik" programmiere, sondern das Gegenteil. Da Meskalin aber wie auch die anderen Psychedelika eine breite Palette von Reaktionen ermöglichen, die im engen Zusammenhang mit dem jeweiligen Menschen stehen, der sie einnimmt, kann auch das „Universum der Farce" als eine gute und authentische Meskalinerfahrung betrachtet werden – jedenfalls als eine, die viel über *Robert Zaehner* aussagt und natürlich auch über das Setting, das *Zaehner* gewählt hatte.

Im Hinblick auf den frommen Katholiken *Zaehner* wäre meine Idee zu diesem inneren Erlebnis, einen Blick auf *Zaehners* „Schatten" zu werfen. Er hatte ja das Gegenteil von Mystik erlebt. Nach *C. G. Jung* enthält die Seele oft im Unbewussten auch das Gegenteil dessen, was auf der bewussten Ebene gelebt oder angestrebt wird, was *Jung* den Schatten nennt. Der Fromme hat daher möglicherweise einen atheistischen Schatten, und auch die Gotteslästerung hat dort ihren Platz. Umgekehrt hat der Atheist nicht selten eine religiöse Schattenseite, die im Bewusstsein abgelehnte Gottesvorstellung bleibt im Unbewussten in der Form archetypischer Bilder oder als die Sehnsucht nach Gott erhalten. Unter bestimmten Bedingungen kann der verdrängte Schatten plötzlich ins Bewusstsein und damit ans Tageslicht treten.

Was bei *Zaehner* verdrängt war und welche Rolle sein religiöser Schatten spielte, hätte durch eine anschließende gründliche Aufarbeitung und psychologische Integration deutlicher werden können. Hatte *Zaehner* seine inneren Erfahrungen mit seinen Begleitern in dieser Weise besprochen? Dabei wäre der kluge *Zaehner* – übrigens war er ein begeisterter Anhänger *C. G. Jungs* – mit Sicherheit auf die Schattenthematik gekommen und hätte von dort aus seine Antithese zu *Huxley* neu überdenken können.

Kann Erleuchtung „hergestellt" werden?

Durch den Vergleich verschiedener durch psychoaktive Substanzen ausgelöster innerer Zustände auf der phänomenalen Erfahrungsebene kann die Frage nach der Echtheit oder Künstlichkeit also nicht beantwortet werden. Natürlich könnte man sagen, eine schlechte Erfahrung unter dem Einfluss psychoaktiver Substanzen, wie diejenige *Zaehners*, ist künstlich und eine gute ist echt. Doch das wäre offensichtlicher Unsinn.

Im Grunde dreht sich die Frage nach der eventuellen Künstlichkeit von Drogenmystik um die Frage nach dem Auslöser. Wie und durch was wird eine mystische oder eine Gipfelerfahrung ausgelöst? Sind es die Auslöser, die Mystik „herstellen"? Kommt sie spontan oder benötigt sie Hilfsmittel? Dabei spielt die oft unausgesprochene Vorstellung eine Rolle, so etwas Hohes und Bedeutsames wie eine mystische Erfahrung dürfe niemals bewusst angezielt werden und setze einen langen mühsamen Übungsweg voraus. Kein Preis ohne Fleiß. „Instant Mystik" sei in ähnlicher Weise allenfalls ein Ersatz für das Echte wie Nescafé für den wirklichen Kaffeegenuss.

Betrachten wir die Wirklichkeit der Mystik, so zielen solche Vorstellungen jedoch am Thema vorbei. Gewiss trifft es zu, dass etwa in den östlichen meditativen Traditionen das beharrliche, oft jahrelange Üben die Voraussetzung der schließlich erlangten Erleuchtung ist. Doch ist es auch dort nicht verboten, sich die Erleuchtung zu erhoffen und die Übung darauf auszurichten.

Meditationstechniken als Auslöser von mystischen Erfahrungen decken jedoch keineswegs das gesamte Feld mystischen Erlebens ab. Oft treten spirituelle Intensiverfahrungen gänzlich ohne Mühe völlig spontan auf. Viele Menschen erleben spontane Mystik in der Natur. In geradezu jeder alltäglichen Situation kann eine Gipfelerfahrung auftreten. Zum Beispiel auf dem Bahnhof. Dort wartet jemand auf einen Freund, der verspätet mit dem Zug eintreffen soll. Während er auf und ab geht, ist plötzlich die große spirituelle Erfahrung da.

Dabei scheint es gleichgültig zu sein, ob jemand religiös ist oder gar Atheist. Ausgerechnet der Dramatiker des Absurden, der nicht im Verdacht steht, esoterischen oder religiösen Auffassungen anzuhängen, *Eugène Ionesco* (1909-1994), berichtet in einem Interview eine völlig spontane Gipfelerfahrung. Sie trägt deutliche Kennzeichen des mystischen Erlebens, auf die weiter unten eingegangen wird:

„Es ist mir auch passiert, Augenblicke der Gewissheit zu haben. In dieser Beziehung habe ich eine Erfahrung durchgemacht. Ich war siebzehn Jahre alt, und eines Tages spazierte ich in einer Provinzstadt herum, im Juni, am Morgen. Plötzlich erschien mir die Welt wie verwandelt, so stark, dass ich von einer überrumpelnden Freude ergriffen war und bei mir selbst sagte: was auch immer geschehen möge, jetzt weiß ich. Und ich werde diesen Augenblick nie

vergessen. Und folglich werde ich nie mehr völlig verzweifelt sein. Ich kann Ihnen nicht erzählen, was es war, denn es ist wirklich unerzählbar. Es war gleichsam eine Veränderung eingetreten im Anblick der Stadt, der Welt, des Lebens, der Leute. Der Himmel schien mir viel näher zu sein, fast mit Händen greifbar. Ich kann nichts anderes sagen als Intensität, Anwesenheit, Licht. Aber es ist unmöglich, es zu definieren.

Auf jeden Fall habe ich mir in jenem Augenblick gesagt, dass ich gewiss war. Hätte man mich gefragt: wessen gewiss, so hätte ich es nicht sagen können. Ich war von einer Gewissheit erfüllt, und ich sagte mir, dass ich nie mehr unglücklich sein würde, dass ich mich in den schlimmsten Momenten jenes Augenblicks erinnern würde." (Mommaers 1979, 35f.)

In wieder anderen Fällen scheint das Auftreten einer Gipfelerfahrung weniger spontan zu sein und an vorausgehende extreme Ereignisse gebunden. Die Gipfelerfahrung scheint dabei so etwas wie ein Kontrasterleben zu sein. So berichtet der Schriftsteller *Hans Erich Nossack* (1901-1977) von einer Gipfelerfahrung einen Tag nach dem vernichtenden Bombenangriff auf Hamburg im Juli 1943. Den Angriff selbst überlebte er in einem Gartenhaus nahe der Stadt. Auf einem Lastwagen, eingepfercht zwischen Ausgebombten und Flüchtlingen, fährt er noch einmal in die völlig zerstörte Stadt zurück. Auf dieser Fahrt überwältigt ihn eine Gipfelerfahrung.

„Da überkam mich, ich weiß nicht woher, ein so echtes und zwingendes Glücksgefühl, dass es mich Mühe kostete, nicht jubelnd auszurufen: Nun beginnt endlich das wirkliche Leben. Als ob eine Gefängnistür vor mir aufgesprungen wäre und die klare Luft der längst geahnten Freiheit schlüge mir entgegen. Es war wie eine Erfüllung." (Nossack 1979, 598f.)

Noch weniger „spontan" ist die Gipfelerfahrung, die mir von einem Kriegsteilnehmer berichtete wurde. An der Front schlägt plötzlich in großer Nähe eine Granate ein. Die Druckwelle reißt den Soldaten zu Boden und er ist sich des sicheren Todes gewiss. Genau in diesem Moment überkommt ihn eine spirituelle Intensiverfahrung, die ihm eine eindrucksvolle Erleuchtung vermittelt. Als glücklicher Überlebender bleibt ihm diese Erfahrung für das ganze Leben erhalten, wobei sich das Schreckliche mit einem intensiven Empfinden der Versöhnung verbindet. Diese Erfahrung entspricht im Übrigen der alten Soldaten-Regel: „Im Schützengraben gibt es keine Atheisten". Am Rande des Todes tritt automatisch eine Offenheit für spirituelle Erlebnisse ein.

Sowohl die gänzlich spontanen wie auch die an den Kontrast der tödlichen Bedrohung gebundenen Gipfelerfahrungen gleichen zwar inhaltlich ganz oder teilweise dem klassischen *satori* oder *samadhi* der östlichen Meditation, worauf weiter unten detailliert eingegangen wird, sie sind aber ganz anders ausgelöst worden. Dabei kommt insbesondere das zuletzt aufgeführte Erlebnis sehr nahe an den chemischen Auslöser durch die Einnahme psychoaktiver Substanzen heran. Nur Physiologen und Neurobiologen könnten im Einzelnen beschreiben, was durch den Einschlag der Granate in der Biochemie von Gehirn und Nervensystem schockartig bewirkt wurde, jedenfalls kann es als höchst „künstlich" eingestuft werden. Denn dem normalen Ablauf der Körperfunktionen entspricht dieser gewaltige Todesschreck auf keinen Fall.

Betrachten wir also die körperlichen Auslöser von Gipfelerlebnissen, so wird sehr rasch deutlich, dass hier eine Unterscheidung zwischen „echt" und „künstlich" unmöglich ist. Jede Gipfelerfahrung hat einen Auslöser. Doch diese Auslöser können sehr verschieden sein. Was die Auslöser für die völlig spontanen Gipfelerfahrung sind, mag weniger klar sein. Doch jeder Neurobiologe würde lachen, wenn jemand voraussetzen würde, dass sich dabei innerhalb der physikalischen, chemischen und elektrischen Vorgänge des Gehirns überhaupt nichts abspielt. In erster Linie ist dabei an die so genannten endogenen Opiate zu denken, denn der Körper selbst produziert „Drogen", sie brauchen gar nicht unbedingt von außen zugeführt werden.

Und in aller Regeln sind es gerade die Auslöser auf der körperlichen Ebene, die von den Ekstatikern aller Zeiten direkt stimuliert und getriggert werden (Eliade 1997). Ekstase wird bewusst herausgefordert und überaus „künstlich" provoziert. So genannte Naturvölker benutzen weit verbreitet das ausdauernde Tanzen als Trigger, doch auch bei den islamischen Mystikern in Konya, den tanzenden Derwischen, findet man diese Technik. Bei den christlichen Mystikern des Mittelalters spielen unter anderem extremes Fasten oder die Selbstkasteiungen mit der Peitsche eine Rolle (Vaitl 2012, 192ff.). Hier ging es nicht nur um Bußübungen, sondern um die große Befreiung, wenn der veränderte Bewusstseinszustand und im Glücksfall die einsetzte. Dabei wird der Leib als Organ der kosmischen Energie begriffen, gewissermaßen als Empfangsorgan für die Kraft der Transzendenz, die keine intellektuelle Konstruktion, sondern eine körperlich vermittelte, eben eine leib-haftige Realität ist. Auch um das elektrische Licht in einem dunklen Raum wahrzunehmen, muss man es zuvor mit dem „Schalter" einschalten; die zweckdienliche Manipulation des Lichtschalters entspricht dabei der Manipulation des körperlichen Triggers durch den Ekstatiker.

Den mehr aktiven Ekstasetechniken stehen die mehr „passiven" gegenüber. So etwa der Reizentzug der sensorischen Deprivation, wie sie etwa bei der Za-Zen-Meditation zugrunde liegt (Enomiya-Lassalle 1988). Man kann täglich acht Stunden lang mit nur kurzen Unterbrechungen schweigend vor einer kahlen Wand hocken oder sich wie der bekannte Delphinforscher *John C. Lilly* – nun allerdings um die Wirkung von LSD zu steigern – in einen „Samadhi-Tank" legen, einen wannenartigen und verschließbaren Kasten, in den er hineinstieg, um sich gegen alle äußeren Stimuli abzuschirmen. In warmen Wasser schwebend erfuhr er mystische Zustände (Lilly 1986).

Doch auch der umgekehrte Weg, die Reizüberflutung, ist als

Ekstastechnik gebräuchlich. So beschreibt der Psychiater *Günter Schüttler*, der in Japan der Frage nachgegangen ist, wie bekannte Zen-Meister zur Erleuchtung gekommen sind, eine Art Brülltechnik, die in bestimmten Klöstern geübt wird. Das Wort „mu" bedeutet im Zen soviel wie „nichts". In einer Soto-Sekte, so berichtet Schüttler, wird es als einziges Koan angewandt. Dabei wird abends gemeinsam und ausdauernd „mu" gebrüllt.

> *„Wenn dreißig bis vierzig Männer und einige Frauen gleichzeitig und ohne jede Ordnung oder Harmonie, jeder für sich, das ‚Mu' förmlich brüllen, könnte man meinen, in einer Löwenhöhle zu sitzen. Die Übenden tun es oft mit solcher Gewalt und Ausdauer, dass der ganze Körper bebt und selbst in kalten Jahreszeiten den Leuten der Schweiß den Rücken hinunterläuft. Mit einem Wort, es ist ein Höllenlärm. Unterdessen gehen die aufsichtführenden Mönche mit dem Warnungsstab herum und schlagen mit voller Kraft auf die brüllenden ‚Löwen', um sie noch mehr anzutreiben [...]."* (Schüttler 1994, 30f.)

Ein solches Verfahren lässt an „Künstlichkeit" nichts zu wünschen übrig. Die Mönche nehmen offenbar an, dass das für die Echtheit möglicher spiritueller Erfahrungen eher von Vorteil sein könnte. Gerade im (japanischen) Zen sind manche Methoden noch krasser.

> *„Da wird ein Übender an der Nasenspitze gepackt und hin und her geschüttelt; ein anderer erhält heftige Stockschläge oder wird sonst wie verprügelt; wieder andere erhalten schallende Ohrfeigen. Auch schwere Fälle von tiefgreifenden Erschütterungen werden uns berichtet: Da bricht sich ein Zen-Jünger ein Bein... , das große Erlebnis ist da! Einem anderen Schüler wird ein Arm abgequetscht..., es löst das Erlebnis aus! Es ist*

wirklich eine Gewaltkur im besten Sinne, die den Erfolg herbeizwingt." (Keilbach 1972, 17)

Doch ob Brüllen, Tanzen, Trommeln, Prügeln oder umgekehrt durch tagelanges vor einer Wand hocken – immer geht es um den gleichen Zweck: nämlich darum, „künstlich" und über die Chemie des Gehirns veränderte Bewusstseinszustände auszulösen. Wo da noch ein gravierender Unterschied sein soll im Vergleich zur Drogeneinnahme, ist schwer zu erkennen.

Es geht wohl eher darum, dass manche Ekstasetechniken unseren guten Geschmack verletzen. So resümiert der Religionswissenschaftler *Alan Watts* aufgrund seiner eigenen Erfahrungen mit psychoaktiven Substanzen:

„Viele gebildete Menschen reagieren auf die Idee, eine Droge könne einen vertieften psychologischen und philosophischen Einblick in das Leben ermöglichen, mit dem Einwand, sie sei viel zu einfach, zu künstlich und auch zu banal, um dafür ernsthaft in Betracht gezogen zu werden. Wenn Weisheit wie ein Lampe angedreht werden kann, scheint das die menschliche Würde zu beleidigen und uns zu chemischen Automaten zu degradieren." Dennoch gibt es – so Watts – „aufgrund meiner Erfahrung keinen Unterschied zwischen Erlebnissen mit diesen Substanzen, wenn sie unter günstigen Umständen gemacht werden, und den Ebenen des 'kosmischen Bewusstseins', von welchem Richard M. Bucke, William James, Evelyn Underhill, Raynor Johnson und andere Forscher des Mystizismus berichten." (Watts 2000, 39, 40)

Allerdings müsse klar sein, „dass die mystische Einsicht ebenso wenig in der chemischen Substanz steckt wie das biologische Wissen im Mikroskop. Im Prinzip existiert zwischen der Verstärkung der Wahrnehmung von Dingen in der äußeren Welt durch ein Instrument wie

*das Mikroskop und der Verstärkung der Wahrnehmung
der Dinge in der Innenwelt durch eine der drei
Substanzen [Watts bezieht sich auf LSD, Meskalin und
Psilocybin] kein grundsätzlicher Unterschied. Falls sie
die Würde des Geistes beleidigt, dann beleidigt das
Mikroskop die Würde des Auges und das Telefon die
Würde des Ohres. Streng genommen vermitteln diese
Drogen ebenso wenig Weisheit wie das Mikroskop
Wissen, sie liefern lediglich das Rohmaterial, auf dem
die Weisheit beruht. Ihr Nutzen hängt davon ab,
inwiefern das Individuum die durch sie enthüllten
Erkenntnisse in sein Verhalten integrieren kann." (Watts
2000, 42f.)*

Watts Sicht haben sich alle angeschlossen, die sich ernsthaft mit dem
Thema befasst haben. Können die Erlebnisse der großen Mystiker
mit der Drogenmystik verglichen und auf die gleiche Stufe gestellt
werden? *Peter Heigl* in seiner Studie „Mystik und Drogenmystik.
Ein kritischer Vergleich" (1980) sieht keinerlei Unterschied.
Mystische Zustände ohne Drogen sind mit mystischen Zuständen
unter dem Einfluss von Drogen identisch. Ähnlich der renommierte
Philosoph und Religionswissenschaftler *Huston Smith*:
„Phänomenologisch kann man halluzinogene Erlebnisse von ihrem
natürlichen religiösen Pendant nicht unterscheiden." (Smith 1972,
155) *Smith* hatte Selbstversuche unternommen, aber auch empirische
Studien ausgewertet. Versuchspersonen, denen man
Erfahrungsberichte von „echten" und von Mystikern unter
Drogeneinfluss vorlegte, konnten keinen Unterschied entdecken
(Smith 1972, 150ff./Thomas 1970, 177). Das wohl wichtigste Urteil
stammt aber vom Altmeister der Mystikforschung *Walter Terence
Stace*: „Es geht nicht darum, dass es dem mystische Erlebnis *ähnlich*
ist, es *ist* mystisches Erleben", urteilt er (Smith 1972, 155).
Daher haben auch systematisch Meditierende immer wieder mit
psychoaktiven Substanzen experimentiert (Palmers 2015) oder sie
wurden durch Erfahrungen mit Psychedelika überhaupt erst auf den

91

Weg der Meditation gebracht. So berichtet der Arzt und Psychopharmakologe *Rick Strassman* über seine Zusammenarbeit mit einer Gemeinschaft von amerikanischen Zen-Buddhisten:

> *"Fast alle, die ich in diesem Ausbildungszentrum dazu befragte, antworteten, dass es psychedelische Substanzen und insbesondere LSD waren, die ihnen zum ersten Mal die Türen zu einer neuen Wirklichkeit aufgestoßen hatten. Das Streben danach, diese anfänglichen psychedelischen ,Lichtblicke' zu festigen, zu verstärken und zu erweitern, hatte sie dazu geführt, in einer Gemeinschaft ein auf Meditation beruhendes asketisches Leben zu führen."* *(Strassman 2014, 315)*

Drogenpsychologie: Zurück in die Mutter-Kind-Symbiose?

Mit dem Vorwurf der Künstlichkeit oder der Befürchtung der Unechtheit sind Erfahrungen unter dem Einfluss psychoaktiver Substanzen also nicht zu treffen. Im Gegenteil: Die Einnahme von psychoaktiven Substanzen ist nur eine unter vielen altbewährten Ekstasetechniken und eine der traditionsreichsten und wirksamsten Induktionsmethoden auf spirituellem Gebiet.

Doch die „Echtheit" spiritueller Erfahrungen lässt sich auf ganz andere Weise anzweifeln. Es geht dann nicht um ihre physischen Auslöser, also nicht um die Frage, wie sie auf der körperlichen Ebene *entstanden* sind, sondern um ihre Herkunft. Menschen sind ja Wesen, die sich entwickelt haben und zwar phylogenetisch und ontogenetisch. Unter dem ontogenetischen Gesichtspunkt, also der Entfaltung des Individuums von der Eizelle bis zum Erwachsenen, haben wir so manche Entwicklungsphase durchgemacht. Wie wir heute wissen, sind Erinnerungsspuren aller dieser Phasen mehr oder weniger deutlich in unserem Körper gespeichert, vor allem durch die vor- und nachgeburtlich entstandenen Vernetzungen des Gehirns. Hoch interessant sind etwa Forschungen, die darüber berichten, was Embryo und Fötus möglicherweise im Uterus so alles mitbekommen haben (Hüther 2014, 83ff.). Auf jeden Fall sind unsere frühen Erfahrungen nicht verschwunden, sondern sie können neu aufflammen und vielleicht auch die Erklärung für Gipfelerlebnisse, ja sogar für die Ekstasen der Mystiker liefern.

Die bedeutsamste Kritik an den mystischen Erfahrungen geht auf die Psychoanalyse *Sigmund Freuds* zurück. Diese behauptet nicht, dass es solche Erfahrungen nicht gebe, sie kritisiert auch nicht, dass sie unter Umständen mit Drogen erzeugt worden sind – es wird ihnen jedoch ihre immanente Bedeutung abgesprochen. Dabei kommt heraus, dass sich Mystiker im Irrtum befinden, wenn sie annehmen, sie hätten transzendente Erlebnisse, sie seien mit dem Absoluten oder gar mit Gott im Kontakt.

Um dies zu belegen, geht die Psychoanalyse reduktionistisch vor. Reduktionistische Erklärungen führen ein Phänomen auf ein anders zurück, mit der Behauptung, das betreffende Phänomen sei bei Licht betrachtet „eigentlich nur" oder „eigentlich nichts anderes als" dasjenige, aus dem es entstanden ist. Formalisiert lautet das reduktionistische Argument so: B ist aus A entstanden, also ist B gleich A. Noch radikaler formuliert: Im Grunde gibt es nur A, denn B ist eine Einbildung.

Sigmund Freud hat sich in mehreren seiner Bücher mit religiösen Themen befasst. *Freud* war ein völlig unspiritueller Mensch, ja er hielt die Religionen für illusionär, mehr noch: für den Ausdruck einer individuellen und kollektiven Neurose. Der reife und gesunde Mensch, so befand *Freud*, findet sich mit der Tatsache ab, dass die Welt keinerlei Transzendenz aufweist und auch keinen tieferen Sinn. Für Spiritualität gibt es keinen Raum. *Freud* selbst war – wie die Biographen berichten – in dieser Hinsicht eine überaus nüchterne Natur, denn er machte sich über das Leben und dessen Härte keinerlei Illusionen. Er dachte oft an das Sterben und galt manchen als ein eher pessimistischer Mensch. Andererseits war *Freud* zweifellos von dem Bedürfnis nach intellektueller Redlichkeit beseelt, auf keinen Fall wollte er sich etwas vormachen, nur weil es unseren Wünschen entgegenkommt.

> *„Für die religiösen Bedürfnisse", so schreibt er „scheint mir die Ableitung von der infantilen Hilflosigkeit und der durch sie geweckten Vatersehnsucht unabweisbar, zumal da sich dies Gefühl nicht einfach aus dem kindlichen Leben fortsetzt, sondern durch die Angst vor dem Schicksal dauernd erhalten wird." (Freud 1930, 18) Die „religiösen Märchen" (Freud 1928, 45) hielt Freud für „so offenkundig infantil, so wirklichkeitsfremd, dass es einer menschenfreundlichen Gesinnung schmerzlich wird zu denken, die große Mehrheit der Sterblichen werde sich niemals über diese Auffassung des Lebens erheben können." (Freud 1930, 22)*

Die religiösen Illusionen sah *Freud* also nicht etwa als nützlich an, etwa weil sie den Menschen Trost in schwierigen Situationen spenden und dadurch ihre Anpassungsfähigkeit erhöhen, wie es heute von Evolutionsbiologen zu hören ist, sondern als höchst problematisch, insbesondere für den Fortschritt der Menschheit. „Für die Illusion", so schrieb er, „bleibt charakteristisch die Ableitung aus menschlichen Wünschen, sie nähert sich in dieser Hinsicht der psychiatrischen Wahnidee (...)" (Freud 1928, 49) *Freud* glaubte also, dass uns religiöse Vorstellungen und Wünsche den Zugang zu einer erfolgreichen Bewältigung der Lebensaufgaben verstellen. Eine Menschheit, die sich von infantilen Wünschen und Wahnideen leiten lässt, könne langfristig also nur scheitern. Einen Fortschritt der Menschheit erhoffte sich *Freud*, ganz im Sinne der philosophischen Aufklärung, alleine von der Vernunft. Im Individuum zeigt sich die Vernunft durch ein starkes Ich, das im Hinblick auf das persönliche Seelenleben „Herr im eigenen Hause" ist, was natürlich zunächst einmal voraussetzt, dass das Ich die eigene Psyche wirklich kennt und realistisch einzuschätzen in der Lage ist. Die Aufklärung über das eigene Innenleben sollte die Psychoanalyse leisten.

So gesehen kann die Psychoanalyse, also die systematische Erforschung des eigenen Inneren, als eine Art Seelenwissenschaft bezeichnet werden. Ihr zur Seite treten jene Wissenschaften, wie etwa die Physik, die sich mit der Außenwelt befassen. Um die Wirklichkeit zu erkennen, müssen wir uns selbst gegenüber sowie gegenüber der Außenwelt als Wissenschaftler bewähren. Jedenfalls war *Freud* der Meinung, die wissenschaftliche Arbeit sei „für uns der einzige Weg, der zur Kenntnis der Realität [...] führen kann." (Freud 1930, 29)

Freud lehnte also alle anderen Wege zur Realitätserkenntnis ab, insbesondere alle eher außerrationalen Wege, die gerade zu seiner Zeit von manchen Philosophen propagiert wurden und zum Beispiel in der sogenannten „Lebensphilosophie" zu Beginn des zwanzigsten Jahrhunderts an Stelle des Verstandes etwa der Intuition eine große Bedeutung einräumten (*Henri Bergson*). Das galt aus *Freuds* Sicht auch für die Erforschung des eigenen Inneren etwa durch die östliche Meditationspraktiken. Es sei ein Irrweg,

> *„wenn man von der Intuition und der Selbstversenkung etwas erwartet; sie kann uns nichts geben als – schwer deutbare – Aufschlüsse über unser eigenes Seelenleben, niemals Auskunft über die Fragen, deren Beantwortung der religiösen Lehre so leicht wird." (Freud 1928, 50)*

Natürlich beurteilte *Freud* die Benutzung von Rauschmitteln zum Erkenntnisgewinn nicht anders. Er selbst hatte zwar eine Zeitlang Kokain verwendet (vom Scheidt 1973), einerseits für medizinische Forschungszwecke, aber auch, um sich für seine angestrengte geistige Arbeit zu stimulieren und er rauchte zeitlebens schwere Zigarren. Letzteres war zweifellos die Ursache für seinen Mundkrebs, der ihn die letzten Jahre seines Lebens begleitete und den er mit stoischer Gelassenheit ertrug. Doch der „Intoxikation"

(Freud 1930, 27) durch Drogen zum Erkenntnisgewinn traute er nicht viel zu.

> *„Die Leistung der Rauschmittel im Kampf um das Glück und zur Fernhaltung des Elends wird so sehr als Wohltat geschätzt, dass Individuen wie Völker ihnen eine feste Stellung in ihrer Libidoökonomie eingeräumt haben. Man dankt ihnen nicht nur den unmittelbaren Lustgewinn, sondern auch ein heiß ersehntes Stück Unabhängigkeit von der Außenwelt. Man weiß doch, dass man mit Hilfe des ‚Sorgenbrechers' sich jederzeit dem Druck der Realität entziehen und in einer eigenen Welt mit besseren Empfindungsbedingungen Zuflucht finden kann."* (Freud 1930, 28)

Freud hatte dafür großes Verständnis, denn das Leben ist einfach zu hart, um es ganz ohne illusionäre Entlastung zu bewältigen. Doch jede Art von Drogeneinnahme verfolgt nur den einzigen Zweck, sich zeitweilig dem „Realitätsprinzip" zu entziehen und die „Ökonomie" der eigenen Libido auf diese Weise etwas angenehmer im Sinne des „Lustprinzips" zu gestalten. Drogen erzeugen nach Freud also so etwas wie Erholungspausen im Kampf mit dem Dasein.

Da meldete sich eines Tages brieflich ein guter Bekannter und Freund, der französische Schriftsteller *Romain Rolland* (1866-1944). Er schrieb *Freud*, er habe dessen Schriften zum Thema Religion gelesen. Er könne die dort dargelegten Auffassungen auch im Großen und Ganzen teilen, doch habe Freud bei seiner Religionskritik gewissermaßen das Eigentliche unbeachtet gelassen. Es handle sich um die Erfahrung des „Ozeanischen", ein Erlebnis der „Ewigkeit", „ein Gefühl wie von etwas Unbegrenztem, Schrankenlosen". Für ihn, *Rolland*, sei das die eigentliche Quelle des Religiösen (Freud 1930, 6).

Deutlich bezog sich *Rolland* also auf die mystische Gipfelerfahrung. *Rolland* war ein hoch spiritueller Mensch. Er hatte Biographien über

Gandhi und den indischen Heiligen *Ramakrishna* verfasst (Zweig 1923). Im Hinblick auf das „ozeanische Gefühl" teilte er *Freud* mit, er selbst kenne dieses Gefühl sehr gut, es verlasse ihn nie und es sei ihm von vielen Menschen bestätigt worden, dass es bei ihnen ähnlich sei. Er habe guten Grund, diese Empfindung bei Millionen von Menschen vorauszusetzen.

> *„Diese Äußerung meines verehrten Freundes", so die Reaktion Freuds auf die Einwände von Romain Rolland, „[...] brachte mir nicht geringe Schwierigkeiten. Ich selbst kann dies ‚ozeanische' Gefühl nicht in mir entdecken." (Freud 1930, 6)*

Im Hinblick auf die eigene Selbsterfahrung hatte *Freud*, der sich stets außerordentlich genau beobachtete, also im wahrsten Sinne des Wortes „keine Ahnung" wovon *Rolland* sprach. Breitenuntersuchungen, wie sie heute vorliegen, die zeigen, dass Gipfelerfahrungen mit dem Gefühl ozeanischer Entgrenzungen – ganz so wie *Rolland* vermutete – sehr häufig vorkommen, existierten damals noch nicht. Sie zeigen, dass rund ein Drittel der Menschen mystikartige Bewusstseinzustände kennen (Quekelberghe 2011, 11). *Freuds* Reaktion ist nicht nur wegen der Erklärungsmöglichkeit durch die Psychoanalyse bedeutsam, sondern auch wegen des Aufeinandertreffens zweier grundverschiedener Menschentypen, nämlich des „religiös Unmusikalischen" – wie *Max Weber* einen solchen Charaktertypus einmal nannte – und des ausgesprochenen *homo religiosus*. Das könnte auch die Frage aufwerfen, ob eigentlich alle Menschen so etwas wie einen mystischen oder religiösen Kern – *Meister Eckharts* „Seelenfunken" – oder gar ein Bild Gottes (*imago Dei)* unbewusst in sich tragen, wie es von christlichen Mystikern behauptet wird.

Im Hinblick auf die ozeanische Entgrenzung, aber auch andere Reaktionen unter dem Einfluss von psychoaktiven Substanzen weist einiges darauf hin, „dass hysterisch strukturierte Persönlichkeiten stärker reagieren, zwanghafte dagegen schwächer." (Lamparter 1994,

63) Was die mystischen Erlebnisse selbst angeht, so sind Frauen öfter davon betroffen als Männer. Grundsätzlich spielt dabei der psychische Faktor der „Transliminalität" ein Rolle. Darunter wird die Eigenschaft verstanden, dass die Schranken zwischen bewussten und unbewussten Prozessen bei für Mystik offenen Menschen durchlässiger sind als bei anderen Personen (Vaitl 2012, 190). Unter charakterlichem Gesichtspunkt könnte es also Unterschiede geben. Dem müsste nachgegangen werden, denn allzu leicht werden anthropologische Behauptungen verallgemeinert, die lediglich auf bestimmte Persönlichkeitstypen zutreffen. Möglicherweise werden einige der ewigen Streitfragen im Zusammenhang mit Religion, Spiritualität und Mystik durch charakterliche Dispositionen determiniert. Argumente und Sichtweise für oder gegen Religion und Spiritualität würden so gesehen durch die individuelle Psychologie einer Persönlichkeit mitbestimmt. Während jedenfalls *Rolland* hoch spirituell war, hatte *Freud* für Mystik oder Religion keinerlei Antenne.

In seiner Reaktion auf die Einlassungen *Rollands* ging *Freud* also, ohne über persönliche Neigungen und innere Erfahrungen zu verfügen, gewissermaßen „theoretisch" an die Fragestellung heran. Obwohl er sich im Hinblick auf das Thema unsicher fühle – so schrieb er – wolle er den Versuch einer „genetischen Ableitung" und damit einer psychoanalytischen Erklärung unternehmen (Freud 1930, 8). Diese Erklärung stellte nun die These auf, das ozeanische Gefühl entspreche einer Regression in jene Zeiten der individuellen Entwicklung, als noch das totale Lustprinzip herrschte. Freud erklärte das so:

> *„Ursprünglich enthält das Ich alles, später scheidet es eine Außenwelt von sich ab. Unser heutiges Ichgefühl ist also nur ein eingeschrumpfter Rest eines weitumfassenderen, ja – eines allumfassenden Gefühls, welches einer innigeren Verbundenheit des Ichs mit der Umwelt entsprach. Wenn wir annehmen dürfen, dass*

dieses primäre Ichgefühl sich im Seelenleben vieler Menschen – in größerem oder geringerem Ausmaße – erhalten hat, so würde es sich dem enger und schärfer umgrenzten Ichgefühl der Reifezeit wie eine Art Gegenstück an die Seite stellen, und die zu ihm passenden Vorstellungsinhalte wären gerade die der Unbegrenztheit und der Verbundenheit mit dem All, dieselben, mit denen mein Freund das ‚ozeanische‘ Gefühl erläutert.“ (Freud 1928, 11)

Unter der Voraussetzung, dass kein Stadium der seelischen Entwicklung ganz verloren geht, sondern stets unter gewissen Umständen reproduziert werden könne, müsse das ozeanische Gefühl demnach als eine regressive Rückkehr zu älteren und damit primitiveren Erlebnisweisen angesehen werden. Gewiss dachte Freud dabei auch an das Erleben von Naturvölkern, deren Population zu seiner Zeit noch als „Primitive" bezeichnet wurden und mit denen er sich in seiner Schrift „Totem und Tabu" befasst hatte (Freud 1964). Den Naturvölkern wurde damals auch von anderen Forschern unterstellt, sie lebten eigentlich ständig in einer Art ozeanischer Entgrenzung. Ihr animistischer Glaube an die Beseeltheit der Natur und der Allverbundenheit mit ihrem Stamm sei eine Art *Participation mystique,* wie der französische Anthropologe *Lévy-Bruhl* diesen eher „primitiven", weil undifferenzierten Bewusstseinszustand nannte. Wie weit solche ethnologischen Vorstellungen den Tatsachen entsprechen, steht allerdings auf einem anderen Blatt.

Mystik oder Supernarzissmus?

Ich nehme diese psychoanalytische Kritik sehr ernst und möchte sie sogar noch zuspitzen. Denken wir an die Gegenposition, die annimmt, mystische Gipfelerlebnisse, in diesem Fall Zustände ozeanischer Entgrenzung, hätten eine transpersonale, ja religiös-mystische Bedeutung. Sofern Mystik religiös bzw. spirituelle gedeutet wird, hat sie es mit dem Übersinnlichen realer überweltlicher Transzendenz zu tun. Dagegen führt die psychologische Erklärung auf rein „weltliche" Ursachen zurück. Der Kern der psychoanalytischen Erklärung, ja geradezu ihr Vorwurf lautet: Solche Zustände sind narzisstische Regressionen. Schlimmer noch: Bei der Regression in den Zustand der ozeanischen Entgrenzung wird, abhängig von der Heftigkeit des Erlebnisses, der Gipfelpunkt eines selbstverliebten Narzissmus erreicht. Jemand verleibt sich die gesamte Welt ein, er bläht sich auf, bis kein Unterschied mehr zwischen seinem Größen-Ich und dem gesamten Kosmos besteht. Großartiger und allmächtiger geht es nur noch in der *unio mystica*, also dem Einswerden des Individuums mit Gott. Das dadurch ausgelöste Glücks- und Lustgefühl ist nur zu verständlich.

Auch *Hanscarl Leuner* zog diese Interpretation der ozeanischen Entgrenzung als narzisstische Regression in Erwägung (Leuner 1981, 192ff.). Betrachten wir den ins Extrem gesteigerten Narzissmus auch als eine Verleugnung der Realität, so könnten die Seligkeit und das Glücksgefühl während der Gipfelerfahrungen auch psychoanalytisch als Abwehr betrachtet werden. Abgewehrt wird auf zwei Ebenen: einerseits die Einsicht in die wahre Beschaffenheit der Realität und andererseits das Wissen um die eigenen Wünsche nach Macht und Omnipotenz, die die Wurzel der Illusionen über die Wirklichkeit sind.

„Das Problem des kosmisch-mystischen Erlebens und der damit verbundenen Ichtranszendenz", so Leuner, „liegt psychologisch bei aller Erhabenheit des subjektiven Gefühles gerade darin, dass die Konzeption des Widersachers, der feindseligen Realitäten und Konkurrenz, die uns die Welt so häufig abverlangt, ausgelöscht ist. Eine beseligende Paradies-Phantasie

herrscht vor. Mit anderen Worten, feindselige Möglichkeiten und der Wettstreit dieser realen Welt können nachhaltig verleugnet bzw. abgewertet werden. [...] Insofern kann also das kosmisch-mystische Erleben [...] zugleich auch den Charakter einer Abwehr annehmen." (Leuner 1981, 199)

Man könnte sich also fragen, was unserem wahren Glück im Wege steht. Ist es nicht die Tatsache, dass uns die Welt so viel Widerstand entgegensetzt? Und die anderen Menschen? Wären wir nicht vollkommen zufrieden, wenn sie aufhören würden, ständig unsere Wünsche zu durchkreuzen? Jedenfalls wäre es ein Traum absoluter Seligkeit, wenn wir die Macht besäßen, alle diese Widerstände und Widrigkeiten dadurch auszuschalten, dass wir im veränderten Bewusstseinszustand überglücklich feststellen: diese ganze widerwärtige Welt ist verschwunden, es gibt nur noch mich selbst, denn ich selbst bin alles!

Dass es sich bei diesem Rückfall in den Supernarzissmus um eine wirkliche Gefahr handelt, untersuche ich weiter unten, wenn es um die Irrwege des Gebrauchs psychoaktiver Substanzen geht. Die Scheidelinie zwischen wirklicher mystischer Erleuchtung und der Aufblähung in den Narzissmus ist sehr schmal. Werden die grundsätzlichen Polaritäten des Lebens, seine Belastungen, seine Widersprüche, seine Vieldeutigkeiten verleugnet, so liegt ein solcher Narzissmus nahe. Fundamental neigen wir Menschen zu einer Haltung, die in religiösen Dingen als Hybris bezeichnet wird oder früher mit dem Begriff Hoffart belegt wurde, jedenfalls zur illusionären Selbstüberschätzung. Wie lächerlich es auch immer angesichts unserer menschlichen Winzigkeit ist, fühlen wir uns dann mehr oder wenige allmächtig.

Das Protokoll einer Gipfelerfahrung unter dem Einfluss von LSD, das der LSD-Forscher *Stanislav Grof* zitiert, stimmt in dieser Hinsicht bedenklich:

„Es folgte eine gewaltige Erweiterung des Bewusstseins. Ich befand mich draußen im interstellaren Raum. Unmittelbar vor meinen Augen wurde Galaxie nach Galaxie erschaffen. Ich fühlte, dass ich mich schneller als das Licht bewegte. Eine Galaxie nach der anderen zog an mir vorbei. Ich näherte mich dem Zentrum einer Energieexplosion, aus der alles im Universum hervorzugehen schien. Es war der Ursprung all dessen, was erschaffen wurde. [...] Je näher ich kam, umso mehr spürte ich, wie sich meine Identität wandelte. Ich war nicht mehr Ausdruck dieser Energie, sondern die Energie selber. [...] Die Erfahrung war ekstatisch und verlieh mir das Gefühl grenzenloser Macht. Plötzlich verstand ich das Prinzip, das dem Aufbau des Weltalls zugrunde liegt." (Grof 1987, 174f.)

Der Bericht gibt zweifellos ein Erlebnis ozeanischer Entgrenzung wider, verbunden mit einer „visionären Umstrukturierung", wie ein charakteristisches Element des durch Psychedelika veränderten Bewusstseins in der Forschung genannt wird (Bodmer 1994). Die Bewusstseinserweiterung – so jedenfalls der Wortlaut – besteht darin, dass der Erlebende sich immer schneller auf den Ursprungsort der Schöpfung zu bewegt, um sich schließlich völlig mit ihm zu identifizieren. Der Ursprung der Schöpfung aber ist Gott.

Rein vom Wortlaut her und unter dem Vorbehalt, dass die Sprache bei solchen Erlebnissen nur unvollkommen zum Ausdruck bringen kann, was wirklich erfahren wurde, hat der Erlebende nun die Empfindung, er sei Gott. Der folgende Satz ist gewissermaßen die logische Konsequenz dieser Verwandlung: „Die Erfahrung war ekstatisch und verlieh mir das Gefühl grenzenloser Macht." Damit wäre – verwendet man das psychoanalytische Erklärungsmuster – das äußerste Extrem eines narzisstischen Wahns erreicht und auf diese Weise ein geradezu gefährlicher Zustand, würde er anschließend nicht wieder verschwinden.

Denn – man verzeihe mir diese etwas krasse Gedankenführung – ein maligner Narzissmus, der den Erlebenden mit absoluter Macht ausstattet, muss mit oder ohne psychoaktive Substanzen als zumindest zeitweilige Psychose bezeichnet werden. Aus der Geschichte kennt man den „Zäsarenwahn", und es könnte sein, dass sich gewisse Diktatoren von *Caligula* bis *Hitler* oder *Idi Amin* zumindest ab und zu in einem solchen psychotischen Wahn befanden. Gewiss glaubten sie, ebenfalls über gottgleiche Macht zu verfügen.

Präpersonal und transpersonal – Ken Wilbers Unterscheidung

Im Bereich jener Wissenschaften und Philosophien, die sich mit transpersonalen und spirituellen Erfahrungen befassen, ist *Ken Wilber* (geb. 1949) gegenwärtig der Denker der klaren Unterscheidung und das im angenehmen Gegensatz zu manchen Autoren des spirituellen Themenbereichs. Stehen Erfahrungen veränderten Bewusstseins, wie etwa die Zustände der ozeanischen Entgrenzung, im Verdacht, Regressionen in die Mutter-Kind-Symbiose zu sein oder gar narzisstische Verirrungen, jedenfalls keineswegs ihren hohen Anspruch einzulösen, so hat *Ken Wilber* hier eine klare Abgrenzung eingeführt.

Es geht um die von *Wilber* als außerordentlich bedeutsam betrachtete „Prä-Trans-Verwechslung" (PTV). Die in Frage stehende Verwechslung durchzieht nach *Wilber* die gesamte hier zur Debatte stehende Thematik und stiftet dabei erhebliche Verwirrung (Wilber 1988, 120). Die Vorsilbe „prä" steht dabei für *prä-personal*, die Vorsilbe „trans" für *trans-personal*. Das Prä-personale ist dasjenige, das sich gewissermaßen unterhalb der Wachbewusstheit befindet, das Trans-personale ist dasjenige, was über die alltägliche Wachbewusstheit hinausgeht.

Um die Bedeutung der Unterscheidung zu verstehen, empfiehlt sich ein kurzer Blick auf *Wilbers* Gesamtkonzept. Nach *Wilber* befindet sich die Menschheit innerhalb eines kosmischen Evolutionsprozesses, von dem wir etwa die Strecke bis zur „Halbzeit" zurückgelegt haben (Wilder 1999). Am Anfang findet sich der Mensch innerhalb eines animalischen Bewusstseins vor, daraus entfaltet sich das rationale Ich, welches auf der höchsten Entwicklungsstufe wiederum durch das kosmische Bewusstsein überboten wird. *Wilber* spricht auch vom „integralen Bewusstsein".

Schon dieser generelle Gedanke lässt ahnen, dass die menschheitsgeschichtlich gesehen frühen Formen des Bewusstseins nicht identisch sein können mit den viel späteren Formen, die nach *Wilber* in vollem Umfang überhaupt erst in der Zukunft zu erwarten sind. Zwischen den alten Ausprägungen des Bewusstseins und damit auch des Erkennens und Verstehens und den zukünftigen Formen, die das Transpersonale erschließen, befindet sich das Stadium des voll entwickelten vernünftigen Ichs.

Entscheidend ist, dass *Wilber* – im Unterschied zu vielen esoterischen Ansätzen – die Funktionen des Ichs, also seine rationale Unterscheidungs- und Urteilsfähigkeit, die Ordnungs- und Kommunikationsfunktion der Sprache, den wissenschaftlichen Verstand, nicht etwa gering schätzt, sondern als ein evolutionäres Durchgangsstadium ansieht, das im weiteren Verlauf der Evolution nicht abgelegt, sondern überboten werden wird. Die Ich-Funktionen, wie etwa der rationale, unterscheidende Verstand, der sich in klarer Weise sprachlich vermittelt, werden nicht aufgelöst, denn das wäre ein Rückfall in frühere Entwicklungsstadien, sondern in ein höheres Bewusstsein integriert. Das Zukünftige ist also nicht ein Weniger als heute, sondern ein Mehr. „Man kann das Transpersonale nicht erreichen, wenn man nicht zuvor das Personale verwirklicht hat", schreibt *Wilber* (Wilber 1999, 370).

Interessanterweise sieht *Wilber* daher die Hauptaufgabe der Gegenwart weniger darin, das Transpersonale voll zu entwickeln. Das steht eher für die Zukunft an. Viel wäre schon erreicht, so *Wilber*, wenn das recht verstanden Personale weltweit zum Zuge käme, also die Entwicklung der reflektierten und verantwortlichen Person. Ein Bewusstsein der Einheit, wie es sich in verstreuten kosmischen Erfahrungen als erstes Aufblitzen des zukünftigen Transpersonalen andeutet, kann dabei nicht schaden.

Die Prä-Trans-Verwechslung spürt *Wilber* zunächst innerhalb des naturalistischen Reduktionismus auf, dem sich auch die Psychoanalyse in vieler Hinsicht verpflichtet fühlt. Zum Beispiel im Hinblick auf das Thema ozeanische Entgrenzung. Der Behauptung, Zustände der Mystik seien „eigentlich nur" eine Erinnerung an die Erlebensweise des Säuglings und beim Erwachsenen eine narzisstische Verirrung begegnet *Wilber* mit interessanten Überlegungen.

Freud sage, dass das menschliche Ich-Gefühl am Anfang die ganze Welt umfangen habe, der Säugling habe sich mit seiner Mutter identifiziert und überhaupt mit allem jenseits seiner selbst in einer Art grenzenlosem Narzissmus. Doch, so fragt *Wilber*, wie kann der Säugling sich mit etwas identisch fühlen, was für ihn noch gar nicht existiert? Der Säugling war

„natürlich nie mit der ganzen Welt eins [...]". „Er ist weder eins mit der geistigen Welt, mit der feinstofflichen Welt, mit der Symbolwelt, mit der Welt der Sprache, mit der Welt der Kommunikation – denn in Wirklichkeit gibt es noch keine einzige dieser Welten. Säuglinge sind mit diesen Ebenen nicht eins – sie kennen sie überhaupt noch nicht. Man könnte genauso gut behaupten, ein Hund sei eins mit den Vereinten Nationen, weil er mit ihnen keine Schwierigkeiten hat. Säuglinge sind vielmehr im Grunde ausschließlich eins und verschmolzen mit ihrer materiellen Umgebung und mit ihrer biologischen Mutter; sie können ihren physischen Körper und die physikalische Umwelt nicht unterscheiden; höhere Ebenen als diese haben im primitiven [...] Verschmelzungszustand keinen Platz. Er

ist präpersonal, nicht personal oder gar transpersonal." (Wilber 1988, 145f.)

Fällt nun ein Erwachsener in einen prä-personalen Zustand zurück, so bedeutet dies tatsächlich eine regressive Infantilisierung. Erwachsene sind keine Säuglinge. Sie haben in aller Regel die Unterscheidung zwischen ihrem Ich und der Außenwelt sehr wohl erkannt und sie haben, zumindest auf der Schule, den Umgang mit den rationalen Funktionen sowie der Sprache bis zu einem gewissen Grad erlernt. Das Transpersonale würde nun diese Funktionen keineswegs auslöschen, sondern weitere Funktionen hinzufügen. Die Infantilisierung hingegen vernichtet, was überlebensnotwendig ist: die Unterscheidungsfähigkeit, das klare Urteil, Kritikfähigkeit, die Kompetenz, sich durch begründete Abgrenzung zu wehren und damit die sinnvolle Selbsterhaltung.

Wenn alle diese Fähigkeiten schwinden, kann es zum spirituellen und religiösen Wahn kommen. Etwa – um wieder ein krasses und damit deutliches Beispiel zu wählen – zu Katastrophen wie 1978 dem Massenselbstmord von Jonestown in Guyana, als nahezu 1000 Sektenangehörige auf Befehl ihres Leiters *Jim Jones* mit einer Mischung aus Valium und Zyankali in den Freitod gingen. Eltern töteten erst ihre Kinder und dann sich selbst (Kippenberg 2008, 48ff.).

Dabei waren gerade bei der *Peoples Temple-Sekte* der idealistische Zug und die hochfahrenden Heilungs- und Heilserwartungen der sozial meist benachteiligten Mitglieder auffallend. Damit reiht sich dieses Geschehen in eine lange Geschichte endzeitlicher Bewegungen ein, die immer wieder versuchen, und dies nicht selten mit Gewalt, den Himmel auf Erden zu erzwingen (Cohn 1988). Wie nahe jedoch berechtigte Hoffnungen erwachsener Menschen bei wahnhafter Wahrnehmung liegen und wie leicht etwas als von Gott gewollt und erleuchtet eingestuft werden kann, was tatsächlich destruktiv und primitiv ist, zeigt sich auch an diesem Beispiel sehr gut, dem eine fundamentale Verwechslung des Prä-personalen mit dem Trans-personalen zugrunde liegt.

„Kopf" und „Bauch" – der Doppelweg

Insofern anerkennt auch *Wilber* die Teilberechtigung einer psychoanalytischen Reduktion gewisser als spirituell oder religiös erfahrener Erlebensweisen auf narzisstische Wünsche, die aus älteren Entwicklungsstadien stammen. Ausdrücklich kritisiert er den in spirituellen oder esoterischen Kreisen verbreiteten Rückzug ins Prä-personale. Das entwicklungsgeschichtlich Ältere wird als das Wahre gefeiert, weniger Bewusstheit, der Verzicht auf unterscheidendes Denken oder die Ausdrucksformen der Sprache, erscheinen als die höhere Bewusstheit und als überlegene Entwicklungsstufe. Populär ausgedrückt: an die Stelle des „Kopfes" soll der „Bauch" treten. So gesehen könnte so mancher erlebte Zustand auch unter dem Einfluss von psychoaktiven Substanzen bei Licht betrachtet ein prä-personaler Zustand sein und – insbesondere im Hinblick auf die Konsequenzen im Alltag – eher ein Rückfall in weniger differenzierte, weniger bewusste und weniger vernünftige Erfahrungs- und Verhaltensweisen.

Dabei sollte gerade das Gegenteil angestrebt werden: Es gilt sowohl den analytischen Verstand wie auch die vernünftige *Urteilskraft* (um dieses für *Kant* so wichtige Wort zu wählen) so weit wie irgend möglich zu entfalten und zu trainieren. Denn Urteilskraft ist eine Stärke, die wir gerade im Spirituellen überaus nötig haben. Dummheit äußert sich nicht lediglich in niedriger Intelligenz, also einem geringen IQ, sondern in erster Linie (und vor allem) im Fehlen der Urteilskraft. Wer über zu wenig Urteilskraft verfügt, wird allzu leicht Opfer von Bauernfängern und Ideologien aller Arten.

In der Perspektive *Wilbers* geht die Evolution über die Ausbildung der Urteilskraft hinaus, allerdings ohne diese zu beseitigen. Der Erleuchtung des Verstandes, genauer: der Erleuchtung der *Vernunft*, die schon mehr ist, als bloßer Verstand, zielt bereits auf das Transpersonale. Dabei besteht die Entwicklung hin zum Transpersonalen darin, dass sich ein Mensch alle seine Urteilskraft erhält, aber zugleich, gerade wegen des gesunden Urteils, zur Transzendenz hin offen ist.

Transzendenz muss sich dabei keineswegs mit den Begriffen der Theologie decken. Aber es spricht – ich erinnere hier an die entsprechende Auffassung von *William James* – sehr wenig dafür, dass sich die Welt aus sich selbst heraus erklärt. Im Grunde ist der Begriff „Welt" ein reichliches sinnloses Wort, denn einen solchen Gegenstand – gemeint ist eine geschlossen Einheit, die zum Beispiel durch eine mathematische Weltformel definiert werden könnte – gibt es nicht. Niemand hat jemals die „Welt" als ein Ganzes, sozusagen als ein „Ding" vorzeigen können. Die „Welt" oder der „Kosmos" müssen zugleich mit ihrer Unbegrenztheit, also der Unendlichkeit gedacht werden und sind daher bereits von sich aus auf Transzendenz angewiesen. Das gilt insbesondere dann, wenn man die „Welt" nicht modisch und wie selbstverständlich als ein Objekt der Physik betrachtet, sondern als ein Etwas, das alles, was es gibt, umfasst, auch die Subjektivität der Menschen und den Geist.

Transzendenz aber ist gewiss nicht alleine mit den Mitteln des analytischen Verstandes zu erschließen. Es ist der „Kopf", es sind Verstand und Vernunft, die anmahnen, auch solche Erfahrungsweisen zuzulassen, die auf Grund eines anderen Sensoriums zustande kommen als denjenigen der kritischen Analyse. Bestimmte Erfahrungen unter dem Einfluss psychoaktiver Substanzen gehören dazu. Die immer wieder laut werdende Behauptung, „Kopf" und „Bauch" stünden in einem unüberwindlichen Gegensatz zueinander, man müsse sich entscheiden, ob man mit dem rationalen Denken oder etwa mit der „Weisheit des Körpers" an die Dinge herangeht, ist allenfalls für simple Gemüter überzeugend oder für solche, denen das Denken nicht in vollem Maße zur Verfügung steht. „Kopf" und „Bauch" ergänzen sich hervorragend; beides sind Körperteile und sie können im Sinne *Wilbers* integral und jeweils dort, wo sie nützlich sind, zur Anwendung kommen.

Im Übrigen lässt sich zeigen, dass der analytische Verstand, der etwa bei *Freud* dominierte, durchaus eine spirituelle Funktion ausüben kann, jedenfalls dann, wenn er die Einengungen sprengt, in denen „Verstandesmenschen" ohne spirituellen Bezug oft befangen sind.

Freud ging reduktionistisch vor: Das Erleben der ozeanischen Entgrenzung war für ihn „nichts anderes als" eine Erinnerung an die Mutter-Kind-Symbiose. Aus A folgt B oder B ist „eigentlich" A. Man nennt eine solche Verfahrensweise auch ein „Weg-erklären". Nachdem es erklärt wurde, ist das fragliche Phänomen „weg", verschwunden, für den „Kopf" hat es sich überzeugend aufgelöst. In dieser Art weg-erklärt, gibt es ozeanische Entgrenzungen gar nicht, denn sie sind „in Wirklichkeit" etwas ganz anderes.

Doch in der Regel bleibt ein unbefriedigendes Gefühl zurück, das Kind sei mit dem Bade ausgeschüttet worden. Eine ozeanische Entgrenzung – jedenfalls, wenn sie einem selbst widerfuhr – rational „weg-erklären" zu wollen, gleicht dann dem berühmten Pfeifen im Walde oder der lautstark vorgebrachten Behauptung, dass es Götter und Gespenster so wenig wie Elfen und Zwerge gebe. Was durch den Verstand aus dem eigenen Innenleben herausgeworfen wurde, klopft unbewusst an der seelischen Hintertüre an und möchte wieder hereingelassen werden. Besser ist es schon, auch Gespenstern und Elfen ihren Platz in der eigenen Seele zu gönnen, wo sie sich dem Verstand als seelische Realitäten vermitteln dürfen. Auf diese Weise bleiben Götter, Geister und gewiss auch die Engel, von denen in esoterischen Kreisen so viel die Rede ist, Ausdrucksformen einer außerrationalen Sprache, die durchaus etwas Rationales meinen kann: nämlich Transzendenz. Wie auch sollte man über Transzendenz anders reden als in Symbolen und Allegorien?

Wie sich „Kopf" und „Bauch" integral" zu einer Erkenntniseinheit verbünden können, zeigt ausgerechnet die bei den heutigen Wissenschaften so beliebte reduktionistische Vorgehensweise selbst. So kann alles Geistige bekanntlich auf das Materielle reduziert werden. Geist = Materie, lautet die Formel. Noch härter: es gibt keinen Geist, nur Materie! Die Neurobiologie oder die so genannte „Philosophie des Geistes" an den Universitäten zeigen, wie man es macht.

Doch der „Bauch" reagiert unter Umständen mit einem diffusen Unwohlsein. Das mag daran liegen, das wir selbst geistige Wesen sind und auch die klügste Verstandesoperation uns das nur schwer ausreden kann. Zu welchem Ergebnis käme man – so klagt der „Bauch" ein – , wenn es genau umgekehrt wäre? Dann würde es heißen: Materie = Geist. Der Geist war „früher" als die Materie, zumindest liegt er uns als Sphäre des Erkennens näher. Oder in der sehr ernst gemeinten Formulierung des Quantenphysikers *Hans-Peter Dürr*: „Es gibt keine Materie!" Sähe dann nicht alles anders aus? Schließlich ist dieser eher „bauchgemäße" Vorschlag ja nicht neu. Eine Vielzahl von Philosophen hat im Laufe der Geschichte so gedacht und gefühlt. Nicht nur *Hans-Peter Dürr*, sondern auch andere theoretische Physiker gerieten durch die Ergebnisse der Mikrophysik in den Sog einer solchen eher spiritualistischen Sichtweise.

Wenden wir nun die von Freud her bekannte Reduktionsreihe unter diesen veränderten Voraussetzungen an, so kommen wir zu einem vollkommen anderen Ergebnis als *Sigmund Freud*. *Freuds* Reduktion führte auf die Erinnerung an die Mutter-Kind-Symbiose und vielleicht an die Harmonie in der Fruchtblase. Dort war rückwärts gesehen Endstation. Ist jedoch der Geist der Ausgangspunkt für die Materie, so ändert sich alles. Die reduktionistische Reihe und damit vielleicht auch unsere kryptische Erinnerung endet nicht beim Anfang unserer persönlichen Entwicklungsgeschichte, sondern führt rückwärts gesehen über diese hinaus. Sie führt in die gesamte Natur, in den Kosmos.

Lange hat man es für unwahrscheinlich gehalten, dass es Erinnerungen an den Zustand im Uterus geben könnte. Man nahm an, das Gehirn des ungeborenen Kindes sei noch nicht weit genug entwickelt. Unterdessen scheint klar zu sein, dass es solche Erinnerungen sehr wohl gibt. Aber weshalb nicht noch weiter zurück gehen? Bevor das Individuum im Uterus entstand, wo war es da? Wo war der Mensch, bevor die Befruchtung stattfand? Die unter dem Einfluss einer naturalistischen Philosophie stehende Naturwissenschaft zuckt mit den Schultern. Keine Ahnung! Sie fordert uns auf, an ein Wunder zu glauben. Das Individuum ist aus dem „Nichts" entstanden.

Wer – etwa beunruhigt durch ein philosophisches Bauchgrimmen – diese irrationale Erklärung nicht hinnehmen möchte, könnte antworten: Das Individuum, bevor es im Mutterleib sich bildete – es war „in der Natur", ja es war eins mit der Natur, bevor es sich gewissermaßen in die Individualität abspaltete. Was nun die Erinnerungsfähigkeit des Individuums angeht, so wissen wir, dass sie zurückreicht bis vor die Geburt und weshalb nicht bis vor die Zeugung? Um dies anzunehmen, müssen wir zwar das materialistische Dogma (Geist = Gehirn) fallen lassen, doch es gibt viele gute Gründe, dass dieses Dogma falsch ist.

Mich beeindruckt sehr ein Wort des großen Naturphilosophen *Wilhelm Joseph Schelling* (1775 – 1854): „Alles Philosophieren besteht in einem Erinnern des Zustandes, in welchem wir eins waren mit der Natur." (Tilliette 2004, 102) Sollte der Geist tatsächlich gewissermaßen früher, älter und umfassender sein als die Materie, also nicht ein wie aus dem Nichts in den menschlichen Gehirnen auftauchendes Phänomen (eine im Grunde seltsame Vorstellung), so könnten ozeanische Entgrenzungen zwar im Sinne *Freuds* tatsächlich „Regressionen" sein, doch in einer Art und Weise, die für *Freud* überhaupt nicht in Betracht kam. Dann wären ozeanische Entgrenzungen möglicherweise nicht bloß Erinnerungen an unsere individuelle, sondern zugleich auch an unsere kosmische Vergangenheit.

Dafür gibt gute Gründe: Die gesamte Materie, die in uns das Leben hervorbringt, ist ein kosmisches Phänomen. Die schweren Elemente unseres Körpers sind bei der Explosion sterbender Sterne entstanden (so genannter Supernovae) und wurden dabei in den Weltraum hinausgeschleudert. „Wir sind aus Sternenstaub gemacht", heißt es zutreffend. Haben wir als seelisch-geistige Individuen mit dieser unserer Herkunft innerlich überhaupt nichts zu tun? Wäre das nicht unwahrscheinlich? Jedenfalls liegt es nah, das große Einheitserlebnis der Mystiker nun ganz anders zu verstehen. Die Erfahrung des EINEN, die ozeanische Entgrenzung „besteht in einem Erinnern des Zustandes, in welchem wir eins waren mit der Natur", wie *Schelling* sagt. Die ozeanische Entgrenzung – als Erlebnis kein „Kopf"-

Erlebnis, sondern ganz auf der „Bauchebene" angesiedelt – würde sich also auf diesem Wege harmonisch mit den Ergebnissen des Nachdenkens decken, beides zusammen wäre im Sinne *Wilbers* als trans-personal zu betrachten oder als „integral". Ein konstruierter Gegensatz zwischen „Kopf" und „Bauch" wäre unsinnig.

Teil vier: Phänomenologie und Psychologie der Gipfelerfahrungen

Um das Vorhergehende noch einmal zusammenzufassen: mystische Erlebnisse sind weit verbreitet. Ihre Existenz ist nicht zu bestreiten. Sie treten spontan auf oder werden durch besondere Auslöser erzeugt. Oft werden sie durch Trancetechniken erzeugt, die Einnahme tauglicher Drogen gehört zu diesen Auslösemethoden. Fraglich bleibt freilich, was diese Erfahrungen im veränderten Bewusstseinszustand inhaltlich bedeuten. Handelt es sich um eine Kontaktaufnahme mit realer, gewissermaßen objektiver Transzendenz oder können diese eigenartigen Erfahrungen etwa auf die frühe Geborgenheit in der Mutter-Kind-Symbiose reduziert werden? Ich denke nicht, dass sich das wissenschaftlich entscheiden lässt. Ich selbst neige dazu, die „Objektivität" dieser Erfahrungen zu unterstellen, was nicht heißt, dass ich im strengen Sinne „weiß", dass mystische Erfahrungen „wahr" sind. Die Tatsache, dass ich die Wahrheit mystischer Erfahrungen als wahrscheinlich annehme, beruht sowohl auf meinen eigenen diesbezüglichen Erlebnissen wie auch auf philosophischen Begründungen, die für mich den Schluss nahe legen: es gibt wirkliche „übersinnliche" Transzendenz. Auf solche Begründungen gehe ich hier nicht ein, denn es würde zu weit führen.

Zumindest eine dieser philosophischen Begründungen oder Überlegungen wurde jedoch bereits angeführt. So halte ich es für möglich, dass Menschen nicht nur über innere Formen des Erlebens verfügen, die sich auf frühe Kindheitserlebnisse oder auf intrauterine Erfahrungen beziehen. Ich halte es für wahrscheinlich, dass das menschliche Gedächtnis noch viel weiter zurückreicht: nämlich bis zu Erinnerungen, die in die Einheit mit der gesamten Natur, ja des Universums führen. Der selige Zustand des Fötus in der Fruchtblase oder in der beglückenden Mutter-Kind-Symbiose unmittelbar nach der Geburt, wird sich zwar tief eingegraben haben, doch sind die in Frage stehenden Erfahrungen in veränderten Bewusstseinszuständen zu reich und zu tiefgreifend, um sich auf eine lediglich entwicklungspsychologische Ursache reduzieren zu lassen.

Allerdings ist man philosophisch gut beraten, wenn man sich den Begriff der „Natur" oder des „Universums" in diesem Zusammenhang völlig ungegenständlich denkt. Im alltagssprachlich gegen-ständlichen Sinn gibt es keine Objekte wie die „Welt", den „Kosmos" oder das „Universum". Niemals wird unser Wissen ausreichen, um uns solche Objekte vorstellen zu können. Ein wesentlicher Grund dafür ist auch die Tatsache, dass wir selbst dazu gehören. Schon logisch ist es ausgeschlossen, dass das erkennende Subjekt sich selbst zum Objekt macht. Die totale Gesamtheit all dessen, was es „gibt" ist daher aus erkenntnistheoretischen Gründen unerreichbar. Und vielleicht ist ja das „Ganze" dessen, was es „gibt", identisch mit Gott. Wie sollten wir uns anmaßen, uns Gott als ein gegenständliches Objekt vorzustellen?

Noch wichtiger im Hinblick auf die Frage, ob mystische Erfahrungen lediglich psychische Regressionen sind, ist jedoch das Folgende: Solche Erlebnisse werden erst dann zu wirklichen „Erlebnissen" mit allen Facetten einer Vollerfahrung, wenn sie durch einen reifen Erwachsenen verarbeitet und integriert werden. Insofern sind die Erlebnisse des Kleinkindes – wie *Wilber* zurecht anmerkt – gänzlich andere als diejenigen des erwachsenen Individuums. Auch eine durch Drogen stimulierte Gipfelerfahrung kann reichlich „infantil" und prä-personal ausfallen, wenn sie von einem unreifen Menschen gemacht und anschließend gewissermaßen „liegen gelassen", also nicht integriert wird. Daher führt etwa der Drogenkonsum Jugendlicher möglicherweise manchmal zu Gipfelerfahrungen, diese werden aber nicht wirklich in die Persönlichkeit eingebettet und bleiben so gesehen oft wertlos.

Je mehr ein Mensch an differenzierten Voraussetzungen mitbringt, desto wahrscheinlicher ist es, dass er spirituelle Intensiverlebnisse im Sinne einer transpersonalen Weiterentwicklung verarbeitet.

Schwerwiegende psychische Störungen, gar eine Schizophrenie oder ausgeprägter Narzissmus dürften auch bei noch so intensiven spirituellen Erlebnissen eher auf Abwege führen, so wie ja überhaupt die Einnahme von psychoaktiven Substanzen nur bei seelischer Stabilität ratsam ist. Insbesondere das Abgleiten in eine Psychose kann nur dann ausgeschlossen werden, wenn entsprechende Stabilität bereits vorhanden ist.

Offen bleibt jedoch immer noch, was denn eigentlich die *Inhalte* von mystischen Gipfelerfahrungen sind. *Was* wird denn da so eindrucksvoll erlebt, sei es mit oder ohne psychoaktive Substanzen? Darauf lässt sich eine klare Antwort geben: Es sind jene kategorisierten Inhalte, die die Mystikforschung herausgearbeitet hat. Die Eindeutigkeit dieser Antwort scheint mir deshalb so wichtig zu sein, weil auf dem Gebiet transzendenter und übernatürlicher Erfahrungen geradezu ein Wust von metaphysischen, visionären und esoterischen Phantasien existiert, die alle von sich behaupten, höhere Einsichten in einem irgendwie veränderten Bewusstseinszustand zu sein. Schier alles, was „überweltlich" zu sein scheint, wird auf Einsichten einer irgendwie „transzendenten" Schau zurückgeführt und in manchen Fällen sogar als göttliches Diktat oder die Eingebung von Engeln angesehen. Menschen, die vorgeben, solche privilegierten Zugänge zu übernatürlichem Wissen zu haben, wirken – insbesondere wenn sie über Charisma verfügen – auf andere oft höchst beeindruckend. Auch im Zusammenhang mit der Verwendung psychoaktiver Substanzen sind solche Persönlichkeiten aufgetreten. Man kann sich denken, dass Psychedelika perfekte Mittel sind, um Anhänger in einen Zustand zu versetzen, der sie schließlich alles glauben lässt, in erster Linie an die Erwähltheit und Weisheit ihres charismatischen Gurus.

Doch die wirklichen Einsichten, die durch Gipfelerfahrungen, auch unter dem Einfluss von psychoaktiven Substanzen, möglich sind, sind weder göttliche Offenbarungen noch Diktate aus dem Jenseits, auch keine Weisheiten, für die man ein „höheres" und dem Durchschnittsmenschen weit überlegenes Bewusstsein benötigen würde – es handelt sich um psychologisch fassbare, beschreibbare und typisierbare Erlebnisse. Diese grundsätzlichen inneren Erfahrungen für das Leben zu nutzen und im Alltag umzusetzen, setzt allerdings durchaus reife und entwickelte menschliche Fähigkeiten voraus, doch diese haben nichts mit irgendeiner esoterischen Verstiegenheit zu tun. Die Ergebnisse der Mystikforschung zeigen das sehr deutlich.

Kategorien der Mystik – die Einheit der Grunderfahrung

Die Mystikforschung hat sich darum bemüht, die inhaltlichen Erfahrungen der Mystiker herauszuarbeiten. Handelt es sich um eine unübersichtliche, mehr oder weniger beliebige Vielfalt von spirituellen Erlebnissen oder lässt sich etwas Einheitliches, Vergleichbares, vielleicht eine Art Muster erkennen? Sofern im Sinne inhaltlicher Übereinstimmung ein Muster vorliegt, würde das auch Vergleiche mit Gipfelerfahrungen unter dem Einfluss psychoaktiver Substanzen zulassen. Tatsächlich wurden solche Muster gefunden. Dies führte zunächst zu Versuchen einer Grobgliederung mystischer Erlebnisse, zum Beispiel in Naturmystik, monistische Mystik und theistische Mystik (Zaehner) oder in extravertierte bzw. introvertierte Mystik (Stace) (Vaitl 2012. 183ff.).

Aldous Huxleys Meskalinerfahrungen könnten der monistischen und der extravertierten Mystik zugeordnet werden. Wer das EINE in allem, auf das er seinen Blick richtet, und schließlich sogar in seiner Flanellhose entdeckt, erlebt keinerlei Zweiheit mehr (etwa den Unterschied zwischen Gott und Welt) und sieht bei offenen Augen und in gewissem Sinn auch ohne meditative Versenkung die abgründige Bedeutsamkeit aller Dinge. Wer dagegen meditativ nach innen gegangen ist, in einen Zustand, den wir Versenkung nennen, der kann – unter Umständen bei geschlossenen Augen – bis auf jenen Punkt vorstoßen, den Mystiker die „Leere" nennen. Die als „Leere" (oder auch als Nicht-Dualität) bezeichnete Erfahrung ist ein höchst eigenartiger Zustand, der sich vollkommen jenseits dessen befindet, was überhaupt noch mit Worten ausdrückbar ist.

So gesehen kann die „Leere" auch nicht wirklich durch wissenschaftliche Kategorien erfasst werden. Wenn „nichts" erfahren wird, befindet sich eine solche Erfahrung jenseits aller Ausdrucks- und Einteilungsmöglichkeiten. Zugleich sollte aber mit allem Nachdruck festgehalten werden, dass es auch sonst im menschlichen Leben Erfahrungen und Phänomene gibt, die zwar nicht ein Etwas sind im Sinne der Naturwissenschaft und des gegenständlichen Denkens, aber zugleich keineswegs nichts, also eine Art illusionärer Luftballon. Wenn etwas schwer in Kategorien erfassbar ist oder nicht definiert werden kann, heißt das nicht, dass es das fragliche Phänomen nicht „gibt". Andererseits scheint mir die „Leere" ein überaus „heikles" Phänomen zu sein, das mit großer Behutsamkeit angegangen werden muss. Und natürlich muss „Leere" persönlich *erfahren* werden, außerhalb der wirklichen Erfahrung zerrinnt sie, je länger man darüber nachdenkt, zwischen den Fingern.

Mit diesem Vorbehalt sollen nun die durch die Mystikforschung heraus gearbeiteten Grundkategorien vorgestellt werden, die im Vergleich zu den Grobgliederungen mehr in die Feinheiten gehen. Als generelle Erlebnisweisen innerhalb der Mystik verweisen sie auf einen gemeinsamen Kern. Dieser steuert und generiert eine Reihe von immer wieder erlebten Inhalten, aus denen Kategorienlisten abgeleitet worden sind (Grom 2007, 233ff./Vaitl 2012, 184ff./Gellman 2014/Albrecht 1958).

Die Methode ist dabei grundsätzlich einfach. Man untersucht weltweit Erfahrungsberichte von spirituellen Gipfelerlebnissen, die als mystisch in engerem oder weiterem Sinne bezeichnet werden können. Finden sich charakteristische Gemeinsamkeiten in solchen Darstellungen, so muss davon ausgegangen werden, dass diese Berichte nicht frei erfunden oder persönliche Wahnvorstellungen sind. Der historische oder der Kulturvergleich ist dabei besonders aufschlussreich, wenn davon ausgegangen werden kann, dass sich die fraglichen Kulturen gegenseitig nicht beeinflusst haben. Auf jeden Fall legen Ähnlichkeiten zwischen den mystischen Gipfelerlebnissen nahe, dass Mystik universal und in diesem Sinne „objektiv" ist, das heißt, dass sie bei allen Menschen jederzeit vorkommt. Mystik wäre also eine anthropologische Konstante.

Ein interessanter Zugang zur Mystikforschung eröffnete sich über die Gehirnforschung. Unser Gehirn ist die Basis dessen, was im menschlichen Bewusstsein grundsätzlich möglich ist. Denn unabhängig davon, ob man das Gehirn als selbständigen Generator individueller Bewusstseinsinhalte oder als Empfänger eines überpersönlichen Bewusstseinsfeldes auffasst, gibt es offenbar keine mentalen Vorgänge, die nicht zugleich auf der materiellen Ebene des Gehirn repräsentiert sind. Und tatsächlich scheint die Disposition speziell zur ozeanischen Selbstentgrenzung im menschlichen Gehirn angelegt zu sein (Newberg 2014/Langlitz 2013). Die Universalität der Mystik und ihre anthropologische Grundbedeutung wäre damit als bewiesen anzusehen.

Gibt es also fassbare Kategorien für das mystische Erleben, so ist es möglich, aus diesen Kategorien psychologische Messmethoden abzuleiten, die die Mystikforschung zu einer Disziplin der empirischen Psychologie erheben und das auch für Zustände unter dem Einfluss psychoaktiver Substanzen. So etwa durch den *Mystical Experience Questionnaire (MEQ)* (Diesch 2015, 91ff.) oder den *Mystical Experiences Scale (M-Scale)* (Grom 2007, 235). Mit solchen Fragenkatalogen ließ sich bislang zeigen, dass Mystik in vielerlei Kontexten erheblich häufiger vorkommt, als bislang angenommen wurde.

Nun aber zu den Kategorien der Mystik selbst. Die bekanntesten Kategorien sind diejenigen des Mystikforschers *Walter Terance Stace* (1886–1967). Sie wurden von dem Harvard-Psychologen *Walter N. Pahnke* (1931-1971) speziell für die Untersuchung von „Drogenmystik" weiter entwickelt.

Die erste Anwendung fand die Kategorienliste von *Stace* und *Pahnke* 1962 bei dem berühmten an der Harvard-Universität durchgeführten

„Karfreitags-Experiment". Dabei wurde in einem klassischen Doppelblindverfahren untersucht, ob der Besuch eines Gottesdienstes unter dem Einfluss von Psilocybin zu mystischen Erfahrungen führt (Clark 1971, 100ff./Vaitl 2012, 195). Dies war tatsächlich der Fall. Das Experiment zeigte, in welchem Ausmaß religiöses Erleben unter bestimmten Bedingungen mittels psychoaktiver Substanzen hervorgerufen bzw. gesteigert werden kann.

Die benutzen Kategorien von *Stace* und *Pahnke* führe ich im Folgenden hier auf (Pahnke 1972, 65ff./Diesch 2015, 61ff.). Sie beschreiben die Charakteristik der mystischen Gipfelerfahrung in neun einzelnen Punkten. Diese Punkte sind hier nur knapp zusammengefasst. Insofern werden nicht sämtliche Aspekte des für den jeweiligen Punkt Bedeutsamen völlig erfasst:

1. **Einheit.** Subjekt und Objekt verschmelzen in einer als kosmisch empfundenen Erfahrung zu einer eindrucksvollen Einheit. Die Vielheit ist in dieser Einheit wie überwunden oder aufgehoben.

2. **Transzendenz von Raum und Zeit.** Das gewöhnliche Gefühl für Raum und Zeit verschwindet. Solche Erlebnisse können als ein Gefühl der „Ewigkeit" oder „Unendlichkeit" beschrieben werden.

3. **Tiefempfundene positive Stimmung.** Es entsteht ein intensives Gefühl großer Freude, von Begnadigung und Frieden. Oft ist es verbunden mit dem Erlebnis der Liebe. „Tränen können ein Ausdruck der überwältigenden Natur dieser Erlebnisse sein." (Pahnke 1972, 58)

4. **Gefühl der Heiligkeit.** Eine Erfahrung des „Allumfassenden, im Sinne einer intuitiven [...] Ehrfurcht oder eines ungeheuerlichen ehrfürchtigen Bewunderns über die unaussprechliche Größe und Erhabenheit der ultimativen

Realität, einhergehend mit einem Gefühl, sich als Teil dieses Ganzen als etwas Besonderes und Wertvolles zu empfinden, weit weg von jeglicher Profanität." (Diesch 2015, 65)

5. **Objektivität und Realität.** Die „autoritative Natur dieses Erlebnisses oder die Gewissheit, dass dieses Wissen wahrhaft wirklich ist, im Gegensatz zum Gefühl, die Erfahrung sei eine subjektive Täuschung." (Pahnke 1972, 59)

6. **Paradoxie.** „Viele Beschreibungen und Interpretationen mystischer Erfahrungen tendieren bei genauerer Analyse dazu, in ihrer Schlüssigkeit widersprüchlich zu sein, und verletzen damit die Gesetze der aristotelischen Logik." (Diesch 2015, 66)

7. **Angebliche Unaussprechlichkeit.** „Trotz ihrer Versuche, von mystischen Erfahrungen zu berichten oder sie zu beschreiben, bestehen Mystiker darauf, dass Worte sie nicht adäquat beschreiben können." (Pahnke 1972, 60) „Angeblich" bedeutet dabei, dass Mystiker zwar die Unaussprechlichkeit betonen, aber doch häufig Versuche machen, das Erlebte in Worte zu fassen.

8. **Flüchtigkeit.** Im Vergleich zu Erfahrungen des Alltagsbewusstseins sind mystische Erfahrungen kurz, sie können nicht dauerhaft aufrechterhalten werden.

9. **Anhaltende positive Veränderungen in Einstellung und Verhalten.** Solche Veränderungen sind feststellbar: sich selbst gegenüber, anderen gegenüber, dem Leben gegenüber und dem mystischen Erlebnis gegenüber, das als bedeutsamer Höhepunkt in Erinnerung bleibt. Veränderungen gegenüber anderen umfassen zum Beispiel „mehr Sensibilität, mehr Toleranz, mehr echtes Mitgefühl, mehr Liebesfähigkeit [...] Veränderungen in Bezug auf das Leben umfassen eine gesteigerte Sensibilität gegenüber jeglichen Wertbezügen, wie Lebensphilosophie, Wertschätzung [...]." (Diesch 2015, 67)

Jenseits aller Einzelkategorien, durch die versucht wird, dass einheitliche Gesamterlebnis in seine Elemente zu zerlegen, ist nach *Stace* die *Einheitserfahrung das Zentrale*. Ihm sind alle anderen Merkmale angegliedert (Grom 2007, 234). Ich vermute, dass die Erfahrung der „Leere" überhaupt nur noch durch diesen einzigen Punkt der Alleinheit ausgedrückt werden kann, wenn überhaupt. Die „Leere" entspricht wohl einem totalen Zusammenfallen aller Gegensätze (der conjunctionis oppositorum). Wo aber die Polarität der Welt und damit alle Unterschiede verschwunden sind, da ist tatsächlich alles „leer". Gleichwohl ist diese Art der Leere auch eine Denkmöglichkeit. Das Zusammenfallen der Gegensätze wird dann aber bloß als Möglichkeit gedacht, die Erfahrung selbst geschieht auf einer ganz anderen Ebene. Das Denken spielt hier keine Rolle mehr und ist ausgelöscht.

Ozeanische Selbstentgrenzungen auf dem Prüfstand

Wegen der in der einen oder andern Form großen Bedeutsamkeit der Einheitskategorie für die Mystikforschung soll diese noch einmal im Hinblick auf das Drogenthema betrachtet werden. Welche Zustände unter dem Einfluss von psychoaktiven Substanzen spiegeln die Einheitskategorie nach *Stace* und *Pahnke* besonders deutlich wider? Die Antwort liefert zugleich einen wertvollen Beitrag zur Bewusstseinsforschung überhaupt. Denn die qualitativen Zustände des Bewusstseins können besonders gut dann untersucht werden, wenn sie von der Alltagsnormalität abweichen. Es ist daher im Übrigen ganz unverständlich, weshalb die Bewusstseinsforschung mit Drogen, speziell den harmlosen unter ihnen, außer bei Tieren in der Regel verboten ist.
Zum Glück existiert insbesondere in der Schweiz die Möglichkeit, dass solche Verbote für eine sinnvolle Forschung gelegentlich ein

wenig gelockert werden. So durfte etwa der empirische Psychologe *Adolf Dittrich* an der Psychiatrischen Universitätsklinik Burghölzli in Zürich wichtige Untersuchungen durchführen. Ihn interessierten *veränderte Wachbewusstseinszustände (VWB)* bzw. *Altered States of Consciousness (ASC)*. Wie verändert sich das Erleben in solchen Zuständen, auch denjenigen, die unter Drogeneinfluss erzeugt wurden? Entsteht hier ein wildes Durcheinander des außer Rand und Band geratenen Bewusstsein oder zeigen sich gewisse Ordnungen?

Dittrichs Forschungen ergaben, dass veränderte Bewusstseinszustände durchaus eine Ordnung aufweisen. Nach *Dittrich* tauchen stets drei Grundzustände auf und das unabhängig von der Art, wie sie ausgelöst wurden: AIA, VUS und OSE. AIA ist die „angstvolle Ich-Auflösung": ("Ich hatte Angst, die Kontrolle über mich zu verlieren", "Ich erlebte alles beängstigend und verzerrt", "Meine Umgebung kam mir fremd und unheimlich vor", "Ich hatte Angst, es würde Schreckliches geschehen".) VUS bedeutet „visionären Umstrukturierung": ("Ich sah bei völliger Dunkelheit oder mit geschlossenen Augen Farben vor mir", "Ich sah in völliger Dunkelheit oder mit geschlossenen Augen ganze Szenen", "Dinge in meiner Umgebung hatten für mich eine neue, fremdartige Bedeutung"). Und schließlich OSE, die „ozeanische Selbstentgrenzung", die der mystischen Erfahrung im Sinne von *Stace* und *Pahnke* entspricht: ("Ich empfand eine grenzenlose Freude", "Alle Dinge schienen sich zu einem einzigen Ganzen zu vereinen", "Ich empfand tiefen Frieden in mir", "Ich empfand eine allumfassende Liebe"). (Bodmer 1994/Dittrich 1985)

Auch *Dittrich* betont, dass derartige veränderten Bewusstseinzustände unabhängig von der Art der dafür verantwortlichen Auslöser auftreten (Diesch 2015, 74f.). Sie lassen sich nicht in künstliche und in natürliche Zustände einteilen; es sind Formen des Bewusstseins, und müssen daher auf der Bewusstseinsebene betrachtet und kategorisiert werden. Auch wissenschaftlich ist also die These begründet, dass auch Zustände der ozeanischen Entgrenzung einfach Zustände sind, wobei es gleichgültig ist, ob sie mit oder ohne Drogen zustande kamen.

Mehr ins Einzelne gehend untersuchten der Psychiater *Franz Vollenweider* und seine Mitarbeiter am *Heffter Research Center der Psychiatrischen Universitätsklinik Zürich* die Veränderung des Hirnstoffwechsels und der geistigen Funktionen unter dem Einfluss psychoaktiver Substanzen. „Dabei konnten sowohl die psychischen als auch die kognitiven Wirkungen dieser Substanzen sehr genau charakterisiert werden." (Passie 2015) Auch *Vollenweider* stieß auf die von *Dittrich* erforschten Grundzustände. In der Darstellung seiner Ergebnisse wird deutlich, wie sehr er gerade von den Zuständen ozeanischer Entgrenzung beeindruckt war, was er auch in wissenschaftlich-nüchterner Sprache kaum verhehlen kann :

„Zu den vielleicht interessantesten und bedeutendsten Phänomenen, die unter Halluzinogenen auftreten, gehört die Lockerung oder Aufhebung der Ich/Selbst-Umwelt-Abgrenzung. Die Auflösung der Ich-Umwelt-Abgrenzung erfolgt zumeist graduell und kann als Transformation oder Evolution des Ich unter Aufhebung der zentrierenden Ich-Perspektive auf ein integrales 'allozentrisches' Selbst hin, das Ich und Nicht-Ich umfasst, verstanden werden." [...] „In der weiteren Entwicklung kann diese Ich-Auflösung spontan – zumeist jedoch nur für wenige Sekunden oder Minuten – in eine vollständige Aufhebung der Subjekt-Objekt-Trennung führen, die inhaltlich und strukturell an die kosmisch-mystische Einheitserfahrung (unio mystica), wie sie in europäisch-mittelalterlichen und buddhistischen Schriften beschrieben ist, erinnert. Das kosmisch-mystische Einheitserleben ist emotional geprägt durch die Erfahrung der Glückseligkeit, tiefem Seelenfrieden, Harmonie und Ruhe, begleitet von Augenblicken der ‚Erleuchtung' bzw. von einer neuartigen ganzheitlichen Einsicht in die kosmische Ordnung und Wirklichkeit". (Vollenweider 2008, 114)

Nach alledem kann Folgendes als empirisch gut belegt angenommen werden: Unser Bewusstsein kennt verschiedene Ebenen, auf denen es nach jeweils eigenen „Logiken" funktioniert. Diese Ebenen existieren bei allen Menschen und können durch verschiedene Auslöser hervorgerufen werden. Das schließt nicht aus, dass bestimmte Personen – beispielsweise diejenigen mit erhöhter Transliminalität – mehr und andere weniger für die Veränderung ihres Bewusstseins empfänglich sind (Vaitl 2012, 190). Eine dieser Bewusstseinsebenen ist diejenige der ozeanischen Selbstentgrenzung, sie entspricht den Erfahrungen der Mystiker. Können diese Forschungsergebnisse als solide betrachtet werden, so wäre Mystik also nichts irgendwie Unbestimmtes und nichts, was bloß auf einzelne dafür disponierte Individuen beschränkt ist. Mystik wäre etwas, das als Erfahrungsebene bei allen Menschen zumindest grundsätzlich angelegt ist und sich in mehr oder weniger vergleichbarer Weise äußern kann.

Im Übrigen deuten solche Forschungen auf einen sehr wichtigen Tatbestand hin, den wir im Allgemeinen wie selbstverständlich bestreiten: Können wir die Bewusstseinsebenen grundsätzlich in die drei Dimensionen des AIA, VUS und OSE einteilen, so müssen wir akzeptieren, dass sie alle „normal" sind, also in keiner Weise pathologisch. Die Pathologisierung veränderter Bewusstseinszustände hat vermutlich drei Wurzeln: zum ersten die schlichte Alltagsgewohnheit, die uns verführt, nur das als „normal" zu betrachten, was häufig vorkommt, zum zweiten die gelegentliche Verbindung veränderter Bewusstseinszustände mit Psychosen und zum dritten unsere gewohnheitsmäßige Intoleranz gegenüber allem, was vom „gesunden Menschenverstand" oder dem „common sense" abweicht in einer Kultur, die sich alleine auf den technisch und ökonomisch orientierten Verstand gründet. Die durch solcherart Pathologisierung erzwungenen Verengungen sind uns kaum mehr bewusst.

Ist dem so und wollen wir unsere kulturbedingten Verengungen aufsprengen, so hat das weitreichende philosophische Konsequenzen.

Mit Hilfe welchen Bewusstseinszustandes erkennen wir die Wirklichkeit „so, wie sie ist"? Unser Bewusstsein schafft uns einen Realitätsbezug. Im allgemeinen glauben wir, dass unser „normales", also unser Alltagsbewusstsein, die Wirklichkeit so abbilde, wie sie wirklich ist.

Gibt es jedoch auch andere Bewusstseinsebenen mit ihrer je eigenen „Logik", die regelhaft bei Menschen auftreten, weil sie offenbar im Gehirn angelegt sind, so wird es schwieriger. In welchen Bewusstseinszustand zeigt sich denn die Welt in ihrer realen Beschaffenheit? Wenn wir so fragen, kann das Alltagsbewusstsein für sich selbst keine Priorität mehr beanspruchen. Zumindest wird diese Priorität problematisch. Der wie selbstverständlich unterstellte Alleinvertretungsanspruch des Tages- und Wachbewusstseins im Hinblick auf die Beurteilung dessen, was „wirklich" ist, könnte nicht mehr aufrechterhalten werden. Keine Frage ist es, dass sich das Wachbewusstsein glänzend dafür eignet zu beurteilen, ob eine Banküberweisung richtig oder fehlerhaft ausgefüllt ist. Das heißt aber nicht, dass sämtliche Fragen danach, was „wirklich" ist mit dem Wachbewusstsein bzw. dem Alltagsbewusstsein am besten zu beantworten sind.

Jedenfalls existiert kein Maßstab, mit dem verbindlich festgelegt werden könnte, ob etwa die Frage nach der Transzendenz besser aus der Perspektive des Alltagsbewusstseins oder eher durch OSE, also eine ozeanische Selbstentgrenzung eine Antwort finden könnte. Für empfehlenswert halte ich es, bei solchen Themen sämtliche zur Verfügung stehenden Bewusstseinszustände nach einander zu nutzen und anschließend eine Gesamtbeurteilung anzustreben.

Auch den nüchternsten Philosophen würde ich daher empfehlen, sich gelegentlich in einen veränderten Bewusstseinszustand zu versetzten. *William James* könnte da ein Vorbild sein. Als er die Wirkung von Lachgas überprüfte, die ihm *Benjamin Blood* so empfohlen hatte, erlebte er nicht nur die weiter oben berichtete Gipfelerfahrung, er teste auch, ob diese Droge für das Philosophieren nützlich sein könnte. Dabei versenkte er sich in die Philosophie *Hegels*, eines

Philosophen, der damals noch weltweit von sich Reden machte, den *James* aber weder mochte, noch, wie er behauptete, besonders gut verstand.

Unter dem Einfluss von Lachgas verschwand nun dieses Unverständnis schlagartig. Besonders packte ihn das Moment der Einheit der Gegensätze in der dialektischen Philosophie *Hegels*, also, wenn man so will, die non-dualistische und auf das EINE gerichtete Tendenz in *Hegels* Denken, die *James* später als den mystischen Kern in *Hegels* Philosophie bezeichnete (James 1979c, 217ff.). Ganz ausdrücklich empfahl *James* auch anderen Philosophen, Experimente mit psychoaktiven Substanzen zu wiederholen und zwar nicht, um sich zu berauschen, sondern um Philosophie zu betreiben.

Soweit ich informiert bin, hat – von *Walter Benjamin* abgesehen – keiner der akademischen Philosophen diesen Ratschlag jemals aufgegriffen. Bei *Heidegger* besteht immerhin der Verdacht, er habe zusammen mit *Albert Hofmann* LSD eingenommen. Der bekannte Phänomenologe *Otto Friedrich Bollnow* würdigte wenigstens theoretisch die Ergebnisse *Behringers* und die Selbstversuche *Huxleys* als wichtig für die Philosophie. Im Sinne des phänomenologischen Ansatzes sprach er ihnen eine bedeutsame Rolle zu (Bollnow 1968, 182ff.). Dass aber der solide Tübinger Professor selbst Meskalin oder LSD eingenommen haben sollte, ist eher unwahrscheinlich.

So bleiben die Dichter: *Leary* vermutete die Verwendung von bewusstseinserweiternden Drogen bei *Hermann Hesse,* weil er sich die überzeugende Darstellung der Erleuchtung im „Siddhartha" nicht anders erklären konnte (Leary 1970, 176). Der Arzt und Lyriker *Gottfried Benn* experimentierte mit Drogen, die er der „Zerebralisierung" der westlichen Kultur entgegensetzte (Benn 1955). Es gelte die „abendländische Schicksalsneurose" zu heilen, nämlich die Abspaltung des Individuums von der Natur. Der Schriftsteller *Ernst Jünger* – stets ein mutiger Mann – wagte Versuche mit psychoaktiven Substanzen und hat sie auch literarisch verarbeitet (Jünger 1970). *Jean Cocteau* gehört auf seine Weise vielleicht in diese Linie und *Jac Kerouac* oder *Alen Ginsberg*.

Da aber gerade die Philosophen bislang kaum Interesse am zeitweiligen Wechsel ihres Bewusstseinszustandes zeigten, liegt bei ihnen wohl eine Entscheidung zugrunde, die selbst philosophischer Natur ist: nämlich die unbegründete, aber tief verwurzelte Überzeugung, dass die Oberfläche der alltäglichen Phänomene und Denkoperationen ausreichend sei, um ein Gesamturteil über die Welt zu fällen.

Im Grunde entspricht das einer positivistischen oder naturalistischen Position, also jener philosophischen Ausrichtung, wie sie in einer technisierten und ökonomisierten Kultur gebraucht wird. Philosophie als eine bedingungslose Suche nach Wahrheit – das war gestern. Untergründig geht es auch in der akademischen Philosophie vorwiegend um das Machen und Herstellen im Sinne instrumenteller Bemächtigung und des Wirtschaftswachstums. Dafür gilt es, geistige Hilfsmittel bereitzustellen – mystisch veränderte Bewusstseinszustände gehören nicht dazu und sind überflüssig, ja vielleicht kontraproduktiv.

Teil fünf: Was folgt aus der Drogenmystik?

Wir haben eine Menge darüber gehört, in welcher Weise psychoaktive Substanzen unser Bewusstsein beeinflussen können und dass dabei Gipfelerfahrungen und mystische Erlebnisse zweifellos das Interessanteste sind. Doch welche Konsequenzen hat das für das Leben? Geht es nur darum, LSD oder etwa MDMA einzunehmen, um sich ein paar schöne Stunden zu gönnen, mit oder ohne Mystik? Wo liegt der wirkliche Nutzen solcher Substanzen und solcher Zustände? Weshalb würde es sich lohnen, solche Substanzen unter kontrollierten Bedingungen einzunehmen?

Ich gehe hier nur kurz auf den psychotherapeutischen Nutzen ein, denn weiter unten ist davon ausführlicher die Rede. Hierzu liegen Forschungen vor. Die Ergebnisse sind ermutigend. Doch eine Legalisierung der Verfahrens lässt auf sich warten (Jungaberle 2007). Zwar heißt das noch nicht, dass die therapeutische Wirksamkeit psychoaktiver Substanzen nachgewiesen ist.

Legt man die bislang umfassendste Metastudie über die Wirksamkeit psychotherapeutischer Verfahren zugrunde (eine durch *Klaus Grawe* und andere Wissenschaftler durchgeführte Untersuchung), so ist auch nicht unbedingt zu erwarten, dass die „psycholytische Therapie" – sofern sie es überhaupt möchte – ihre Wirksamkeit unter Beweis stellt. Sie wäre dann nachgewiesenermaßen effektiver als die Mehrheit der psychotherapeutischen Verfahren, die laut *Grawe*-Studie eher fragwürdig ist. Viele Psychotherapieschulen seien „Glaubensgemeinschaften", mehr oder weniger ohne empirisch-wissenschaftlichen Hintergrund. Die Ergebnisse und Fortschritte der empirischen Psychologie würden von ihnen souverän ignoriert. Dagegen stehen bestimmte Richtungen (besonders kognitive und verhaltenstherapeutische Methoden) unter dem Aspekt ihrer Heileffekte wissenschaftlich gesehen sehr gut da (Grawe 2001).

128

Ob man das allerdings für die „psycholytische Therapie" im Untergrund annehmen kann, die ja vorwiegend nach dem Konzept der so genannten „echten Psychotherapie" im Sinne der Vorstellungen des Schweizer Psychiaters *Samuel Widmer* durchgeführt wird, ist mehr als fraglich. Schon der Begriff dessen, was hier „Heilung" bedeuten soll, weicht sehr stark von den üblichen Vorstellungen ab. Psychotherapie im Sinne *Grawes* als Glaubensangelegenheit – diese Qualifikation trifft für die „echte Psychotherapie" voll und ganz zu, allenfalls überboten von *Bert Hellingers* Ansatz, der ebenfalls in die Therapie mit psychoaktiven Substanzen Eingang gefunden hat (Meckel-Fischer 2015).

Die Einnahme von psychoaktiven Substanzen ist also (zumindest bis zu jenem Zeitpunkt, zu dem die „psycholytische Therapie" legal durchgeführt werden kann) nur außerhalb dessen als sinnvoll zu betrachten, was sich „Therapie" nennt. Es existiert auch gar kein Grund, die Erkenntnis- und Sinnsuche mit Psychedelika in pseudo-medizinische bzw. pseudo-psychotherapeutische Verfahrensweisen zu verpacken. Zumal nicht etwa kranke und seelisch schwer geschädigte Menschen von der Wirksamkeit psychoaktiver Substanzen am meisten profitieren, sondern gesunde und reife Personen. Sie bringen die besten Voraussetzungen mit, die entsprechenden inneren Erfahrungen zu integrieren und für den Alltag nutzbar zu machen.

Wenn ich jetzt darauf eingehe, was die Folgen und Konsequenzen spiritueller und mystischer Erlebnisse unter dem Einfluss von Psychedelika für das Leben sein könnten, so wird davon ausgegangen, dass die Einnahme psychoaktiver Substanzen eine Angelegenheit für Gesunde ist und nicht etwa eine Behandlungsmethode der Psychiatrie oder Psychotherapie. Was verändert sich durch seelische Erfahrungen unter dem Einfluss psychoaktiver Substanzen? Was bedeutet das für das Leben?

Zunächst einmal beginnt die Praxis dieses Weges mit einer großen Erlebnisoffenheit. Der Entschluss, sich einer fundamentalen

Veränderung des eigenen Bewusstseins auszusetzen, setzt eine Neugierde und Experimentierfreude voraus, die – von den Jugendjahren einmal abgesehen – bei nur wenigen Menschen vorausgesetzt werden kann. Die meisten Menschen sind eigenartig selbstgenügsam im Hinblick auf das, was sie über die Welt und ihr Leben wirklich wissen wollen. Kaum etwas kann sie dazu bewegen, aus festgetretenen Bahnen und Denkgewohnheiten auszubrechen. Offene Neugierde und wirklicher Wissens- und Erfahrungsdrang ist bei ihnen kaum zu spüren. Die Furcht, die Kontrolle über die kleine Welt dessen zu verlieren, was man sich weltanschaulich in der Regel bis an das Ende der Adoleszenz zurecht gelegt hat oder was in unserer Kultur als selbstverständlich gilt, ist groß und auch die flachsten „Meinungen" werden gerne übernommen, sofern sie bloß bestätigen, was man schon zu kennen glaubt und was leicht zu erfassen ist.

Zunächst einmal braucht es also eine Art existenzielle Neugier, die dem Leben zutraut, dass es neben dem bereits Bekannten noch jede Menge Unbekanntes verbirgt. Ein solcher persönlicher Forscherdrang, der sich nicht auf die Gewohnheit des ewig Gleichen festgelegt hat, der ahnt, in welchem Ausmaß unsere eigene Weltsicht nicht durch uns selbst, sondern durch die suggestiven Vorgaben kultureller Einflüsse definiert wird, öffnet sich leichter für psychedelische Erfahrungen.

Und tatsächlich warten – sobald derartige Drogen eingenommen wurden – wirkliche Überraschungen auf nahezu jeden, der sie nimmt. Alle vorher gefassten Urteile über Drogenzustände werden Makulatur, jede Erwartung wird über den Haufen gerannt. Das erste, was man lernt, ist die simple Wahrheit, dass Meinungen, die wir übernommen haben, eben nichts als Meinungen sind und dass wir in der Regel in einer persönlichen Welt der Meinungen leben, die noch nicht einmal unsere eigen Meinungen sind, sondern die Meinungen über Meinungen anderer Leute, die sich Meinungen angeeignet haben.

Daher ist die Meinung, unter dem Einfluss psychoaktiver Substanzen sei nichts irgendwie Bedeutsames zu erwarten, obwohl man sie niemals eingenommen hat, soviel Wert wie die Aussage eines taub Geborenen, an Musik sei nichts dran, deshalb störe es ihn nicht, keine hören zu können.

Dagegen beginnt die wirkliche psychedelische Erfahrung mit einem fundamentalen Gefühl des Befremdens. Anfangs wehren sich viele dagegen, dass diese grundstürzende Veränderung eintritt. Bis zu einem gewissen Punkt, also ein bis zwei Stunden lang, kann man sich vormachen, alles sei wie immer. Schleichend oder auch plötzlich bricht diese Sicherheit zusammen. Nun ist alles ganz anders. Wer bereits mystisch vorgeprägt in die Erfahrung hineingeht, erlebt nun handgreiflich: die Welt ist tief, der Alltag verführt zu Illusionen, vorgefasste Meinungen sind im Wasser treibende Planken, an die wir uns klammern, nachdem unser Schiff schon lange untergegangen ist. Plötzlich stehen wir vor der Geheimnistiefe der Welt. Sind wir bereit, dieses Geheimnis zu respektieren, dann ist die Andersartigkeit und Fremdheit dessen, was im psychedelischen Zustand auf uns zukommt, gleichbedeutend mit der Erfahrung des fundamental mystischen Charakters des Lebens. Was keine religiöse Dogmatik und auch keine Philosophie vollkommen in Worte fassen kann, das erfahren wir jetzt unmittelbar. Wir verstehen, was damit gemeint war, bevor es in Sprache gegossen wurde. Es ist einfach so, wie es ist, und wir können es geschehen lassen, so, wie es geschieht. Dabei kommt es zu Momenten, in denen wir von Begeisterung erfasst werden. Es sind Glücksmomente, in denen wir wie ergriffen werden von einer sonst versteckten Seinsebene, die jetzt ganz nahe ist. Auf einmal wird alles, was uns umgibt, durchscheinend und transparent, zugleich rührt es uns an in einer Weise, die uns bislang unbekannt war. Eine tiefe Versöhnung verbindet uns mit allem, was ist.

Alles dies ist auch ohne die große mystische Erfahrung da, wir werden sensibel für die Mystik, die in allem steckt, auch in den kleinen, ja den allerkleinsten Erlebnissen und Anmutungen. Und auch das weniger Angenehme, auch das Abgleiten in Schmerzhaftes, ja in Erfahrungen des Schrecklichen, Erfahrungen der Kälte, des

Widersinnigen und Grausamen können wir akzeptieren als Teil des Ganzen. Kommt es aber zur großen Freude, werden wir hineingerissen in die Liebe, vergessen wir uns selbst für einige Zeit und gehen in einer vollkommenen Identität auf, so erfahren wir in diesem Augenblick absolut überzeugend: Ja, das ist es! Hier ist der Mittelpunkt! Dort wollen wir hin! Es gibt kein anderes Zentrum als hier!

Es steht nicht wirklich zur Debatte, ob das nun das große Satori-Erlebnis war oder die Erleuchtung. Nur Perfektionisten fragen so etwas oder Narzissten, die es unter dem Allerbesten für sich nicht tun. Es gilt, das Maß dessen, was uns in der psychedelischen Erfahrung zugemessen wurde, zu ergreifen und es im Alltag zu nutzen. Überhaupt ist Erleuchtung keine rätselhafte, plötzliche Überwältigung durch etwas absolut Grandioses. Es taucht auch kein Erzengel auf, der uns eine neue heilige Schrift diktiert. Das schon gar nicht. Sollte er jedoch auftauchen, so dürfen wir danach fragen, wie viel Egobesessenheit noch in uns ist. Beziehen wir eine Gipfelerfahrung nur auf unsere Grandiosität, so war auch die Erleuchtung lediglich eine narzisstischer Egotrip.

Denn Erleuchtung besteht in der Kombination innerer Achtsamkeit mit alltäglichem Handeln. Demut, Bescheidenheit, die Anerkennung unserer Begrenztheit sind dabei führend. Wie eindrucksvoll das große innere Erlebnis auch gewesen sein mag, der Alltag fordert, dass wir anschließend wieder ganz auf den Boden kommen. Erleuchtung hat also zwei Hälften, und so gesehen ist sie groß und ganz klein zugleich. Wer nicht „klein" sein kann, einer von den ganz vielen, eine Menschlein unter vielen anderen Menschen, einer der mit allen anderen weint und lacht, leidet und schließlich stirbt, der hat nichts begriffen und erleuchtet ist er schon gar nicht.

Erleuchtung führt also nicht zur Heiligkeit, nicht zur Perfektion, nicht zu irgendeinem Führertum. Erleuchtung ist kein Adelszeichen, sie hebt niemanden aus dem Menschsein heraus, macht niemanden wichtiger, bedeutender, gewaltiger als den großen Rest, ganz im Gegenteil: Erleuchtung zeigt, dass der Kern des EINEN identisch ist mit dem Vollzug des realen Menschlichen. Im gleichen Ausmaß, in dem jemand seinen Alltag als seine eigene Verwirklichungsform des EINEN erkennt und anerkennt und die ganz kleinen Dinge und Handlungen in dieser Weise lebt, vollzieht er seine eigene Erleuchtung. Dabei ist es das Schicksal aller, so zu sein wie jeder Einzelne, und was jeder dabei erfährt ist identisch mit dem Schicksal aller. Die Bewegung des Lebens ist eine große Welle, vielleicht ein Tsunami, den die Weltmeere hochspülen, und der erleuchtete Einzelne ist (wie wäre es auch anders denkbar) ein winziges Tröpfchen in diesem Gesamtereignis. Es gibt lediglich einen minimalen Unterschied zwischen dem Erleuchteten und dem Unerleuchteten. Der Erleuchtete weiß solche Dinge, indem er sie praktiziert. Der Unerleuchtete weiß sie nicht – oder jedenfalls noch nicht.

Mystik ist Realismus

Daher sollte darauf geachtet werden, nicht den Boden unter den Füßen zu verlieren. Was aus mystischen Erlebnissen folgt, ist etwas sehr Realistisches. Wer nach einem mystischen Erlebnis zu spinnen anfängt, hat sich wahrscheinlich eine Psychose eingefangen, wer hochtrabende metaphysische Theorien aufstellt, ist in den Mystizismus geraten (der mit Mystik wenig zu tun hat) und wer plötzlich glaubt, er gehöre nicht mehr zur übrigen Menschheit, weil er über „höhere" Einsichten verfügt, der ist möglicherweise Opfer eines psychedelischen Gurus geworden und sollte sich mit seinen narzisstischen Tendenzen beschäftigen.

Denn es gibt gerade in der Mystik eine spezielle Art des Narzissmus, deren Charakter *C. G. Jung* besonders gut erkannt hatte. Diese Sonderform besteht in einer so heftigen Aufblähung des Ego, dass es sich schließlich mit dem Selbst verwechselt. Das Selbst ist nach *Jung* jenes Zentrum der Person, dass als Ziel des Prozesses der Individuation schon nicht mehr Ego, sondern etwas weit darüber Hinausreichendes ist. Es hat transzendenten Charakter (Jacobi 1959,

191ff.).

Glaubt ein Mensch, er sei identisch mit seinem Selbst geworden, so verfällt er der spirituellen Hybris. Das ist paradox, denn für jeden Menschen ist das Selbst der Mittelpunkt seines Wesens, auf den der Prozess der Individuation hinzielt, der aber nie vollständig erreicht werden kann. Nähert sich die Individuation dem Selbst, so besteht eine der großen Klippen der spirituellen Entwicklung in der „Ego-Inflation" (*Jung*). Inflationär bläht sich das Ego so weit auf, bis es das Selbst gewissermaßen in sich aufsaugt, was jedoch nur zu einer scheinbaren Identität führen kann. Der entsprechende Mensch gleicht dann – um es in einem grotesken Bild auszudrücken – einer Kröte, die einen Elefanten verschluckt hat. Es handelt sich um den größtmöglichen spirituellen Supergau.

Dagegen anerkennt der Mystiker den gewaltigen Unterschied, der stets zwischen ihm und jeder Form der Perfektion und Heiligkeit bestehen bleibt. Ganz realistisch akzeptiert er sich als Mensch mit hundert Schwächen. Die Besonderheit des erleuchteten Lebens liegt nun aber darin, dieser Tatsache mit Zustimmung und in einer bestimmten Weise auch mit Respekt zu begegnen. Schwächen brauchen nicht beseitigt zu werden. Schwächen bleiben, sie verschwinden und manchmal entstehen neue. Der Mystiker blickt in den Spiegel und betrachtet sich in seiner ganzen hässlichen Schönheit. Nichts braucht sich zu ändern, nichts muss besser werden. Kommt in diesem Sinne so etwas wie Liebe zu sich selbst auf, so ist schon alles besser geworden. Aber der riesige Abstand zur Heiligkeit bleibt dennoch.

Genauso verhält es sich im Alltag. Der Mystiker respektiert bescheiden die Alltagswirklichkeit gerade so wie sie ist. Wo er sie kritisiert und wo er sie verändern möchte, zum Beispiel in politischen Angelegenheiten, da respektiert er seinen Veränderungswillen und anerkennt, dass sich etwas verändert oder sich nichts verändert.

Das ist keine Gleichgültigkeit, denn ein innerer Kompass orientiert den Mystiker auf das Licht am Ende des Tunnels. Leiden am

Unperfekten, sich empören über Ungerechtigkeit, mit Schrecken das Schreckliche sehen und zugleich wissen dass es gerade so richtig ist und bejaht werden will.

Diese Haltung gleich in etwa einem Drahtseilakt unter der Zirkuskuppel, denn er verlangt höchste Fähigkeit zur Balance. Immer besteht die Gefahr, nach der einen oder anderen Seite aus dem Gleichgewicht zu kippen, in die extremistische Empörung oder in amoralische Indifferenz. Der Realismus des Mystikers hält sich zwischen beiden Extremen. Doch im Wechsel zwischen Gelingen und Misslingen, dem Stürzen und sich wieder Aufrichten, dem aufrechten Gang und der hektischen Ausgleichsbewegung, sieht er sich herausgefordert, zu diesem paradoxen Tanz auf dem Seil, was auch immer geschieht, ein deutliches „Ja" zu sagen.

Niemand vermittelte diese Dinge besser als der Religionswissenschaftler und „Hippie-Philosoph" *Alan Watts*, dessen Schriften hier wärmstens empfohlen seien:

> *„Die psychologische Reaktion auf die Aussage, alles sei Eines, bestünde darin, zu jeder Erfahrung, die sich einstellt, unverzüglich ,Ja' zu sagen und also zu versuchen, das Leben mit ausnahmslos allem, was es mit sich bringt, anzunehmen und zu bejahen." (Watts 2001, 23)*

Das bedeutet, dass man auch das eigene Nein-Sagen sofort mit einem „Ja" quittiert. Denn Ja und Nein stimmen gleichermaßen, sind gleichermaßen richtig. Und auch, wenn wir entscheiden, dass zwischen Ja und Nein ein gewaltiger Unterschied besteht, stimmt das ebenfalls und braucht nicht bekämpft zu werden.

Eine solche Haltung führt freilich zu einer sich ausweitenden Distanz gegenüber den Dingen und Geschehnissen. Doch der Mystiker würde sich selbst betrügen, wenn er sich einbildete, er sei nicht Teil dieses Geschehens und kein wirklicher Mitspieler. In diesem Sinne ist der Mystiker Realist, aber ein Realist, der weiß, dass diese Realität sang- und klanglos ebenso wieder verschwindet, wie sie aufgetaucht ist.

Nichts bleibt.

Das hat etwas mit der östlichen Übung zu tun, nicht „anzuhaften". Oder mit dem Versuch, eine permanente Haltung der „Abschiedlichkeit" einzunehmen. Jeden Augenblick kann es heißen, dass nun Abschied genommen werden muss, von etwas, was lieb und teuer war oder gar endgültig – ein Gedanke der auf den Philosophen *Wilhelm Weischedel* zurück geht. Für *Weischedel* (1905-1975) ist diese Einstellung eine moralische Haltung, denn Abschiedlichkeit schützt vor Überidentifikation, aus der heraus viel Unheil entsteht (Weischedel 1980, 209ff.). In den Worten eines Zen-Meisters: „Entsagung bedeutet nicht, die Dinge dieser Welt aufzugeben, sondern zu akzeptieren, dass sie weggehen". (Deikman 1986, 90).

Mystik ist Seins-Wahrnehmung

Um Distanz zu gewinnen, nicht anzuhaften, „Abschiedlichkeit" zu leben, zu respektieren, dass „die Dinge weggehen", bedarf es einer besonderen Art der Wahrnehmung. Sie bewahrt uns vor einer Überidentifikation, mit dem, was wir erleben. Hatten wir eine mystische Erfahrung, so war diese Distanz einmal da. Indem wir uns daran erinnern, können wir sie in den Alltag einfügen. Denn liegt der Schwerpunkt unserer Wahrnehmung eher im Ich, so kommen subjektive und unter Umständen egoistische Verzerrungen ins Spiel. Liegt der Schwerpunkt eher in den Objekten, so sind wir der Welt gegenüber offener und entgrenzter. Der Unterschied könnte in anderer Sprache auch als Wechsel von einer Wahrnehmung aus der Perspektive des Egos hin zu einer Wahrnehmung aus dem „transpersonalen Selbst" heraus beschrieben werden. (Vaughan, 1993, 48ff.)

Die Differenz zwischen einer mehr ich-bezogenen und einer offeneren und damit objektiveren Wahrnehmung hat unter psychologischem Gesichtspunkt *Abraham Maslow* untersucht. *Maslow,* der Mitbegründer der so genannten Humanistischen

Psychologie, steht mehr als andere einer durch die Mystik geprägten Auffassung nahe. Ob er selbst psychoaktive Substanzen genommen hat, ist unbekannt.

Maslow differenziert zwischen zwei Arten der Wahrnehmung oder des Erkennens, dem Defizit-Erkennen (D-Erkennen) und dem Seins-Erkennen (S-Erkennen). Den Unterschied beschreibt *Maslow* so:

„D-Erkennen kann als jene Erkenntnisweise definiert werden, die vom Standpunkt der Grundbedürfnisse oder Defizit-Bedürfnisse und deren Befriedigung und Frustration aus organisiert sind. Das heißt, D-Erkennen könnte egoistisches Erkennen genannt werden, in dem die Welt in Befriediger und Frustrierer unserer eigenen Bedürfnisse eingeteilt wird, andere Merkmale hingegen ignoriert und verzerrt werden. Das Erkennen des Objektes in seinem eigenen Wesen und in seinem eigenen Sein, ohne Bezug auf seine bedürfnisbefriedigenden oder –frustrierenden Eigenschaften – das heißt, ohne primären Bezug auf seinen Wert für den Beobachter oder seine Wirkung auf ihn – kann S-Erkennen (oder selbsttranszendierendes, selbstloses oder objektives Erkennen) genannt werden." (Maslow 1997, 202)

[...]

„Im S-Erkennen tendiert die Erfahrung oder das Objekt dazu, als ein Ganzes, als eine vollständige Einheit gesehen zu werden, losgelöst von den Beziehungen [zu einer] möglichen Nützlichkeit und Angemessenheit. Sie wird wahrgenommen, als wäre sie alles, was es im Universum gibt, als wäre sie das ganze Sein, synonym mit dem Universum. [...] Diese Art der Wahrnehmung steht in schroffem Gegensatz zur normalen Wahrnehmung [...]." Sie verzichtet auf das Vergleichen, Beurteilen, Auswerten, auf eine Einteilung in besser oder schlechter etc. *„Ein Mensch kann an sich gesehen*

werden, in sich selbst und durch sich selbst. Er kann einzigartig und idiosynkratisch gesehen werden, als wäre er der einzige seiner Klasse. Das ist es, was wir mit der Wahrnehmung des einzigartigen Individuums meinen [...]."
S-Wahrnehmung hat für Maslow etwas mit Liebe zu tun, denn sie blickt auf die Menschen und auf die Dinge, ohne dabei etwas für sich selbst zu wollen. „Gewohnheitsmäßig sagen wir, ‚Liebe macht blind‘, doch wir müssen nunmehr der Möglichkeit Platz einräumen, dass Liebe unter gewissen Umständen wahrnehmungsfähiger macht." (Maslow 197, 85ff.)

An dieser Stelle setzt die Bedeutung von Gipfelerfahrungen ein. Gipfelerfahrungen (peak experiences) sind für *Maslow* – übrigens in interessantem Kontrast zu *Sigmund Freuds* Auffassung – Zustände vollendeter seelischer Gesundheit. Gipfelerfahrungen nehmen jenen Bewusstseinszustand vorweg, den Menschen erreichen können, wenn sie zu voller menschlicher Reife gelangt sind (Goble 1979). Sie sind dann kaum mehr durch heftige Defizit-Bedürfnisse eingeschränkt und demnach ist ihre Wahrnehmung weit weniger verzerrt.

Gelassen und ohne sich mit ihren Wünschen und Egoismen einzumischen, können Menschen im Augenblick der Gipfelerfahrung die Phänomene mit Liebe und mit Sympathie betrachten. In dieser Liebe gegenüber dem Leben schwingt auch etwas von der mystischen Grunderfahrung mit, dass die Welt zutiefst „in Ordnung" ist, von jenem merkwürdigen Erlebnis der Zustimmung, das so viele Gipfelerfahrungen begleitet.

„Das erstaunlichste Merkmal dieser Erfahrung", so Alan Watts, „ist [...] die Überzeugung, dass diese ganze unbeschreibliche Welt ‚richtig‘ ist, so richtig, dass unsere normalen Ängste lächerlich werden, dass die Menschen, könnten sie es nur sehen, vor Freude außer sich wären." (Watts 1988, 54)

Durch die S-Wahrnehmung bekommt die Welt also ein Eigengewicht. Wir haben es aufgegeben, sie angstvoll abzuwehren. Die Schranke, die uns von allem trennt, ist nicht mehr störend, sondern verhält sich wie eine reine, vollkommen gesäuberte Glasscheibe. Blicken wir durch sie hindurch, so irritiert uns die Grenze zwischen uns und der Welt nicht mehr, es ist als wäre keine Grenze mehr vorhanden. Freilich ist das ein Idealzustand. Oft können wir ihn nur für kurze Zeit aufrecht erhalten. Aber es ist gut, sich daran zu erinnern, wie er in Gipfelerfahrungen da war, und diese Erinnerung in den Alltag einzuarbeiten. Übung macht den Meister.

Ein drogeninduziertes Beispiel für diese Veränderung der Wahrnehmung in die Richtung auf größere Objektivität während eines veränderten Bewusstseinszustandes schildert der Arzt und Erforscher von psychoaktiven Substanzen *Andrew Weil*. Früher habe er die Natur oft als feindselig und gefährlich betrachtet, zum Beispiel die Welt der Insekten wie Bienen, Wespen und Hornissen.

> *„Vor zwei Jahren", so berichtet Weil, „befand ich mich auf einem LSD-Trip außerordentlich high und losgelöst von meinem Ich in einem Feld mit vielen Bienen. Zum ersten Mal in meinem Leben empfand ich mit diesen Geschöpfen eine wesenhafte Gleichartigkeit und vermochte außergewöhnliche Schönheit an ihnen zu entdecken, die ich nie zuvor an ihnen bemerkt hatte. Seit dieser Zeit habe ich gelernt, dieses Gefühl auf die meisten anderen Insekten auszudehnen, von denen ich jetzt viele als Freunde und die Quelle von Freude betrachte." Auch die Insekten, so schildert Weil, verhielten sich seitdem ihm gegenüber anders, sodass er in seinem Haus auf dem Land unterdessen in enger Gemeinschaft mit ihnen lebe, ohne dass es Probleme gebe (Weil 1974, 89ff.).*

Es ist leicht einzusehen, dass aus einer solchen Veränderung der Wahrnehmungs- und Erlebensweise insgesamt ein anderes Verhältnis zur Natur entstehen kann. Vielleicht geht die irrationale und zerstörerische Weise, mit der wir diesen Globus ruinieren, auf das Vorherrschen der Defizit-Wahrnehmung bei den meisten Menschen zurück. Könnten wir die Erde als unsere Mutter ansehen, aus der wir kommen und in die wir wieder zurückkehren, oder den Globus als unser Raumschiff, das wir pflegen, wo es nötig ist reparieren, jedenfalls als unsere schöne Heimat betrachten, dann hätte das auch eine Menge mit Liebe zu tun: einerseits der Liebe gegenüber uns selbst und andererseits mit einer liebevollen Haltung im Hinblick auf die Erde. Wir würden dann keine „Selbstverbrennung" betreiben, wie der mahnende Titel eines neuen Buches des Potsdamer Klimaforschers *Hans Joachim Schnellnhuber* lautet. Wir verbrennen uns und die gesamte Ökosphäre als wären wir nicht die abhängigen Bewohner dieses Planeten, sondern seine engagierten Feinde und Totengräber. Seins-Wahrnehmung und Liebe hängen also tatsächlich zusammen (Schnellnhuber 2015).

Mystik ist Liebe

Der Alltagswert der Mystik liegt besonders darin, dass Mystik eine deutlich moralische Konsequenz hat. Das Überraschende dabei ist deren Einfachheit. Mystische Moral ist prinzipiell ganz simpel. Sie harmoniert im Übrigen mit vielen anderen Moralsystemen, doch sie benötigt ihrerseits kein „System", auch keine komplizierten Überlegungen, keine besondere Philosophie. Die mystische Moral entspringt aus der Einsicht in das EINE. „Wir sind alle eins!" Und diese Einheit verbindet uns zugleich mit der Natur. Alles andere ist Täuschung, Irrtum, Verblendung.

Diese Sicht ist natürlich nicht neu. Sie war immer da und wurde durch die menschliche Geschichte hindurch immer aufs Neue artikuliert. In neuerer Zeit war es der Philosoph *Arthur*

Schopenhauer, der – angeregt durch alte indische Schriften – besonders deutlich herausgearbeitet hat, um was es geht. Wenn das zerstörerische Gegeneinander, wenn Hass und Krieg auf einem fundamentalen Grundirrtum beruhen, was ist dann die Wahrheit? Was ist wirkliche Moral?

Schopenhauer war der Meinung, dass uns hier kluge und verwickelte Überlegungen nicht weiter führen. Oft wird gesagt, wir sollten uns in moralischen Fragen auf unseren wahren Vorteil besinnen. Moralisches Handeln zahle sich langfristig für alle aus. Doch solche Überlegungen beruhen auf einer Nützlichkeitskalkulation, die uns bedeutet, wir sollten schlauer und langfristig vorausschauender mit unserem Egoismus umgehen. Natürlich stimmt es, dass wir uns schließlich alle schaden, wenn wir unser weltweites Gegeneinander so wie bisher weiter betreiben. Doch die mystisch begründet Ethik wurzelt in einer anderen Grunderkenntnis: Sie beruht auf keiner klugen Berechnung, ihr geht es nicht um den wahren persönlichen Vorteil. Sie resultiert aus der mystischen Erfahrung selbst und gipfelt in einer einzigen zentralen Grunderkenntnis: *Tat twam asi!* „Das bist Du!" Diese alte vedische „Formel" enthält die gesamte mystische Kernerfahrung wie in einem Brennpunkt. Es ist eine Erkenntnis, „welche im fremden Indiviuo das selbe Wesen erkennt, wie im eigenen", sagt *Schopenhauer* (Schopenhauer 1922, 434).

Tat twam asi ist also nichts anderes als die „logische" Konsequenz aus der Alleinheitserfahrung. Für den Mystiker handelt es sich um eine reine Tatsache und daher sind die Quellen der Moral für ihn andere als diejenigen der heute vorherrschenden philosophischen Anschauungen. Sich im anderen zu erkennen, ist keine subjektive Zugabe zur objektiven Welt, in der solche Identität nicht vorkommt, es handelt sich auch um kein ideales „Sollen", das mit dem „Sein" nichts zu tun hat. Im Gegenteil: Die vom Mystiker erlebte Identität des EINEN ist das Sein selbst und zwar in seinem Wesen und innersten Kern. Die Quelle der mystischen Ethik entspringt direkt der überzeugenden Grunderfahrung, dass das unendliche Gegeneinander und der Krieg zwischen den Menschen und zwischen

Mensch und Natur dieses Wesen und diesen Kern verfehlen. Es handelt sich um einen Mangel an *Wissen* im intuitiven Sinn, um eine Art Urdummheit, der wir uns nur deshalb hingeben, weil uns jeder wirkliche Blick „hinter die Kulissen" fehlt.

Wer jedoch, wie der Mystiker, hinter die Kulissen geblickt hat, kann am Krieg aller gegen alle nicht mehr teilnehmen, auch wenn er so manches unvermeidliche Ringen um den richtigen Weg akzeptiert. Niemand führt Krieg gegen sich selbst, niemand möchte sich genau dort schädigen, wo er am meisten seine eigenen Wurzeln spürt, nämlich in der numinosen Tiefe seines Lebens, einer Tiefe, in der alle Fäden zusammenlaufen.

Die Mystik enthält also eine immanente Ethik, die ganz natürlich und fast ohne weitere Reflexion aus ihrer Grunderfahrung fließt. In der Regel wird diese Ethik im Begriff der Liebe ausgedrückt. Immer wieder verweist das mystische Erlebnis auf die Liebe.

Mystik – so Henri Bergson (1859-1941), einer der großen Mystiker unter den modernen Philosophen – komme in der Liebe geradezu auf „die Formel". „Weg und Ziel der Mystik ist die Liebe", sagte auch die bekannte Mystikerin Evelyn Underhill (1875-1941), und Richard M. Bucke (1837-1902), der den Begriff des „kosmischen Bewusstseins" einführte, sah in der Liebe „das Grundprinzip der Welt". Auch Aldous Huxley erfuhr unter Meskalineinfluss „das unmittelbare, totale, sozusagen aus dem Innern kommende Gewahrwerden der Liebe als der elementaren, grundlegenden kosmischen Wahrheit." (Bergson 1964, 438, Peter Widmer 2004, 206, James, 1979, 373, Huxley 1998, 95). Weitere mystische Bekenntnisse zur Liebe ließen sich unschwer anschließen.

Doch das Wort „Liebe" ist im Deutschen vieldeutig, es steht in Gefahr, ins Triviale oder ins Süßliche abzugleiten. Das mystische Erlebnis der Liebe wird vielleicht deutlicher charakterisiert, wenn stattdessen von Sympathie, von Mitgefühl oder von Mitleiden gesprochen wird.

Bereits *Buddha* sah im Mitleiden die zentrale Tugend. Das ist auch naheliegend, denn bei echtem Mit-Leiden geschieht etwas sehr Eigenartiges: Wir wechseln aus der Selbstbezogenheit, also der normalen und alltäglichen Konzentration auf das eigene Ich mit einem kleineren oder größeren Teil unseres Wesens in den inneren Zustand eines anderen Menschen über, in das Innere eines Menschen, den wir möglicherweise noch nicht einmal kennen, der lediglich unser Mitleid erregt hat. Nun fühlen wir dessen Leid als unser eigenes. Wir haben uns gewissermaßen über uns selbst hinweg ausgeweitet, bis nicht mehr deutlich ist, wo sich der Unterschied zwischen uns selbst und jenem anderen befindet. So sind Mitleiden oder Mitfühlen nichts anderes als Entgrenzungszustände. Mitleiden als Entgrenzungszustand mag noch nicht „ozeanisch" sein, doch die Verwandtschaft mit der zentralen mystischen Alleinheitserfahrung ist deutlich.

Mystik hilft „Liebe machen"

Natürlich lässt es sich nicht leugnen, dass die Selbstsucht eine weit häufigere Empfindung ist als das Mitleid. Auch an uns selbst können wir das beobachten. Doch dürfen mystische Gipfelerfahrungen als „Übungen" angesehen werden, von der Selbstsucht herunter zu kommen. Das gilt bereits für die Meditation, auch wenn sie vielleicht nicht zur ozeanischen Entgrenzung führt. Sie neutralisiert die ichbezogenen Ängste und Phantasien und fördert die Öffnung zur Welt und zu den Menschen (Singer/Ricard 2008, 63ff./Naranjo 1996).

Heute wissen wir, dass die verschiedenen Entgrenzungen, die in Gipfelerfahrungen und im Mitleid eine Rolle spielen, in unserem Gehirn verankert sind. Nicht nur die so genannten Spiegelneurone spielen hier eine Rolle, die Empathie ermöglichen (Bauer 2005).

Entgrenzung überhaupt findet offenbar dann statt, wenn im oberen Scheitellappen, der für die räumliche Orientierung sowie die Registrierung der Körpergrenzen zuständig ist, eine Reizblockade eintritt (Bucher 2007, 20). Eine Moral der Selbsttranszendenz als Mitleiden und Liebe ist also nicht nur eine mystische „Erfahrungstatsache", sie ist zugleich in unserem Gehirn als eine Möglichkeit, ja sogar als ein Bedürfnis verankert (Newberg 2014, 121ff.). Dass diese Möglichkeit auch zum Zuge kommt, muss dadurch gefördert werden, dass die entsprechenden Empfindungen stimuliert und durch wiederholte Übung die entsprechenden Bahnungen im Gehirn angelegt werden. Das setzt allerdings voraus, dass wir die unselige Philosophie des Egoismus überwinden, die unseren Alltag steuert, öffentlich gefördert wird und zu unserem Wirtschaftssystem passt.

Unser Alltag ist lieblos. Das liegt auch an den gesellschaftlichen Verhältnissen, denn im Kapitalismus geht es um den eigenen Vorteil und um Konkurrenz. Diese Lebensform hat nahezu alle festen Maßstäbe zermalmt und fast nur noch die große Beliebigkeit des *anything goes* übrig gelassen. „Alles geht", sofern es unseren Egoismus bedient. Tagtäglich hören und lesen wir vom Krieg aller gegen alle. Die Welt ist ein Hexenkessel moralischer Beliebigkeit. Daher können Menschen an sich beobachten, dass sie zwar eine innere Disposition zu liebevollem Verhalten in sich verspüren, es aber schwer ist, diese Impulse in den zwischenmenschlichen Beziehungen umzusetzen.

Schon charakterlich sind die meisten keine *Albert Schweitzers*, *Gandhis* oder gar eine Verkörperung der reinen Liebe wie *Jesus*. Kommen die vielfältigen alltäglichen Hindernisse hinzu, die es uns schwer machen, den liebevollen Anteil unseres Wesens praktisch werden zu lassen, so fragt sich manch einer, der sich um die Liebe bemüht, am Ende seines Tages erschöpft: Wie viel Liebe habe ich heute eigentlich umgesetzt? War es wenig, so gilt es dieses Wenige als das Maß des Möglichen anzuerkennen. Wer in mystischem

Erleben die zentrale Bedeutung der Liebe erfahren hat, wird es Schritt für Schritt besser machen.

Wichtig ist es daher, sich vor Augen zu halten: Liebe muss „gemacht" werden. Im recht verstandenen Sinne dieser umgangssprachlichen Formulierung, fern jeder Süßlichkeit und falschen Romantik, enthält Liebe in diesem Sinne einen sehr praktischen, fast einen „technischen" Aspekt. Oder anders gesagt: Liebe ist zumeist auf Aktivität angewiesen. Liebe ist also nicht etwa romantische Ver-liebtheit, wenn jemand gar nicht anders kann, als sich dem Objekt seiner Leidenschaft zuzuwenden, sie erschöpft sich auch nicht darin, achtsam, verständnisvoll und eventuell mitleidend den anderen wahrzunehmen – situationsabhängig kann Liebe eine Aufforderung zum praktischen Handeln enthalten.

Ausgedrückt wird das in der christlichen Beispielerzählung vom barmherzigen Samariter (LK 10, 25 -37), der um den von Räubern übel Zugerichteten nicht wie die anderen einen Bogen macht, sondern ihm aktiv hilft. Dabei wird nicht über liebevolle Gefühle berichtet, nicht über die Achtsamkeit des Samariters, überhaupt nicht über dessen Motive, stattdessen tritt der Effekt einer Handlung in den Vordergrund, nämlich die Lebensrettung. Diese ist beschwerlich, verlangt Entschluss und Willenskraft. Immerhin war der schwer Verletzte auf das Reittier des Samariters zu hieven und mühsam bis zum nächsten Gasthof zu transportieren.

Während das Mitleiden *Schopenhauers* oder vielleicht auch *Buddhas* eher eine Entgrenzung aus der Perspektive des Mitleidenden ist, sofern dieser einen Teil seines Wesens in das Innere eines anderen verlagert, handelt es sich bei christlich praktizierter Nächstenliebe um eine „Entgrenzung" aus dem Blickwinkel des von der Not Betroffenen, also nicht des Ichs, sondern des „Nächsten". Es geht darum, dass die Liebe den Nächsten ganz praktisch erreicht. Sofern wir also nur Mitleid empfinden, aber nicht auf die Idee kommen, aktiv „Liebe zu machen", haben unsere Mitmenschen kaum etwas davon, vielleicht bestenfalls ein freundliches Lächeln. Der Entgrenzungszustand des Mitleidens bliebe also vorwiegend „rein

„theoretisch" und auf uns selbst beschränkt.

Der hier angesprochen Unterschied findet im Übrigen auch religionsgeschichtlich seinen Ausdruck, nämlich in der Differenz zwischen der Mitleidslehre *Buddhas* und dem Liebesgebot *Jesu*. Der Religionswissenschaftler *Gustav Mensching* hat dies vorzüglich herausgearbeitet (Mensching 1978). Zwischen beiden Auffassungen besteht ein beachtlicher Unterschied!

Liebe ist also nicht einfach da und sie kommt auch selten ganz von alleine, sie ist auf Aktivität angewiesen. Oft benötigt liebevolles Handeln genaue Überlegung, viel Lebenserfahrung und eine Art „Hinterlist", die darin besteht, Liebe auf trickreiche Weise in eine lieblose Situation einzuschmuggeln. So kann etwa eine Scheidung – obwohl sich das Paar nichts mehr zu sagen hat, sich also im herkömmlichen Sinn nicht mehr „liebt" – lieblos oder liebevoll durchgeführt werden. Besonders, wenn Kinder da sind, macht das einen großen Unterschied.

Liebe hat auch in der Politik ihren Platz. Gerade in der Politik, wo es so schwer ist, Konflikte und Streit zu vermeiden, könnte Liebe in Verbindung mit staatsmännischer Klugheit Gutes wirken, auch wenn sie vielleicht nur in einzelnen Handlungen und selten im Hinblick auf das gesamte Feld der politischen Möglichkeiten zum Durchbruch kommt. So war es – unabhängig davon, wie man die Gesamtpolitik dieses Kanzlers beurteilen mag – eine Handlung „politischer Liebe", dass *Gerhard Schröder* Deutschland 2003 nicht in den Krieg gegen den Irak führte. Der britische Premier *Tony Blair* hatte sich ganz anders entschieden und hat damit den Tod vieler Menschen in einem sinnlosen Krieg auf dem Gewissen. Ein gutes Beispiel dafür, was gemeint ist, wäre auch *Oskar Schindler*, der einerseits mit der SS paktierte, nur aber um umso mehr KZ-Insassen vor dem sicheren Tod retten zu können.

Für den Mystiker geht es um das Licht am Ende des Tunnels. In seinen Ekstasen hat er gesehen, dass dieses Licht existiert. Das Licht erinnert ihn an den besseren Teil seines Wesens. Je mehr er mit Blick auf dieses Licht seinen Alltag verändert, um sich Schritt für Schritt, langsam und ganz realistisch der Liebe anzunähern, umso mehr wird ihm eine weitere Erfahrung entgegenkommen: nämlich die Gewissheit, dass „Liebe machen" funktioniert. Das Leben wird sonniger, zwischenmenschliche Beziehungen werden echter und intensiver, wir fühlen uns beschenkt und angenommen, unser Vertrauen in das Leben wächst. Seinen Partner wahrnehmen und verstehen, Freundschaften pflegen, anderen helfen, seine Kinder voranbringen, sich für Politik und Gemeinschaft engagieren, feiern, fröhlich sein und genießen, dass wir Mitmensch unter Mitmenschen sind. Und viel, viel „Liebe machen" – das ist praktisch gelebte Mystik.

Ganz nebenbei ist dieses Verfahren eine wissenschaftlich nachgewiesene Methode, um gesund zu bleiben und länger zu leben. Sollte eine von der Mystik in diesem Sinne geprägte Lebensweise zu größerer Nähe zwischen den Menschen führen, so wäre Mystik – wie die Gesundheitspsychologie verbindlich zeigt – ein empirisch bewiesener Gesundheitsfaktor. So konstatiert der Gesundheitspsychologe *Edwin Millard Waltz* die Ergebnisse der Forschung zusammenfassend:

> *„Die sozialen Bindungen eines Individuums an seine Mitmenschen scheinen die wichtigsten Determinanten seiner Lebenserwartung, seiner psychischen und physischen Gesundheit und seines allgemein psychologischen Wohlbefindens zu sein." (Waltz 1981, 48)*

Wer viel „Liebe macht", dessen Lebensweise ist nicht nur erleuchtet, sie ist auch moralisch im Sinne der Liebe und damit gesundheitsförderlich.

Die Konsequenzen

Es gibt Menschen, die Erleuchtungen haben, aber es gar nicht erkennen. Einer meiner Freunde meinte, er habe LSD „getestet". „Was hast du dabei erlebt?" fragte ich. „Verzerrungen" war seine Antwort. „Mein Gehirn hat mir eine verzerrte Welt gespiegelt."
Nun gut, dachte ich mir, das ist also schief gegangen. Doch es ist ja auch nicht unerlässlich, dass man Erleuchtungen mit LSD hat. Sie kommen zahlreich auch aus anderer Quelle. Dabei sind die Konsequenzen echter Erleuchtungen immer die gleichen, unabhängig davon, wie Erleuchtung erreicht wurde. Diese Konsequenzen möchte ich knapp zusammenfassen:

Konsequenz eins: Die Steigerung der Distanz. Wir überwinden unsere Überidentifizierung mit der Welt. Mit unseren Gefühlen sind wir nicht mehr „verheiratet". Psychedelische Erfahrungen illustrieren, dass es möglich ist, einen oder zwei Schritte zurückzutreten. Diese Haltung wird auch als Gelassenheit bezeichnet. Erfahrungen unter dem Einfluss psychoaktiver Substanzen zeigen uns, wie man diese Haltung einnimmt. Im Alltag können wir dann weiter üben.

Konsequenz zwei: Die Steigerung der Achtsamkeit. Unter dem Einfluss psychoaktiver Substanzen können wir den neutralen Beobachter in uns stärken. „Neutral" ist ein gefährliches Wort, aber es gibt eine Instanz in uns, die alle Dinge gewissermaßen registriert und zugleich als Ausdruck des EINEN respektiert. In dieser Hinsicht sind wir auch Beobachter, sowohl was die Vorgänge in unserem eigenen Inneren angeht, als auch im Hinblick auf die Geschehnisse, die sich außerhalb von uns abspielen. Sofern wir sie einfach so sein lassen, wie sie sind, „achten" wir sie. Das ist Achtsamkeit.

Konsequenz drei: Die Anerkennung des Geheimnischarakters der Welt und des Lebens. Wir nehmen aus dem psychedelischen Zustand die Einsicht mit, dass wir normalerweise die Welt um uns herum eigenartig vordergründig bewerten. Vor dem Geheimnis und der Tiefe haben wir keinen Respekt. Wir meinen, alles sei so flach, wie wir selbst uns oft fühlen. Vollkommen fehlt uns in aller Regel die Ehrfurcht, vielleicht auch so etwas wie Demut. Das hat auch einen positiven Aspekt, denn Demut kann gefährlich missbraucht werden. Menschen, die über uns herrschen wollen, benutzen solche Empfindungen. Das führt zur Unterwürfigkeit. Doch demütige Ehrfurcht gebührt alleine jenem Geheimnis, das unser Leben im Innersten ist.

Konsequenz vier: Das Wissen um das EINE. Ein solches Wissen kann durch Erfahrungen mit psychoaktiven Substanzen gestärkt werden, weil wir hier erleben, was sonst bloße Theorie ist. Im Alltag droht dieses Wissen verloren zu gehen. Doch wir können uns im Erinnern üben. So könnte es heißen: Achtung, mit dem Menschen, den ich vor mir habe, bin ich in der Tiefe eins! Oder: Achtung, was mir hier begegnet, ist Ausdruck des EINEN! Diese Übung hat auch etwas mit *Schellings* Erinnerung an den Zustand zu tun, „in welchem wir eins waren mit der Natur" (siehe oben). Die Besinnung zeigt uns, wer wir wirklich sind. Wir *waren* es, bevor wir aus dem EINEN in die Vielheit entlassen wurden.

Konsequenz fünf: Liebe. In der psychedelischen Erfahrung empfanden wir sie als das Zentrum der Welt. In dieser Weise erleuchtet, üben wir uns alltäglich im „Liebe machen", denn unsere Mitmenschen sind unser kosmischen Geschwister. Vielleicht hängt es mit unserer Aufgabe hier auf diesem Globus zusammen, dass wir immer mehr Liebe realisieren. Das Gegenteil führt auf die Dauer mit Sicherheit in den kollektiven Untergang.

Konsequenz sechs: Psychedelische Erfahrungen zeigen die Relativität aller unserer Erfahrungen. Sie zeigen, dass wir selbst es sind, die diese Erfahrungen hervorzaubern und dass auch wir es sind, die sie wieder verschwinden lassen. Daher nimmt der psychedelisch

Erleuchtete nicht nur Distanz zu den Dingen auf, sondern auch Distanz zu seinen eigenen Überzeugungen. Von Ideologien und gewaltigen Weltbildern nimmt er Abschied. Er weiß, wie wenig er weiß. Weit entfernt von einer bodenlosen Skepsis, die meint, es sei möglich, überhaupt nichts zu glauben, glaubt er lediglich an drei Dinge (sofern es drei sind und nicht bloß eines). Sie sind gewissermaßen sein Glaubensbekenntnis. Diese Dinge lauten: das EINE, das Geheimnis und die Tiefe. Allenfalls ein viertes Thema kann in Betracht gezogen werden, nämlich die Liebe. Doch sie fließt automatisch aus den drei anderen Bereichen und ist überall dabei.

Was ist Erleuchtung?

Wer in der Lage ist, die oben aufgeführten Konsequenzen aus seinen mystischen Erfahrungen zu ziehen, der ist wahrscheinlich erleuchtet. Aber: Was ist Erleuchtung? In diesem Buch ist bereits viel darüber gesagt worden, doch worum es tatsächlich geht, sollte noch einmal ganz klar herausgestellt werden. Ähnlich wie der Begriff „Mystik" scheinen alle Antworten ins Verschwommene, Okkulte, Mysteriöse zu führen. Für viele ist Erleuchtung so etwas wie Hokuspokus, Spinnerei, Einbildung. Doch weshalb sollte auf die gestellte Frage nicht eine klare Antwort gegeben werden können? Denn so wie das Wort Mystik stellt sich auch der Begriff „Erleuchtung" als eingrenzbar und relativ klar erfassbar heraus.

Vielleicht wird deutlich, was Erleuchtung ist, wenn wir den Begriff aufteilen in die „Erleuchtungs*erfahrung*" und in das „erleuchtete *Leben*". Was die Erleuchtungserfahrung selbst angeht, so ist sie zweifellos identisch mit dem mystischen Gipfelerlebnis. Es gibt keinen Grund anzunehmen, dass es dabei um etwas anderes gehen könnte. Auf keinen Fall hat Erleuchtung als Erleuchtungs*erfahrung* etwas mit okkulten oder visionären Lehren, Theorien oder gar spiritistischen Mitteilungen aus dem Jenseits zu tun. Je erleuchteter ein Erleuchteter ist, desto mehr gilt für ihn, was der Benediktiner und Meditationslehrer *Willigis Jäger* sagt:

> *„Mystik, die nicht in den Alltag führt, ist ein Irrweg [...] Der Mystiker zielt nicht auf das Jenseits, auf den Himmel. Die Vollendung liegt im Hier und Jetzt."* (Jäger 1993, 129) Oder aus der Sicht des Zen-Buddhismus: *„Die Erleuchtung ist ein Erwachen zum Alltäglichen."* (Han 2002, 40)

Ein erleuchtetes oder von Erleuchtung geleitetes Leben ist dementsprechend nichts anderes als der andauernde Versuch, die grundlegenden Erfahrungen des mystischen Erlebnisses in den Alltag zu übersetzen. Das wird nicht immer vollkommen gelingen, doch wie überall hilft auch hier geduldige Übung weiter. Im Endeffekt kann man den Erleuchteten an den Ergebnissen seines Handelns messen. Manche, umgeben von einer großen Anhängerschar, behaupten, sie seien erleuchtet, hinterlassen langfristig viel Schaden und nicht selten Zerstörung. Dass sie wirklich erleuchtet waren, steht im Zweifel. Die weite Welt der Sekten und Kulte wimmelt nur so von „Erleuchteten" in diesem Sinne. So hat man das Gefühl, Erleuchtung sei etwa sehr Esoterisches, vielleicht etwas Verrücktes. Doch Erleuchtung, jedenfalls ein erleuchtetes Leben, sind etwas ganz Einfaches.

Um diese Einfachheit herauszustreichen, vielleicht auch um ein wenig zu provozieren, schlage ich vor, Erleuchtung in einer Formel auszudrücken. Die Formel lautet so:

$$E = SE + L$$

In Worten: Erleuchtung (E) = Seins-Wahrnehmung (SE) plus Liebe (L).

Natürlich ist diese „Formel" verbesserungsfähig. Doch ich fand, dass eigentlich alles in der Kombination von S-Wahrnehmung und Liebe steckt, die gesamte mystische Kernerfahrung. Und diese „Formel" ist ganz auf die Praxis gerichtet. Sie nimmt von vorneherein davon Abstand, dass Erleuchtung irgendetwas mit „höheren" Erkenntnissen zu tun haben könnte. Sie kennt sich im „Jenseits" nicht besser aus als andere Leute auch. Wahre Erleuchtung ist sehr diesseitig, doch sie erkennt in allem, selbst in *Huxleys* Flanellhose, ganz so wie in jenem Holzscheit, das *Giordano Bruno* aus dem Scheiterhaufen zog, auf dem er verbrannt werden sollte, das EINE.

Ist das soweit richtig, so könnte man als Leitlinie für das tägliche Leben folgendes sagen:

Bemühe dich um Seins-Wahrnehmung. Dann erkennst du die Welt und die Menschen als identisch mit dir selbst, denn wir alle sind das EINE. Schau hin und du siehst: Tat twam asi! („Das bist du!) Jetzt kannst du nur noch liebevoll handeln. Wo du das tust, da bist du erleuchtet. (Übung macht den Meister.)

Teil sechs: Missbrauch und Nutzen. Wo verlaufen die Grenzen?

Erleuchtung, jedenfalls eine erleuchtete Lebensführung, beruht also auf dem Grunderlebnis der Mystik, wie es durch die neun Kategorien von *Walter Terence Stace* und *Walter Pahnke* charakterisiert wurde. Die Konsequenz liegt in der Liebe, die ermöglicht wird durch Seins-Wahrnehmung. Wenn es also möglich ist, auf relativ einfache Weise zu sagen, was Erleuchtung ist, vielleicht sogar, wie es oben geschah, im Sinne einer kleinen „Formel", so müsste es auch möglich sein, recht klar zu bestimmen, um was es dabei *nicht* geht.

Das ist wichtig. Denn Erleuchtung ist gewiss eine positive Angelegenheit, doch zugleich gibt es darüber viele Irrtümer. Vieles wird als „Erleuchtung" ausgegeben, was wenig damit zu tun hat, und nicht wenige Menschen, die sich auf einer spirituellen Suche befinden, schalten ihre kritischen Verstand im selben Moment aus, in dem sie das Gefühl haben, einem „Erleuchteten" zu begegnen. So werden Menschen immer wieder Opfer von spirituellen Verführern, sie glauben den größten Unsinn, sofern er ihnen erleuchtet vorkommt, und nur allzu gerne schließen sie sich Gemeinschaften an, die von sich behaupten über „höheres" Wissen zu verfügen, das bei Licht betrachtet aber eher dem kollektivem Wahnsinn nahe kommt. Weshalb ist Erleuchtung zugleich ein Thema, bei dem man auch auf Abwege geraten kann?

Zwei hauptsächliche Irrwege sind hier von Bedeutung: zum einen die Verkehrung der Erleuchtung und damit auch der Mystik in Mystifikation und zum anderen die realitätsverleugnende narzisstische Überspitzung. Im Falle der Mystifikation wird angenommen, der Erleuchtete verfüge über besonderes Wissen über transzendente und den anderen Menschen verborgene Welten, bei der narzisstischen Überspitzung oder Überspannung werden bestimmte Einsichten, die Erleuchtung mit sich bringt, so kompromisslos ins

Extrem getrieben, dass sie schließlich in ihr Gegenteil umschlagen, in den spirituellen Extremismus.

Grenze eins: Mystik als Mystifikation

Zunächst zum Abgleiten der Mystik in Mystifikation. Wo sich Mystik zur Mystifikation verkehrt, wird die grundsätzliche Offenheit der Mystik zerstört. In der Mystifikation ist Mystik keine Gipfelerfahrung mehr und auch keine durch Mystik geprägte Lebensführung, sondern eine besondere Lehre, ein Weltbild oder ein Wissenssystem. Der wahre Mystiker hängt keiner Lehre an, er ist auch kein Wissender, sondern in einem bestimmen Sinne ein Unwissender. Er hat erfahren, dass das Leben ein tiefes Geheimnis verbirgt, ein Rätsel darstellt, das er durch den Verstand nicht zu erfassen vermag. Hilflos steht er der Begrenztheit der Sprache gegenüber, denn eine Möglichkeit, seine Erfahrungen wirklich in Worte zu kleiden, sieht er nicht. So gesehen ist sein Unwissen doch wieder ein Wissen, dieses aber ganz im Sinne des alten Philosophen *Sokrates*: „Ich weiß, dass ich nichts weiß!"
Besonders trifft das auf die abgründige Erfahrung der „Leere" zu. Das Erlebnis der „Leere" ist geradezu das Gegenteil dessen, was in religiösen Kontexten eine Rolle spielt: denn die Offenbarungsreligionen beruhen auf der Vorstellung der übernatürlichen Selbstmitteilung Gottes. In der „Leere" aber gibt es keinen Gott und irgendeine Mitteilung aus dem Jenseits ebenso wenig. Dem Mystiker wird nichts „offenbart", das er dann etwa niederschreiben und der Welt in Form von Lehrsätzen mitteilen könnte. Über Visionen, übersinnliche Schauungen, Botschaften aus dem Jenseits verfügt der Mystiker nicht. Niemals sind ihm Engel erschienen, niemals Geister, niemals hatte er Visionen fremder Welten, okkulte Weisheiten besitzt er nicht und er ist auch kein Esoteriker, jedenfalls nicht im fragwürdigen Sinne des Wortes. Überhaupt „glaubt" der Mystiker nur an sehr wenig, im sprachlichen

154

und im vermittelbaren Sinne vielleicht an gar nichts – wovon er aber überzeugt ist, das stammt aus seinem eigenen Erleben und seiner eigenen Erfahrung. Andererseits enthalten mystische Erfahrungen unter Umständen vielfältige Inhalte, die in theologischen Anschauungen, in der Mythologie und auch in so mancher esoterischen Lehre eine Rolle spielen, Göttergestalten können auftauchen, Symbole und vielfältige Bilder. Doch alle derartigen „Gesichte" – so die übereinstimmende Anweisung der mystischen Richtungen – sind keine mystischen Einsichten. Tauchen sie etwa in der Meditation auf, so sind sie zu ignorieren. Sie bedeuten nicht das, was sie zu bedeuten scheinen. Denn als gegenständliche Wahrheit genommen, führen sie in die Mystifikation. Wer in diesem Sinne gegenständlich glaubt, wer auch in der Mystik Gegen-Stände für die Wahrheit hält, der ist nichts anders als ein Materialist, und dabei tut es wenige zur Sache, dass er sich als „spirituell" bezeichnen mag. Der gerade in der Esoterik weit verbreitete Glaube an gegenständlich aufgefasste „Wahrheiten" ist nichts anderes als spiritueller Materialismus.

Wegen der Verbreitung des „spirituellen Materialismus" lohnt es sich, kurz darauf einzugehen. Die Formulierung deutet auf die merkwürdige Tatsache hin, dass viele Menschen auch in spirituellen Angelegenheiten nur gegenständlich denken können. Alles wird ihnen zum „Ding", auch das Jenseits, auch Gott. Gott ist ihnen ein „Ding". So machen sie eine Menge sehr genauer Aussagen darüber, wie die Transzendenz im Detail beschaffen ist. Handfest und ganz stofflich glauben sie, darüber Bescheid zu wissen. Wer sich jedoch Transzendenz als eine Welt des Gegenständlichen vorstellt, eine Welt also, in der es Objekte und Körper gibt wie Tische und Elefanten, der ist ein spiritueller Materialist. Er glaubt, dass im „Jenseits" die dualistische Grundstruktur der Subjekt-Objekt-Spaltung des Diesseits fortgesetzt wird. Schon von daher beweist er, dass er kein Mystiker ist, denn dessen zentrale Erfahrung ist ja die Aufhebung der Subjekt-Objekt-Spaltung.
Ein gutes Beispiel für eine mystifizierende Lehre ist die

Anthroposophie *Rudolf Steiners*. Sie beruht weitgehend auf dem vorgeblichen Wissen um „höhere Welten", die *Steiner* in übersinnlichen Schauungen erworben haben will. Handelt es sich um Mystik? Dieser Frage ist der Philosoph und Psychologe *Max Dessoir* nachgegangen. Er untersuchte etwa die *Steinersche* Lehre vom „Ätherleib" und „Astralleib", oder die Lehre von den Sphären, die uns nach anthroposophischer Auffassung nach dem Tod erwarten, sowie die Regeln, nach denen wir einst wieder ins diesseitige Leben zurückkehren.

Handelt es sich bei solchen Lehrgebäuden um Mystik? *Dessoir* kommt zu dem Urteil, dass sie „mit echter Mystik unvereinbar" seien. Als halbwissenschaftliche Sätze sprächen die anthroposophischen Lehren im Grunde lediglich das Denken an. Man müsse sie ohne die Möglichkeit einer Prüfung hinnehmen. Eigenartig berühre ihr quasi materialistischer Zug.

> *„In der echten mystischen Lebenshaltung ist aber jedes Gegenüber von Ich und Gegenstand aufgehoben. Es fehlt alles Rationale. Der Mystiker erlebt in Angst und Seligkeit die unio mystica, eine unbeschreibliche Feier, Demütigung, Tröstung und Kraft. [...] Die Anthroposophie aber will nicht das ‚Entwerden von allem Was' [Meister Eckhart] erfahren. Während dem Mystiker alle Dinge und Namen ausgelöscht sind und in Nichts zergehen, so dass er das Erlebnis selbst mit Worten mehr verhüllt als offenbart, weiß der eingeweihte Anthroposoph zu erzählen von fremden Welten und Wesen, von Vorverkörperungen der Erde und von Rangklassen im Hofstaat Gottes [...]"* (Dessoir 1979, 451)

Hat *Dessoir* recht, so ist die Anthroposophie keine Mystik, auch keine Philosophie im methodischen Sinn und schon gar keine empirische Wissenschaft. Versteht man mit *Karl Jaspers* die Vorstellungen der alten Mythologien und der Religionen als

„Chiffern", die im gegenständlichen Sinne gar nichts aussagen, aber unter metaphysischem Gesichtspunkt – also abgesehen von ihrer psychologischen Bedeutung – eine Art Verweischarakter auf Unsagbares besitzen, so ist die Anthroposophie noch nicht einmal eine Lehre von Chiffern, sondern, da sie ja ihre Wissenschaftlichkeit im Sinne einer „Geisteswissenschaft" betont, eine Art Pseudowissenschaft. „Geheim" ist an dieser „Geheimwissenschaft", wie sie sich auch nennt, nichts, denn jeder kann solche Geheimnisse in den Büchern *Rudolf Steiners* nachlesen. Anschließend muss er sie glauben, sofern ihm das gelingt.

Dagegen vertragen sich die „Chiffern der Transzendenz" von *Karl Jaspers* – eines der großen modernen Metaphysiker – sehr gut mit der Mystik (Jaspers 2011). Chiffern zeigen bzw. deuten auf etwas, aber sie zeigen nicht auf Gegenständliches. Denn gerade der Mystiker kann nicht genug betonen, dass alle eventuellen Visionen und Bilder, die er sieht, eben nichts weiter als „Zeichen" sind, die auf etwas hinweisen, das weit jenseits des Dinglichen und Objekthaften liegt.

Für den Zen-Buddhisten sind Visionen, die ihm während der Meditation erscheinen mögen, lediglich Durchgangsstationen, die es im meditativen Sinne in Ruhe und Gelassenheit zu ignorieren gilt. Die „Leere", die durch die Meditation erreicht werden kann, wie auch das „Nirwana" als eine Art „Nichts" enthalten keinen Platz für Lehren und Systeme, die man in Büchern aufschreiben kann und die von Anhängern geglaubt werden müssten. Das Jenseits-Mysterium ist ein wirkliches Geheimnis, das heißt, es bleibt uns verborgen, mögen wir über noch so viel „höheres" Wissen verfügen. An so manchem allwissenden „Guru" können wir daher vor allem die charakteristische menschliche Neigung Selbstüberschätzung studieren.

Mystik ist daher deutlich – so sieht es die einschlägige Forschung übereinstimmend – von allen Formen der Mystifikation abzugrenzen (Stace 1961, 47ff./Albrecht 1958, 36f.). Selbst im Hinblick auf die Religionen ist eine solche Abgrenzung möglich, auch wenn religiös gebundene Mystiker sich zu ihrer jeweils eigenen Religion bekennen mögen. Auch Religionen enthalten viele Mystifikationen. Denn abgesehen davon, was sich geradezu in einer Formel ausdrücken lässt (siehe oben), ist der Mystiker ein „Ungläubiger". Auch den alten theologischen Streit, ob Mystiker orthodoxe Theisten oder ob sie Pantheisten sind, also glauben, dass die Welt und Gott identisch seien, wird der Mystiker auf sich beruhen lassen. Dazu kann er nichts sagen. Ob Gott mit dem Kosmos eins ist oder nicht, mag ihm als eine müßige Frage erscheinen. Vielleicht mag er die Chiffer „Gott" als das große Symbol des EINEN betrachten, aber er wird seine Gottesvorstellung, sofern er eine hat, von allem Menschlichen reinigen und damit werden auch viele theologische Unterscheidungen hinfällig.

Auf jeden Fall wird er Irrwege in die Vielzahl der möglichen religiösen und metaphysischen Mystifikationen und in den spirituellen Materialismus vermeiden. Vielleicht kann er sogar in Übereinstimmung mit dem religiösen Atheisten *Ronald Dworkin* sagen: „Religion ist etwas Tieferes als Gott". (Dworkin 2014, Pos. 66) So könnte er „Gott" als etwas Vordergründiges betrachten. Der wirkliche „Grund" aller Dinge ist namenlos. Wäre dies der Fall, so wäre der Mystiker ein Nichts-Gläubiger. Ihm ist der Alltag und was der Alltag bietet genug. Über Einblicke in das Jenseits verfügt er nicht und daher macht er darüber auch keine Aussagen. In eine ähnliche Richtung geht unterdessen auch *Ken Wilber*. Auch er versteht die Spiritualität der Zukunft als eine „postmetaphysische" Angelegenheit, als etwas, das mit den alten religiösen Vorstellungen und Narrativen nicht mehr erfasst wird (Wilber 2007).

Grenze zwei: Mystik als spiritueller Extremismus

Mystik und damit Spiritualität und Erleuchtung sind von zwei Abwegen bedroht. Während der eine Abweg in den spirituellen Materialismus führt, in allerlei pseudoreligiöse Mystifikationen hinein, die oft fast schon an Wahnsysteme heranreichen, führt der andere Abweg zu einer gewaltsamen Vereinfachung der Wirklichkeit und damit zu einer Überspitzung aller Konsequenzen, die man aus der Mystik ziehen kann, also zu einem spirituellen Extremismus. Dahinter stehen narzisstische Motive. Dabei wird die Vieldeutigkeit der Welt in eine falsche Eindeutigkeit hineingezwungen. Anschließend scheint die Welt zwar „in Ordnung" zu sein, doch diese Ordnung ist eine Scheinordnung, denn der widersprüchlichen und vieldeutigen Realität wurde Gewalt angetan und nicht selten auch den Menschen.

Die Rede ist in erster Linie von den vielen und immer wieder aufs Neue auftauchenden Bewegungen und Sekten, die glauben, sie hätten die Lösung aller Lebensrätsel entdeckt. Wer sich ihnen anschließt, wird angeblich glücklich. Nicht selten berufen sie sich auf Themen, die mystischen Ursprungs sind, etwa auf die Liebe oder die wahre Einheit und Gemeinschaft oder auf die Ich-Losigkeit etc.

Alle diese Ideale leben sie mit einer solchen Radikalität und Rücksichtslosigkeit, dass schließlich die Ideale selbst unter die Räder kommen und nicht mehr wieder zu erkennen sind. Dabei bestätigt sich die bekannte Wahrheit, dass sich in der äußersten Übertreibung die Extreme berühren. Gerade der Gebrauch psychoaktiver Substanzen kann einen solchen spirituellen Extremismus befördern. Unter dem Einfluss von psychoaktiven Substanzen werden sehr heftige, nicht selten in ihrer Weise recht abgehobene Erfahrungen gemacht. Doch sollen sie eins zu eins ins wirkliche Leben überführt werden, so kann das nur zu gewaltsamen Verbiegungen führen, durch die das Erfahrene selbst in der Praxis zerstört wird.

1963 ging bei der Firma Sandoz in Basel eine merkwürdige Bestellung ein: Das Department of Social Relations der Harvard Universität/USA bestellte eine Lieferung von hundert Gramm LSD-25 und fünfundzwanzig Kilogramm Psilocybin. Die Bestellung war von Dr. *Timothy Leary* unterzeichnet. „Begründet wurde der Bedarf einer solchen enormen Quantität" – so schildert *Albert Hofmann*, der die Bestellung bearbeitete – „mit der geplanten Ausdehnung der Untersuchungen auf Gewebe-, Organ- und Tierstudien." Die bestellte Menge entsprach einer Million LSD- und zweieinhalb Millionen Psilocybin-Dosen (Hofmann 1993, 81). Nach einigem Hin- und Her wurde der Bestellung letztlich nicht entsprochen.

Es gibt Spekulationen darüber, was *Leary* mit einer solchen Menge an Halluzinogenen vorhatte. Er habe das Trinkwasser New Yorks mit LSD versetzen wollen, um alle New Yorker mit einem Schlag zur Erleuchtung zu führen, heißt es. Gewiss ist dieses Gerücht mehr oder weniger gut erfunden, denn *Leary* war zu intelligent, um einen so hoffnungslosen Massenversuch vorzunehmen. Doch die endgültige Befreiung der verkommenen westlichen Zivilisation von all ihren Irrtümern und Abwegen beabsichtigte er sehr wohl. *Leary*, der Messias des LSD, stand insofern in der langen Reihe jener Propheten, die die Heraufkunft eines irdischen Paradieses verkünden, ja mehr noch: die dieses Paradies heute und hier verwirklichen wollen. Weshalb sollten psychoaktive Substanzen kein ausgezeichnetes Mittel sein, um die endgültig Rettung der Welt zu bewerkstelligen? Sollte es nicht möglich sein, in vielen und schließlich in allen Menschen die Einsicht zu erzeugen, dass Geld, Macht und Egoismus keine sinnvollen Lebensziele sind und stattdessen Liebe und die Einheit aller Menschen viel wichtiger wären?

Natürlich sind solche mystischen Ideale wichtig, doch wann werden sie in ihrer Überspitzung zur schädlichen Illusion? Wann verbinden sie sich mit Gewalt, sei es mentaler oder gar physischer Art? Wann mit schädlichen und destruktiven Einseitigkeiten, die niemandem mehr gut tun? Ist nicht auch in Dingen der Mystik „Maß und Mitte" gefordert, jene alte Kardinaltugend, die seit *Aristoteles* in der

Tugendlehre von höchster Bedeutung ist? Ein erleuchtetes Leben jedenfalls scheint ohne das rechte Maß und ohne Besonnenheit nicht möglich zu sein. Ein Mystiker ist – so paradox das auch klingen mag – zugleich ein Realist!

Doch Menschen neigen zur Überspitzung. Zumeist ist narzisstische Selbstliebe im Spiel. Dabei schlagen die Ideale in ihr Gegenteil um. Jede Tugend, jeder Wert, jede Verhaltensweise, bis zum Exzess auf den Gipfel ihrer Möglichkeiten getrieben, ist anschließend nicht mehr wiederzuerkennen. Wahrheitsliebe kann in gewissen Situationen zur Rücksichtslosigkeit werden, Gerechtigkeit zur Grausamkeit, Hilfsbereitschaft zur Bevormundung. Auch Liebe kann sich in Träumerei und in Ideologie verwandeln. Das gleiche gilt vom Gemeinschaftsgedanken. Nichts hätten wir in unserer heutigen Welt so nötig wie tätige Solidarität. Doch wird die Gemeinschaftsidee überspitzt, so wird Knechtschaft daraus.

Es ist zum Beispiel ganz leicht, unter dem Einfluss von MDMA tief zu empfinden, dass man mit den anderen, mit der Gruppe eins, ja vielleicht sogar identisch ist. Doch am nächsten Tag exakt diese Empfindung in die Wirklichkeit umzusetzen, würde bedeuten, dass jedes Augenmaß verloren gegangen ist. Dagegen wäre die Frage sinnvoll: Wie viel von diesen bedeutsamen inneren Erfahrungen kann ich in meinen Alltag hineintragen und wie mache ich das? Auch kleine Schritte können dabei große Schritte sein, letztlich größere Schritt im Sinne des Ideals als der Versuch, sämtliche Lebensbedingungen auszuhebeln, um sie durch völlig neue Strukturen zu ersetzen. Ideale als solche sind stets radikal, doch Radikalismus im Alltag stiftet in der Regel Zerstörung.

Bei derartigen Themen sind Beispiele sinnvoll. Was Überspitzungen anrichten, zeigt der Missbrauch einer der mystischsten Religionen, die es gibt, nämlich des Zen-Buddhismus. Seine politische Rolle während der Phase des japanischen Imperialismus war alles andere als positiv. Die Japaner besetzten große Teile Asiens und begingen dabei viele schreckliche Grausamkeiten, wie etwa ab 1937 die Massaker im chinesischen Nanking, als die kaiserlich-japanischen

Armee mindestens 200 000 Zivilisten ermordete und rund 20 000 Mädchen und Frauen vergewaltigte. Viele Menschen wurden lebendig begraben.

Es scheint unvorstellbar, dass solche Gräuel in irgendeinen Zusammenhang mit dem Zen-Buddhismus stehen könnten, der ja als eine der friedlichsten Religionen gilt. Und doch ist es so. In der totalen Überspitzung wurde der mystische Kern dieser Religion so pervertiert, dass sein Gegenteil daraus resultierte. Dieses Beispiel ist sicher ein extremes, doch an den Extremen lässt sich besonders plastisch zeigen, worauf es ankommt.

Um den Zusammenhang zu verstehen, muss berücksichtigt werden, dass in der fraglichen Epoche neben dem Shintoismus der Zen-Buddhismus in Japan eine Art Staatsreligion war. Beide lieferten jene Ideologie, die neben anderen kulturellen Momenten zur Rechtfertigung der von Japan ausgehenden Kriege beitrug (Victoria 1999). Was uns hier interessiert, ist die Verbindung der Mystik mit dem japanischen Militarismus, besonders der Meditationserfahrung der „Leere" (Shunyata).

Auf den ersten Blick scheint die mystische „Leere" besonders ungeeignet zu sein, um sie zu mystifizieren oder irgendeine Art der Ideologie daraus zu machen. Das zeigt etwa die Vermittlung des Begriffs in den Worten des unverdächtigen Mystikers *Willigis Jäger*:

> *„Die schlimmste Angst des Ich ist es, ausgelöscht zu werden. Wenn das Ich ausgelöscht wird, bleiben diese Funktionen der Skandhas übrig, aber sie sind leer. Die Substanzlosigkeit des Ich zu erkennen, ist das eigentliche Ziel der Mystik, des Zen, des Vipassana und des Dzogchen. Es ist der Kern des spirituellen Erwachens. Die Leerheit ist die 'Substanz' von allem. Es gibt kein individuelles Selbst [...]." (Jäger 2005, 187)*

In Japan kam es zur Verbindung der mystischen „Leere" mit dem Bushido-Ideal, das sich auf eine innere Einstellung bezieht, wie sie von den Samurai, in früheren Zeiten von den japanischen Rittern und später von den Kriegern eingenommen werden sollte. Der Krieger ist ohne Ich, er besitzt kein Selbst. Das stattet ihn mit außerordentlichem Mut aus, da er als Ego gar nicht existiert und in diesem Sinne niemals getötet werden kann.

Nach dem Zweiten Weltkrieg wurde der Zen-Buddhismus in der westlichen Welt vor allem durch den japanischen Gelehrten *Daisetz Teitaro Suzuki* (1870 – 1966) bekannt gemacht. *Suzuki* war während des Krieges ein Ideologe des japanischen Imperialismus, etwa in seinen Vorträgen vor dem japanischen Kaiser *Hirohito* (dem Tenno), dem selben Herrscher, der auch die Grausamkeiten von Nanking zu verantworten hatte.

In der gedruckten Ausgabe eines von *Suzukis* Vorträgen vor dem Tenno, gehalten im April 1946, also kurz nach Beendigung des Krieges, sagte er:

> *„Das Ich ist, wie wir alle wissen, die Quelle aller Übel." Und: „Die Buddhisten sprechen oft vom ,Großen Tod' und meinen damit: für das gewöhnliche Leben gestorben zu sein, einen Tod, der dem analysierenden Verstand ein Ende setzt und uns von der Idee eines Ich befreit. Sie sagen: Töte mit einem einzigen Streich diesen Verstand, der sich in alles einmischt und wirft ihn den Hunden vor." (Suzuki 1983, 27)*

Doch was bedeutet dieser Art Ich-Tod für den „Weg des Kriegers", wie er als Samurai und gemäß dem Bushido-Ideal die japanische Eroberungspolitik bestimmte? Dazu äußerte sich *Suzuki* in einer seiner wichtigsten und vielfach wieder aufgelegten Veröffentlichungen 1938 so:

> *„Die Lebensanschauung des Bushido ist mit der des Zen identisch. Die Ruhe und sogar Herzensfreude im Augenblick des Todes, die bei den Japanern deutlich zu erkennen ist, die Furchtlosigkeit, die japanische*

Soldaten angesichts des übermächtigen Feindes gewöhnlich zeigen [...] – all dies entspringt dem Geist der Zen-Schulung [...]." (Victoria 1999, 155)

Tatsächlich kann man sich keinen schlimmeren Gegner vorstellen, als jemanden, der angreift, aber völlig ohne Ego ist. Er benötigt keinen Schutz und keine Deckung, und er wird auch vor Grausamkeit nicht zurückschrecken, denn die Ich-Losigkeit im Zustand der „Leere" hat auch seine Gefühlswelt aufgelöst. Zwar verzichteten die Ideologen des Zen-Buddhimus während der Phase des japanischen Militarismus keineswegs auf den für den Buddhismus so wichtigen Begriff des Mitgefühls, doch sie deuteten ihn in ihrem Sinne um, so dass der Krieg und auch das Töten des Gegners als der wahre Ausdruck des Mitleidens gefeiert wurden (Victoria 1999, 130ff.).

So schreibt ein buddhistischer Autor in den 1930ger Jahren in einer Schrift, die die Treue gegenüber dem Kaiser und die Bereitschaft zum Krieg betont, japanische Buddhisten seien der Auffassung,

„dass ein Krieg, der aus einem [guten] Grund geführt wird, sich im Einklang mit der unermesslichen Güte und dem allumfassenden Mitgefühl des Buddhismus befindet." (Victoria 1999, 132)

Der neuseeländische Historiker und Zen-Meister *Brian Victoria*, der die Verwicklungen den Zen-Buddhimus in den japanischen Imperialismus untersucht hat, weist auf die besondere Nähe solcher Auffassungen zum nationalsozialistischen Militarismus hin. Auf dem Empfang des japanischen Botschafters am 27. September 1940 angesichts der Unterzeichnung des Dreimächtepakts zwischen Japan, Deutschland und Italien in Hitlers Staatskanzlei äußerte der Botschafter *Kurusu Saburo*:

„Der Stützpfeiler des japanischen Geistes ist Bushido. Obgleich Bushido das Schwert anwendet, besteht sein

164

Wesen nicht darin, Menschen zu töten, sondern mit Hilfe des Schwertes Menschen das Leben zu schenken. Indem wir den Geist des Schwertes anwenden, wollen wir zum Weltfrieden beitragen." (Victoria 1999, 162)

Ein Jahr später fand der japanische Überfall auf das amerikanische Pearl Harbor statt, wodurch der Krieg zum eigentlichen Weltkrieg ausgeweitet wurde.

Das Extrembeispiel einer Überspitzung und Überspannung eines von der Mystik geprägten Ansatzes und damit seiner vollkommenen Pervertierung zeigt gerade in den Zitaten *Suzukis* aber noch etwas anderes: Der Ich-Tod bedeutet in dieser Interpretation zugleich die Aufopferung des analytischen Verstandes, der Urteilskraft. Mit einem „einzigen Streich" soll der analysierende Verstand „getötet" werden (*Suzuki*).

Zwar ist es richtig, dass gerade die mystische Kernerfahrung jenseits alles Verstandesmäßigen erlebt wird. Doch zugleich sind Verstand, Vernunft, Urteilskraft von ausschlaggebender Bedeutung, wenn wir uns jenseits der unmittelbaren Gipfelerfahrung zurecht finden wollen. Wollen wir nicht im Sinne *Ken Wilbers* statt im Trans-Personalen im Prä-Personalen, also im Primitiven landen, so benötigen wir unser Ich unbedingt. Dabei ist es ein fundamentaler Unterschied, ob wir unser Ich in den Dienst der mystischen Grundeinsichten stellen oder ob wir bereit sind, unser Ich aufzuopfern, um es blind jeder beliebigen Ideologie auszuliefern.

Die Unterscheidung, welche Handlungen den mystischen Grundeinsichten entsprechen und welche Handlung eher einer Perversion solcher Einsichten gleichkommt, können wir jedoch nur mit Hilfe des Ichs treffen. Gewiss benötigen wir auch Intuition und eben das Mitgefühl im Sinne *Schopenhauers* oder *Buddhas* als die Entgrenzung der Schranke zwischen Ich und Du oder die Seins-Wahrnehmung, wie sie *Maslow* beschrieben hat. Doch die Klarheit einer Unterscheidung zwischen dem Echten und dem Unechten, dem Anstrebenswerten und der Überspitzung oder gar der Perversion resultiert einzig aus dem vernünftigen Denken, das seinen Sitz im Ich hat. Reine „Bauchentscheidungen" sind gegen den Missbrauch des Mystischen wehrlos; kommen Denken und „Bauch" jedoch zueinander und ergänzen sich gegenseitig, so sieht es anders aus.

Suzukis Aussage vor dem japanischen Kaiser: „Das Ich ist, wie wir alle wissen, die Quelle aller Übel" ist daher keine sich selbst erklärende Behauptung („wie wir alle wissen"). Sie bezieht sich auf die japanische Tradition; doch ist es niemals gut, sich darauf zu berufen, was alle zu wissen glauben. Wirklich wissen kann immer nur der verantwortliche Einzelne. Niemand nimmt uns die Last des eigenen Urteils ab. Und geurteilt wird stets aus dem Zentrum des Ichs heraus. Wer also das Ich zur Quelle „aller" Übel macht, der möchte es abschaffen. Ist aber das Ich abgeschafft, so wird das dadurch aufgerissene Loch zu einem Einfallstor des Bösen, durch das es ungehindert eindringen kann. In der Regel ist dieses Böse der Narzissmus, dem es besonders leicht fällt, sich selbst mit dem Ganzen, mit der Transzendenz und überhaupt mit allem gleichzusetzen, was als ideal und anstrebenswert hingestellt wird.

Der größte Narzissmus aber liegt in der vollmundigen Behauptung, man habe sein Ich abgeschafft und gebe sich ganz der „Leere" hin, jener Sphäre, die mit dem Absoluten gleichgesetzt wird. Die „Leere" ist in solchen Fällen aber nichts anderes als eine bösartige Form des narzisstischen Wahns. Doch die ungeheure Theatralik einer solchen narzisstischen Inszenierung wird selten durchschaut. Erst die Handlungen und deren Folgen sind es, die zeigen, welche dramatische und schlimme Verwechslung hier stattgefunden hat.

So kippt die Überspannung des Ideals der Ich-Losigkeit in sein Gegenteil um. Denn niemand wird bestreiten, dass der „Weg des Kriegers" während der historischen Phase des japanischen Imperialismus in höchstem Maße von egozentrischen und selbstsüchtigen Motiven gesteuert war. Ein einzelner, von der ichlosen Leere bewegter Soldat oder Offizier mag noch so sehr „selbstlos" gewesen sein und damit ausgeführt haben „was alle wissen", was innerhalb der japanischen Tradition also selbstverständlich war – der japanische Staat als Ganzes war es keineswegs, sondern umgekehrt die reine Selbstsucht an sich.

Im Grunde lief alles auf eine Externalisierung von Verantwortung hinaus, zu der wir Menschen nun einmal neigen. Nicht ich bin es, der handelt, sondern eine höhere Macht handelt durch mich! Nicht ich töte, vernichte oder foltere, sondern „der Führer" oder „Gott" handelt durch mich. In Japan bestand die Externalisierung der Verantwortung in einer Art mystischer Identifikation der Kämpfer mit dem Kaiser und des Kaisers mit Gott (im Sinne des Shintoismus) oder den höheren Mächten (im Sinne des Zen). Das Alleinheitserlebnis oder jedenfalls die Behauptung, es gebe eine solche Alleinheit, wurde dabei zur Selbstermächtigung des japanischen Herrschaftsanspruchs. Noch die blutjungen Kamikaze-Flieger, die sich am Ende des Zweiten Weltkrieges auf angreifende amerikanische Flugzeugträger in den Tod stürzten, wurden mit solchen ideologischen Phrasen scharf gemacht (Morris 1999, 335ff.).

Japanische Buddhisten bestreiten diese Irrwege heute keineswegs. Zu untersuchen wäre, ob die ideologischen Fallstricke, wie sie leider auch im mystischen Denken verborgen liegen, hinreichend geklärt sind. Vielleicht ist jedes Gerede von „Leere", „Ich-Tod" oder einer vollzogenen Identität mit dem Ganzen niemals ganz ungefährlich. Solche Ideale sind einfach zu unrealistisch, zu weit entfernt vom Menschenmöglichen. Viel wichtiger für jede mystische Lebenshaltung ist die Liebe. Doch auch dieses Ideal ist gegenüber Überspannungen nicht gefeit. Jenseits aller großen Gefühle und jenseits der überhöhten Ansprüche gilt es Mitleiden, Mitgefühl und tätige Solidarität so weit wie möglich in das alltägliche Grau in Grau einzubringen. Das ist nichts abgehoben Ideales, sondern Klein- und Maßarbeit.

„Halbzeit der Evolution" lautet der Titel eines bekannten Buches von *Ken Wilber*. Sofern wir uns also etwa in der Mitte des langen Weges vom Tier zum Menschen befinden sollten – wie könnten wir erwarten oder sogar beanspruchen, in unserem kurzen persönlichen Leben mehr zu verwirklichen als einen redlichen Versuch, wenigstens ein wenig des wahren Menschseins der Zukunft vorwegzunehmen? Der Mut zur Unvollkommenheit ist dabei Voraussetzung.

Grenze drei: Drogen und die Verführung durch „Gurus"

Immer wieder werden sich Menschen mit Hilfe von psychoaktiven Substanzen auf den Weg machen, den mystischen Kern in sich selbst zu entdecken. Leider sieht das unsere Gesellschaft nicht vor, sie verbietet es sogar. Im Unterschied zu vielen der früheren Kulturen, insbesondere jenen der indigenen Völker, gibt es in der technisierten und ökonomisierten Welt keine festen und institutionalisierten Räume für derartige Erfahrungen. Die kapitalistische Lebensform hat alle Lebensziele in sich aufgesogen und nur noch den einzigen Zweck des Daseins übrig gelassen: Gelderwerb und Konsum. Vieles wird am Rande geduldet, doch eine spirituelle Suche mit „Drogen" nicht. Denn es werden keinerlei Unterschiede gemacht: Abgesehen von Alkohol und Tabak sowie auf ärztliches Rezept gewisse Psychopharmaka werden alle „Drogen", wie grundverschieden sie auch sein mögen, in einen Topf geworfen und – offiziell jedenfalls – von der Bildfläche verbannt.

Umso wichtiger sind sie natürlich im Untergrund. Dort hat sich eine breite Szene von Menschen entwickelt, die wissen, dass Substanzen wie LSD oder MDMA erstaunliche Möglichkeiten enthalten. Die Szene setzt sich zusammen aus den „wilden" Usern irgendwo in der Welt, die zumeist oft erst dann in den Fokus der Öffentlichkeit treten, wenn sie mit Drogen Schwierigkeiten haben. Dabei handelt es sich um Menschen, die oft zufällig auf die spirituelle Wirkung psychoaktiver Substanzen stoßen und die sich gegenseitig von eigenartigen Erlebnissen berichten, die so gar nicht in den Zusammenhang einer rationalisierten Gesellschaft passen. Außer vielleicht da und dort im Internet sind ihre Erfahrungen nirgendwo dokumentiert.

Dann existiert die Szene der psycholytischen Psychotherapie im Untergrund, vorwiegend der „echten Psychotherapie" im Sinne des Psychiaters *Samuel Widmer,* und ab und zu hört man von Gruppen, die, sei es als Heilmeditation oder unter anderem Label, ihre eigenen Wege gehen. Gelegentlich bekommt ein Psychiater eine Sondergenehmigung für eine kleines Forschungsprojekt mit psychoaktiven Substanzen.

An dieser Situation wird sich aller Voraussicht nach in den kommenden Jahren wenig ändern. Sieht man, wie schwierig es ist, Cannabis zu legalisieren, jene im Vergleich etwa zum Alkohol weit harmlosere Droge, so wird eine Legalisierung der Entaktogene und Halluzinogene noch viel länger auf sich warten lassen. Der problematische und zum Teil unseriöse Untergrund der „echten Psychotherapie" verschärft diese Lage. Denkbar wäre, dass einige ausgewählte Psychiater bzw. Psychotherapeuten längerfristige Sondergenehmigungen erhalten, aber das wohl auch nur in der Schweiz oder verstreut in den USA.

Sofern man also nicht für sich privat Psychedelika einnimmt oder nicht selbst zu diesem Zweck eine Gruppe gründet, ist die Wahrscheinlichkeit groß, dass man in der Untergrundszene der psycholytischen „echten Psychotherapie" landet. Doch grundsätzlich ist es keineswegs notwendig, sich in eine Psychotherapie zu begeben, um Gipfelerfahrungen zu machen. Die Verbindung von Psychotherapie und dem Gebrauch von psychoaktiven Substanzen erklärt sich eher aus der Forschungsgeschichte zu diesem Thema. Es waren nun einmal Psychiater und zunächst auch ein Pharmakonzern, die solche Substanzen einem definierten Nutzen zuführen wollten. Eine weitere Verbindung ist gewiss die Herkunft von Psychiatrie und Psychotherapie ihrerseits aus dem Schamanismus, der verbreitet schon immer psychoaktive Substanzen in seine Rituale mit einbezog. So schien es nicht ganz abwegig, dass dessen Nachfolger wieder darauf zurückgriffen.

Doch genau an dieser Stelle liegt auch das Problem: der allzu deutliche Rückverweis auch der psychoaktiven Substanzen auf ihre schamanistische und kultische Verwendung macht ihren Gebrauch in modernen Gesellschaften ideologieanfällig. Mystik, als Erfahrung etwa mit LSD nahezu unvermeidlich, wird allzu rasch zur Mystifikation. Was muss eine Mensch „glauben", der sich einer psycholytischen Therapie unterzieht? Sind es die Lehren des Don Juan von *Carlos Castaneda*? (Ulrich 1986) Der Bezug zur mystischen Sicht auf die Welt ist bei *Castaneda* auffallend, doch wo beginnen weltanschauliche Festlegungen, die dem wahren Geist der Mystik widersprechen?

Die Weltanschauung des Familienaufstellers *Bert Hellinger* hat Eingang in die Psycholyse gefunden (Meckel-Fischer 2015). Obgleich sich *Hellinger* in manchen seiner Bücher auf die Mystik bezieht und bei vernünftig durchgeführten Familienaufstellungen durchaus mystikartige Erfahrungen gemacht werden können, ist sein aus den Familienaufstellungen entstandenes Weltbild zutiefst magisch und mystifizierend (Haas 2005). Hier ist alles weltanschaulich definiert, von Freiheit ist keine Rede – weder im Hinblick auf das Denken noch auf das Handeln. *Hellinger* und seine Anhänger leugnen ganz ausdrücklich die Freiheit des Menschen (Nelles 2005) und ersetzen sie durch ein dubioses „Sippengewissen" (Schäfer 1998).
Einer der Adepten *Hellingers*, *Wilfried Nelles*, hat eine Verteidigungsschrift im Hinblick auf die theoretischen und philosophischen Hintergründe der Familienaufstellung nach *Bert Hellinger* verfasst. Darin kritisiert er das freiheitliche Denken der Aufklärung als einen Irrweg. Implizit verwirft er damit die gesamte, an der Aufklärung orientierte Tradition der Tiefenpsychologie im Gefolge *Freuds*, um sie durch ein „neues", autoritäres Weltbild zu ersetzen. Während seit *Freud* die gesamte Tiefenpsychologie, also auch die Richtungen um *C.G. Jung*, *Alfred Adler* oder die Humanistische Psychologie um *Carl Rogers* und *Abraham Maslow*, den Menschen kritisch, selbstkritisch und damit unabhängiger

machen wollten, geht es neuerdings bei einigen Ansätzen, insbesondere bei der *Hellinger*-Richtung, wieder zurück in alte magische Abhängigkeiten.

Viele Menschen suchen heute nicht nur nach Mystik, sondern auch nach Identität und Orientierung. Dabei verbreitet sich auf irritierende Weise ein neuer Autoritarismus. Autorität gibt Sicherheit, Führung reduziert Komplexität, einfache Weltbilder schaffen Übersicht. Viele Menschen bringen eine tief verborgene und oft verblüffend unterwürfige Glaubensbereitschaft mit, die sie selbst nicht erkennen und – würden sie danach befragt – gewiss heftig bestritten. Gruppen spielen dabei eine wichtige Rolle. Denn unter Gruppeneinfluss und Gruppendruck können unrealistische, nicht selten verstiegene und wahnhafte Weltbilder entstehen, die nicht mehr hinterfragbar sind und die gegen den Rest der Welt verteidigt werden.

Dabei laufen Prozesse ab, die gut erforscht sind, sich aber gleichwohl immer aufs Neue wiederholen. Menschen sind extrem anfällig gegenüber jedem Druck, der aus ihrer sozialen Umgebung stammt, dabei werden sie unter Umständen mehrheitlich auch zu absurden Urteilen und Handlungen veranlasst. Das berühmte *Milgram*-Experiment zur autoritären Neigung von Menschen oder das *Asch*-Experiment zum Gruppendruck sind nur zwei von zahllosen Beweisen, die sich aus der Sozialpsychologie für diese Tatsache anführen lassen (Thomas, 1991f.).

Wird nun jenseits der kritischen und skeptischen Haltung der Aufklärung die Sehnsucht nach Gruppenharmonie mit psychoaktiven Substanzen verbunden, so entsteht eine brisante Gefahrensituation. Das Abgleiten in schlechte Esoterik, die gläubige Identifikation mit einem „Guru" führen allzu leicht zum Verlust der Urteilsfähigkeit. Dabei können die Faszination einer charismatischen Persönlichkeit, verbunden mit der suggestiven Wirkung des Gruppendrucks alleine schon die Effekte einer starken Droge entfalten. Kommen wirkliche Drogen noch obendrauf, so ist der Weg in die Sekte nicht mehr weit.

Wo solche Gruppen entstehen, muss der Begriff „Sekte" oder auch die Bezeichnung „Kult" nicht unbedingt greifen. Wie bei allen sozialen Phänomenen gibt es Zwischen- und Übergangsformen, denen nicht alle Merkmale einer „Sekte" gemeinsam sind. Kritisch zu werten sind Gemeinschaften, die in den Beteiligten so etwas wie eine innere Schwerpunktverlagerung befördern. Liegt der innere Schwerpunkt einer reifen Person eindeutig in ihr selbst und ist auch dort das Zentrum ihrer Verantwortlichkeit zu verorten, so ermöglichen bestimmte Gemeinschaften, dass der Schwerpunkt des Personalen aus den Einzelnen hinaus in die Gruppe, zumeist repräsentiert durch den „Guru", verschoben wird. Die Mitglieder einer solchen Gemeinschaft sind dann kaum mehr als Einzelne ansprechbar, sie wurden Opfer einer Haltung, die *Erich Fromm* in seiner Analyse totalitärer politischer Bewegungen als die „Furcht vor der Freiheit" bezeichnet hat, die einem instinktiven Wunsch nach Unterwerfung entspricht (Fromm 1983). Denn der Grund für eine schleichende Aufgabe der eigenen Freiheit und Autonomie ist der Wunsch nach Entlastung. Sie wird im Verzicht auf das sorgengeplagte kleine Ich und in der Verschmelzung mit der Grandiosität des „Gurus" gefunden.

Dieser Prozess entspricht der Entwicklung einer narzisstischen Störung. Auch der Narzisst kann das als bedrückend und kümmerlich erfahrene Selbst nicht mehr aushalten und flieht in die Grandiosität. Dort baut er ein „falsches Selbst" (*Winnicott*) oder eine „Als-ob-Persönlichkeit" (*Helene Deutsch*) auf. Im Vordergrund steht daher die Entlastung des schwachen Ichs von den Herausforderungen des Alltags sowie der narzisstische Lustgewinn; bezahlt wird dieser Irrweg neben der Aufgabe persönlicher Autonomie mit einem mehr oder minder großen Realitätsverlust.

Oft sind es gerade die idealistischsten Gruppen, die sich in der Überspitzung einreden, die erleuchteten Retter der Menschheit zu sein. Nicht selten steht die Pathologie des Narzissmus in Verbindung mit dem Streben nach hohen Idealen. Ausgeprägte Moralität, humanistische Ansprüche, Engagement für hoch anerkannte ethische Ziele wirken dabei wie öffentlich abgefeuerte Leuchtkugeln, die jedermann signalisieren: Achtung! Hier befinden sich die wirklich guten Menschen!

In der Übersteigerung wird die Ausrichtung auf alles Edle und Gute zum Fanatismus. Daher steht die Höhe der angestrebten Ideale nicht selten im umgekehrten Verhältnis zum Niveau des tatsächlichen Verhaltens. „Liebe" – unter dem Einfluss psychoaktiver Substanzen immer wieder als eine wahre Himmelsmacht erfahren – eignet sich dabei hervorragend, um einer Gemeinschaft eine hohe ideologische Weihe zu erteilen. Wo die „Liebe" immer wieder gemeinsam beschworen, kultisch zelebriert und von einem psychedelischen Priester eingefordert wird, da geht es schließlich überhaupt nicht mehr um Psychotherapie, sondern um das Heil, allerdings in einem durchaus mystifizierenden Sinne. Der Psychiater wird zur Inkarnation Jesu Christi und die psychoaktiven Substanzen verwandeln sich in Mittel einer permanenten Eucharistie. Alles endet im narzisstischen Höhenflug und der beseligenden Gewissheit, zur Avantgarde der Menschheit zu gehören.

Diese narzisstische Kollusion zwischen dem „Heiland" und den Orientierung und Rettung suchenden Menschen kann sich dabei durchaus differenziert und gewissermaßen auf hohem Niveau vollziehen, gleichwohl sind die inneren Mechanismen die gleichen wie auch bei einfacher gestrickten Sekten für weniger differenzierte Menschen.

Die Identifikation eines charismatischen Leiters etwa mit Jesus Christus muss daher keineswegs ausgesprochen werden, es reicht, solche Symbiosen im Stillen zu phantasieren. Sie sind archetypisch in uns angelegt und können jederzeit aktiviert werden. Thront der Leiter weiß gekleidet auf einem erhöhten Podest, neben ihm, ebenfalls in der Farbe kultischer Reinheit, seine weibliche Anima, so ist es unter Drogeneinfluss ganz unvermeidbar, in den Sog solcher unbewussten Bahnungen hineingezogen zu werden.

Grenze vier: Machtausübung durch „Psychotherapeuten"

Im Grunde ist es grotesk, gerade Psychedelika aus „Furcht vor der Freiheit" (*Fromm*) einzunehmen und sie im Sinne instinktiver Unterwerfungswünsche zu missbrauchen. Denn in ihnen steckt die Potenz, bei kluger Anwendung zur wirklichen Autonomie zu finden. Autonomie ist die Fähigkeit, nicht mehr von heteronomen Entscheidungen anderer abhängig zu sein, sondern aufgrund eigener Urteilskraft und eigenen Gewissens sein eigenes Leben selbst zu leben. Das ist ein hohes Ideal und auch dieses Ideal sollte nicht übersteigert werden. Es ist unmöglich sich stets nur selbst zu bestimmen, oft ist es ganz in Ordnung einfach mitzuschwimmen, manchmal ist es sogar geboten, einem anderen die Führung zu überlassen oder ihm in einer kritischen Situation schlicht zu vertrauen, ohne selbst noch den Durchblick zu haben.

Doch dort, wo sinnvolle Autonomie erst gefunden und schließlich eingeübt werden könnte, nämlich unter dem Einfluss psychoaktiver Substanzen, ist es paradox, wenn Selbstbestimmung und Autonomie unter die Räder kommen. Die Hauptgefahr geht heute vor allem von einer Gruppe von Menschen aus, von denen man das Gegenteil erwarten könnte: den Psychotherapeuten.

Wir kommen zum Kapitel Machtausübung in der Psychotherapie, hier mit besonderer Berücksichtigung der Psycholyseszene. Macht in therapeutischen Situationen ist unvermeidlich, sie ist in den therapeutischen Prozess eingebaut. Grundsätzlich ist die zeitweilige Überlegenheit des Therapeuten gegenüber seinem Klienten bzw. Patienten auch gar nicht zu kritisieren. Psychotherapie beruht auf dem Beziehungsfaktor. Es gibt keine Psychotherapie durch Automaten, aber auch nicht zwischen gleichrangigen Freunden. Dass Psychotherapie als Freundschaft möglich sei, wird zwar von der „echten Psychotherapie" (dieser durch *Samuel Widmer* aus der Taufe gehobenen Richtung) behauptet. Doch diese Behauptung vernebelt

174

den tatsächlichen Machtfaktor, der sich gerade in der „echten Psychotherapie" umso unkontrollierbarer durchsetzen kann. Davon weiter unten.

Die normale psychotherapeutische Situation sieht so aus: Ein Hilfesuchender, zumeist in einer schwierigen seelischen Lage, nicht selten ohne Zutrauen zu sich selbst, stößt auf einen Psychotherapeuten, den er unter Umständen als überlegen, als gesund und kompetent erlebt. Vom Beginn der Therapie an befinden sich Therapeut und Hilfesuchender also in einer asymmetrischen Kommunikationssituation, bei welcher der Hilfesuchende der Unterlegene wäre, auch zum Opfer werden könnte, sofern sich der Therapeut entschließen würde, diese Situation auszunutzen. Dass er das nicht tut, ist alleine durch das therapeutisch Ethos gesichert, durch eine gute Ausbildung und durch Supervision, also durch eine Überprüfung des therapeutischen Handelns von außen (Hafke 1996, 70ff.).

Dennoch sind auch ganz normale psychotherapeutische Situationen nicht selten „narzisstisch aufgeladen" (Schmidt-Lellek 1995). Mancher Therapeut hält der Idealisierung, die der Klient auf ihn überträgt, nicht stand. Das ist schon in der normalen Therapie der Fall.

> *„Retter- und Erlöserphantasien lassen die Person des Therapeuten in einem Licht erscheinen, er sei etwas Besonderes, eine aus dem Alltäglichen herausgehobene Persönlichkeit, die priesterähnlich eine ‚höhere Wahrheit' vertrete bzw. verkörpere." (Schmidt-Lellek 1995, 173)*

Wie viel größer ist die potentielle narzisstische Versuchung unter dem Einfluss psychoaktiver Substanzen, sofern dann noch spirituelle Inhalte eine Rolle spielen! Wird der Therapeut mit persönlichen und überpersönlichen Hoffnungen und Phantasien seiner Klienten geradezu überschwemmt, so gehört schon eine fast übermenschliche psychische Gesundheit dazu, kein Opfer narzisstischer Neigungen zu

werden. Dabei ist keineswegs der Therapeut alleine der „Schuldige".
Auch etwa in einer sexuellen Missbrauchssituation in der
Psychotherapie wirken oft beide mit, der Therapeut und die Klientin
bzw. der Klient. Es geht dabei um ein zwar hoch problematisches,
aber gleichwohl wie Hand und Handschuh ineinander passendes
Zusammenspiel zwischen den an der Therapie Beteiligten (Tschan
2005).

Ungeachtet dieser Feststellung ist bei sexuellem Missbrauch der
Ausbeutungscharakter des therapeutischen Übergriffs in der Regel
deutlich erkennbar. Hier ist etwas schief gelaufen, was als
Möglichkeit in der therapeutischen Situation angelegt war. Weit
undurchsichtiger bleiben zumeist die anderen Formen
therapeutischen Machtmissbrauchs, insbesondere die
weltanschauliche Beeinflussung und Vereinnahmung. Diese laufen
auf so etwas wie eine ideologische Kolonialisierung des
Hilfesuchenden hinaus. Er wird gewissermaßen durch die Truppen
des Therapeuten „besetzt" und unterliegt dessen Missionierung.

Therapeutische Kolonialisierung kann von verschiedenen
Therapierichtungen ausgehen. Viele therapeutische Schulen enthalten
ideologische Momente, die durchaus umstritten sind. Der
wissenschaftliche Charakter therapeutischer Schulen wird zumeist
überschätzt. *Klaus Grawe* und seine Mitarbeiter, die die bislang
umfassendste Metastudie zur Wirksamkeit und zur
wissenschaftlichen Begründung von Psychotherapie vorgelegt haben,
sprechen von „Glaubensgemeinschaften" und von „therapeutischen
Ideologien". Der aktuelle Wissenstand der empirischen Psychologie
werde oft ignoriert, die Ideologie der entsprechenden Schulrichtung
stehe nicht selten eher im Dienste der Aufrechterhaltung der
Gruppenidentität als der Gesundheit der jeweiligen Patienten (Grawe
2001, 17ff.).

Dabei sind die herangezogenen Weltanschauungen und Ideologien
sehr unterschiedlich. Deutlich wird dies etwa bei der Beurteilung von
Spiritualität. Ist Spiritualität eine gerade noch tolerierbare Verirrung
oder bereits eine manifeste Neurose? Manche Psychoanalytiker oder
etwa die heutige „Daseinsanalyse" nehmen im Gefolge *Freuds* oder

Martin Heideggers eher Letzteres an (Holzhey-Kunz 2014). Genau entgegengesetzt sehen es andere psychotherapeutische Richtungen, bei denen Spiritualität ein Zeichen für seelische Gesundheit ist. Die Logotherapie *Viktor Frankls* wäre hierfür ein Beispiel oder die gesamte Richtung der Transpersonalen Psychologie. Um zu vermeiden, dass Klienten unterschwellig vereinnahmt und weltanschaulich kolonialisiert werden, sollte der Psychotherapeut seine eigenen weltanschaulichen Überzeugung den Patientinnen und Patienten nicht überstülpen, was angesichts seiner grundsätzlichen Überlegenheit nur schwer zu verwirklichen ist.

Das trifft insbesondere auf mehr oder weniger esoterische Therapierichtungen zu, sofern das Wort „esoterisch" hier einmal zur Kennzeichnung aller therapeutischen Ansätze herangezogen werden darf, die Spiritualität gewissermaßen zu ihrem Programm erhoben haben. Denn Therapeuten dieser Gruppe werden vermutlich vor allem mit der Erwartung aufgesucht, weltanschauliche Orientierung zu geben und weniger zur Behebung von konkreten Alltagsstörungen. Wird innerhalb eines solchen Erwartungsfeldes der Therapeut versteckt oder offen geradezu angefleht, weltanschauliche Lösungen zu bieten, so mag es schwer fallen, sich dem zu verweigern. Verfügt der Therapeut zudem über psychoaktive Substanzen, so ist die Verwandlung des seriösen Psychotherapeuten in den Heilsbringen geradezu vorprogrammiert. Fast schon unweigerlich verirren sich Klient und Therapeut im weltanschaulichen Höhenflug.

Und doch ist nur derjenige ein guter Psychotherapeut, der die Rolle des Heilsbringers und Erlösers ablehnt.

„Jeder Psychotherapeut", so der Arzt und Tiefenpsychologe Alphons Maeder, der das Problem untersucht hat, „steht in gewissen Situationen in der Gefahr" sich mit den Heilserwartungen seiner Patienten oder Klienten zu identifizieren. Sie können ihn in eine Art Hybris führen und zu Fall bringen. „Häufig kommt ganz unversehens der erste Anstoß von einer

schwärmerischen Erwartung seitens des Kranken, in ihrem Arzt den Retter zu finden. Wenn letzterer an diesem Punkt eine schwache Stelle hat, so wird er affiziert. Von nun an können beide sich gegenseitig anstecken und in eine unheilvolle Verstrickung geraten. Der Heilandswahn und die Vergötzung des Arztes sind die Folge davon. " (Maeder 26)

Aufschlussreich ist es, in diesem Zusammenhang zu fragen: Wer wird denn Psychotherapeut? Nicht selten sind es „verwundete Heiler", wie *C.G. Jung* diesen Menschentypus nannte, der dazu neigt, seine eigenen Verletzungen in den anderen zu kurieren. Oft haben Psychotherapeuten eine auffallend psychopathologische Entwicklung hinter sich (Piegler 2003, 108ff.). Und auch bei guter Ausbildung und guter Aufarbeitung ihrer eigenen Schwierigkeiten weisen Psychotherapeuten eine hohe psychische Erkrankungsrate, eine hohe Scheidungswahrscheinlichkeit und ein hohes Suizidrisiko auf (Hafke 1996, 74).

Insofern ist die Psychotherapie für den Psychotherapeuten nicht selten ein fortgesetzter Weg zur Selbstheilung, was nicht grundsätzlich kritisiert werden sollte, sofern der Therapeut die Fallstricke dabei unter Kontrolle hat. Doch damit alles glatt läuft, sind eine hervorragende Ausbildung und Supervision unabdingbar. Beides fehlt fast immer bei einer psycholytischen Therapie im Untergrund.

Der zentrale Faktor, um Weltanschauung in blinden Glauben zu überführen, ist eine Disposition, die offenbar bei nahezu allen Menschen zu finden ist, die sich in einer Orientierungskrise befinden. Es handelt sich um eine instinktive Bereitschaft, ja geradezu den Drang, die quälende Verunsicherung einer Lebenskrise durch eine schnelle und wirksame Beruhigung aufzulösen. Diese Beruhigung bietet unter Umständen ein Heiler an: er verspricht Entlastung und verfügt über letzte Wahrheiten. Befindet man sich in seinem Umfeld, so verschwinden die Ausgangsprobleme. Allerdings fordert der Übertritt in den Dunstkreis des Heilers einen Tribut: Die Bhagwan-Sekte nannte diesen Tribut die Haltung des *„surrender".* *Surrender* war die anerkannte Voraussetzung, um ein wahrer Bhagwan-Jünger zu sein (Klosinski 1985, 59ff.).

Schwer übersetzbar meinte *surrender* so etwas wie Verzicht, Demut, Kapitulation oder Unterwerfung. Versteht man unter *surrender* „Kapitulation", so illustriert das wohl am besten, was gemeint ist. Der Hilfesuchende kapituliert vor einer persönlichen Problemsituation, die er als heftige Überforderung erlebt. Er kapituliert vor dem Anspruch, sich in qualvoller Zerrissenheit mit den Widersprüchen und Konflikten seines Alltags noch weiter auseinander zusetzen. Das erschöpfte, durch innere und äußere Kämpfe geschwächte Ich wird geopfert und als Geschenk dem charismatischen Heiland dargereicht.

Jetzt haben das Zweifeln, Hinterfragen, die Unsicherheit in einer Welt voller Dissonanzen, ein Ende. In demütiger Unterwerfung und Ich-Losigkeit setzt die beglückende Symbiose mit dem charismatischen Befreier ein. Im Erlebnis des *surrender* wird Auflösung und Erlösung gefunden. Dabei ist die Verschmelzung mit dem Heiler für beide Seiten von Vorteil, denn auch die Neurosen des Charismatikers werden auf diese Weise beruhigt. Solange die entsprechende Kollusion wirkt, ist alles in Ordnung, zerfällt sie, etwa durch den Tod des Heilers, brechen die alten Probleme aufs Neue hervor.

Nach *Ken Wilber* wäre ein solches für die Anhänger eines Heilungskultes typisches *surrender* eine prä-personale Lösung des Lebensproblems, keinesfalls eine trans-personale. Diese Kritik trifft also gerade den spirituellen Kern solcher Kulte. In der indischen Tradition ist es zum Beispiel der „Blick" des Gurus, der den Adepten zum spirituellen Erwachen bringt. Solches mag auch heute noch in Indien zu einer trans-personalen Verwandlung führen. Von *Osho* direkt angeblickt zu werden, war zwar für viele Bhagwan-Anhänger eines der aufwühlendsten Ereignisse – im westlichen modernen Kontext führt der Guru-Blick jedoch nicht selten zu prä-personalen

Folgen.

Interessant ist im Übrigen, dass sich Kulte, die sich um einen Heiler geschart haben, nach dessen Tod recht schnell auflösen und von dessen Weltsicht weiterhin keine Rede mehr ist. Gemeinschaften, die sich um ihn gebildet hatten, scheinen also eher so etwas wie Selbstberuhigungszirkel zu sein. Man hat sich zusammen gefunden, um sich gegenseitig zu versichern, man habe die Lebensprobleme gelöst. Solange der „Guru" existiert, überzeugt das auch, ist er gestorben, wird es schwierig.

Kommen wir auf die psycholytische, insbesondere die „echte Psychotherapie" zurück, so unterliegt sie all den beschriebenen Gefährdungen in ganz besonderem Maße. In der Illegalität, jenseits jeder öffentlichen Kontrolle, wird sie jedenfalls kaum zu einem zuverlässigen Verfahren. Die schiefe Bahn, auf die Therapeuten und Klienten offenbar recht häufig geraten, entsteht aus der naheliegenden Zusammenführung von fast unvermeidlichen Strukturmomenten.

Da ist zum einen die grundsätzliche Machtüberlegenheit des Therapeuten. Sie trifft auf die Heilserwartung von Hilfesuchenden. Zusammen gehalten wird diese Verbindung eines Überlegenen mit Abhängigen durch die quasi magische Wirkung der psychoaktiven Substanzen. Wird dieses Gesamtkonstrukt einer undurchsichtigen und durch vielerlei Sehnsüchte und Hoffnungen aufgeladenen Konstellation dann noch unter ein strenges Schweigegebot gestellt und in ein Gewebe von Geheimnistuerei und mystisch-mysteriöse Auserwähltheits-Phantasien eingesponnen, so sind sämtlich Zutaten für die Entstehung eines sektenartigen und möglicherweise destruktiven Kultes vorhanden. Als verschworene Gemeinschaft in der Illegalität, in der alle voneinander abhängig sind, insbesondere der „Therapeut" von seinen Klienten, kommt es zu einer ungesunden Verstrickung, die eine angstfreie und professionelle Beziehung zwischen dem Arzt und seinen Patienten nicht mehr ermöglicht. Ein Psychotherapeut, der bei „Verrat" um seine Existenz fürchten muss, ist verwundbar und muss Strategien entwickeln, um sich gegen seine

Patienten zu schützen. Die in dieser Hinsicht naheliegende Strategie liegt darin, die zeitliche Begrenzung des Arzt-Patientenverhältnisses aufzuheben, um die Anhänger und Adepten auf Dauer fest an sich zu binden.

Tatsächlich läuft die psycholytische Psychotherapie im Untergrund offenbar nicht selten genau in diese Richtung. Der Dreh- und Angelpunkt der Umwandlung einer Therapiebeziehung in eine Kultgemeinschaft liegt in der Forderung, die so genannte Abstinenzregel aufzugeben und stattdessen durch eine „Freundschaft" zwischen Arzt und Patient zu ersetzen. Die kontrovers geführte Debatte um das Ausmaß des Abstandes, den ein Psychotherapeut gegenüber seinen Klienten einhalten sollte, kann hier nicht aufgerollt werden. Zwischen der Vorstellung, der Therapeut solle lediglich so etwas wie eine distanziert-anonyme Projektionsfläche sein und bereits das Handgeben beim Abschied sei verboten und der Möglichkeit, auch sexuelle Kontakte mit Klienten einzugehen, liegt eine große Spannweite.

Dass das als „Freundschaft" bezeichnete Konzept des Therapeuten-Klienten-Verhältnisses jedoch hoch problematisch ist, sollte seit den Todesfällen in Berlin 2009 überdeutlich geworden sein, da dieser Ansatz auch in der dortigen Gruppe galt und zu entsprechenden Problemen geführt hat. Im Prozess gegen den verantwortlichen Psycholyse-Arzt *Garri Rober* spielte diese Thema eine Rolle. Doch hier wie überhaupt im Hinblick auf jeden Versuch, von außerhalb kritische Anfragen an die Psycholyse zu richten, neigen die Anhänger der Untergrund-Psycholyse bzw. der „echten Psychotherapie" dazu, entsprechende Einwände als Unverständnis der „bösen Welt" abzutun, die nun mal keine Ahnung hat und nicht ernst genommen zu werden verdient (Urteil, 27).

Die Meisterschülerin *Samuel Widmers* und psycholytische Psychotherapeutin *Friederike Meckel-Fischer* hat in einem Buch dieses Konzept verteidigt. Wo stehe eigentlich geschrieben, dass zwischen dem Therapeuten und dem Klienten keine Freundschaft bestehen dürfe? Eine seltsame Frage. Ist sie echt gemeint, würde das bedeuten, dass *Meckel-Fischer* keine Ahnung von der umfangreichen Debatte um die Abstinenzregel hat, denn zu diesem Thema steht sehr viel geschrieben. Ist die Frage hingegen rhetorisch zu verstehen, so spiegelt sie eine Einstellung wider, die in der Psycholyse-Szene verbreitet zu sein scheint: Menschen, auch Wissenschaftler, insbesondere Kritiker, die nicht der Szene angehören, werden kaum noch ernst genommen. Ihnen fehlt die „höhere" psycholytische Weisheit! (Meckel-Fischer 2015, 43)

Jedenfalls geht *Meckel-Fischer* davon aus,

> *„dass der Therapeut eine Beziehung mit seinem Patienten haben sollte, die auf Freundschaft beruht."* *Auch die aktive Unterstützung und Teilnahme am Alltagsleben des Patienten sei in der Psycholyse geboten, sofern sich zeige, dass der Patient genau dieses benötige. „Unsere [in der Therapie mit psychoaktiven Substanzen] manchmal in schwierigen Situationen gemeinsam geteilten Erfahrungen, führen zu großer Nähe – zwischen den Klienten untereinander und zwischen mir und den Klienten. Wir werden Freunde." (Meckel-Fischer 2015, 43ff., Übers. H.P.W.)*

Doch gerade diese „Freundschaft" und die ausdrücklich vorgesehene steuernde Teilnahme am Alltag der Patienten könnte zum Problem werden. Denn die Therapeutin – von der Situation her überlegen an Macht und Einfluss – definiert deren Inhalte. Daher kann die strikte Ablehnung der psychotherapeutischen Abstinenzregel gerade in der Therapie mit psychoaktiven Substanzen als eindeutiges Kriterium dafür gelten, dass hier bedenkliche Strukturen eingekehrt sind und der Boden seriöser Krankenbehandlung verlassen wurde. Um eine Verweigerung jeder vernünftigen Reflexion und Debatte über diesen Punkt handelt es sich auf jeden Fall.

Grenze fünf: Therapie als Verschmelzung

Hinter *Meckel-Fischers* Ansatz steht ein Verschmelzungsmodell von Psychotherapie. Es spielt keine Rolle, ob dieses in jedem Falle voll ausgebildet auftritt, jedenfalls steuert es aus dem Hintergrund die therapeutischen Interventionen. Will der Hilfesuchende Entlastung erfahren, kann er das zeitweilig durch Verschmelzung erreichen und zwar in doppelter Richtung: einerseits mit dem Therapeuten und andererseits mit der Realität, was auf etwas Ähnliches hinausläuft, denn die „Realität" ist diejenige des Therapeuten.

Anders ausgedrückt: es findet eine narzisstische Aufladung statt, durch die der Hilfesuchende das Weltmodell des Therapeuten als sein eigenes adoptiert. Da er den Therapeuten als grandios erfährt, ist dieser Vorgang lustvoll. Anders ist es kaum zu erklären, dass überall dort, wo solche Verschmelzungen stattfinden, der Verzicht auf Autonomie, auf eigenes Entscheiden und auf eigene Weltinterpretation als angenehm, ja geradezu als begeisternd erlebt wird.

Der Vorgang selbst bleibt für die Beteiligten im Dunkeln. Nichts wird so heftig abgewehrt wie die Einsicht in eine narzisstische Verstrickung. Hierbei bricht die Frage nach den narzisstischen Anteilen in mystischen Erfahrungen bzw. in veränderten Bewusstseinszuständen, speziell den durch Drogen induzierten, erneut auf. Ist eine Therapie, wie es bei der „echten Psychotherapie", deren Vertreterin auf ihre Weise auch *Meckel-Fischer* ist, auf den regelmäßigen, zumindest sehr häufigen Gebrauch psychoaktiver Substanzen ausgelegt, so liegt das Abgleiten ins Prä-Personale insofern nahe, als die Kontrolle des Erlebten durch die vernünftigen Ich-Funktionen zunehmend unterbleibt. Das Prä-Personale ist aber zumeist das Narzisstische.

Außerdem wird eine gute Integration veränderter Bewusstseinszustände verhindert. Jedes Erleben im veränderten Bewusstseinszustand kann erst dann als integriert betrachtet werden, wenn es durch die Beurteilung und Bewertung des Normalbewusstseins hindurchgegangen ist. Das verlangt viel

Anstrengung außerhalb des psychedelischen Zustandes. Oben bin ich darauf eingegangen, inwiefern das Trans-Personale in Sinne *Wilbers* erst dann erreicht werden kann, wenn die Funktionen des Personalen, die sich in erster Linie in der Urteilskraft bündeln, voll zum Zuge kamen. Daher ist es auch in „therapeutischen" Gruppen wie denjenigen der „echten Psychotherapie" unumgänglich etwas zu tun, was in manchen esoterischen Kreis höchst unbeliebt ist: nämlich den gesamten Prozess einer gemeinsamen kritischen Analyse zu unterwerfen.

Leider steht uns dazu in der Regel kein eingeübtes Instrumentarium zur Verfügung, denn allzu leicht betrachten wir kritische Auseinandersetzung mit einer Thematik, jedenfalls sofern sie in Gruppen stattfindet, als „fruchtlose Diskussionen". Streitgespräche – so heißt es – bringen nichts. Intelligentes Hinterfragen ist in esoterischen Gruppen geradezu verpönt. Es habe keinen Sinn, „Mindfucking" zu betreiben, wo doch so viel bessere Mittel der Realitätseinsicht, zur Verfügung stünden, nämlich die Psychedelika.

Diese geradezu feindliche Einstellung gegenüber dem Denken und im Übrigen auch den empirischen Wissenschaften, trägt freilich in erster Linie dazu bei, dass der „Guru" der jeweiligen Gruppe unangreifbar wird. Er immunisiert sich gegen gegen jede Kritik, denn Kritik ist definitionsgemäß eine Tätigkeit, die auf sorgfältiger intelligenter Unterscheidung beruht, und der „Guru" will ja gerade nicht mit einem Wenn-und-Aber oder einem Sowohl-als-Auch konfrontiert werden. Urteilskraft aus dem Zentrum persönlicher Autonomie heraus könnte ihn ins Zwielicht setzen und relativieren. Naheliegend ist es daher, Kritik und Kritiker zu pathologisieren. Zweifler, Skeptiker, Abtrünnige sind „krank", Opfer ihrer „Abwehr", sonst würden sie die Weltsicht des Therapeuten teilen und sich in der Eucharistie der psychedelischen Verzückung mit ihm identisch fühlen.

Das Verschmelzungsmodell von Psychotherapie geht im Wesentlichen auf den Schweizer Psychiater *Samuel Widmer* zurück, der illegal mit psychoaktiven Substanzen arbeitet und innerhalb der letzten Jahrzehnte zahllose psycholytische Untergrund-Therapeuten ausgebildet hat, unter ihnen *Friedericke Meckel-Fischer*. Seinen Ansatz der „echten Psychotherapie" praktiziert er in einer Art Kommune, der „Kirschblütengemeinschaft", in der Nähe von Solothurn (Schweiz). *Widmer* bezeichnet seine Sicht des Therapeuten-Klientenverhältnisses als „therapeutischen Inzest". Was versteht er darunter?

Widmer ist eher ein charismatischer Guru als ein klarer Denker oder gar ein Wissenschaftler. Sein Inzest-Begriff (vor allem im Hinblick auf den von ihm so genannten „ehrbaren Inzest" zwischen Vater und Tochter, auf den hier nicht eingegangen werden soll) ist einigermaßen verschwommen. „Ohne Inzest keine Beziehung!" schreibt er (Widmer 2010, I, 229), was bereits zeigt, dass er den Begriff „Inzest" vielleicht nicht vollumfänglich so gebrauchen möchte, wie es dem Allgemeinverständnis entspricht.

„Inzest" steht, so scheint es, bei ihm für so etwas wie „totale Erotik", die irgendwelche Grenzen und Schranken nicht anerkennt. Auf einigen Seiten seines Buches „Das Inzestabu" (2010, I) gehen seine erotischen Phantasien mit ihm durch, wenn er etwa davon träumt, wie schön es wäre, einmal den Hintern einer Klientin „liebevoll zu bearbeiten" oder durch sie mit einer Liebesnacht beschenkt zu werden (Widmer 2010, I, 47ff.). Doch dass Solches nicht bloß naiv-lockere Phantasien sind, sondern zum therapeutischen Konzept gehört, wird deutlich, wenn man nachschaut, wie *Widmer* die Beziehung zwischen dem Psychiater und der Patientin oder dem Patienten versteht.

Soweit das aus seinen eher unklaren Schriften erschlossen werden kann, sieht er sie grundsätzlich als eine Beziehung zwischen reifen Erwachsenen und – wie es einer seiner Adepten ausdrückt – als ein „lebendiges, einmaliges, authentisches und erwachsenes Bezogensein von Du zu Du, das niemanden etwas angeht als die beiden selbstverantwortlichen Betroffenen." (Dreier 2015)

Innerhalb dieser Beziehung gelten keinerlei vorgegebene Tabus oder Verbote, die Regeln des Verhaltens werden ausschließlich von den Beteiligten selbst aufgestellt. Auch wenn bei *Widmer* nicht völlig deutlich wird, ob er diese Form der Freundschaftsbeziehung eher am Ende der Therapie erwartet oder in welchem Ausmaß sie sich – wie bei *Meckel-Fischer*, wenn auch dort weniger sexualisiert – bereits während des Therapieverlaufs selbst einstellt – auf jeden Fall ist es eine Beziehung, die sich auf alle Aspekte bezieht, selbstverständlich auch auf die sexuellen. Wichtig sei es, „sich ganzheitlich aufeinander einzulassen auf allen Ebenen, wirklich auf Tod und Leben." (Widmer 2010, I, 48f.)

Wer die therapeutische Beziehung in dieser Weise beschreibt, zeigt damit sehr deutlich, dass er die Eigenständigkeit des Klienten oder Patienten nur scheinbar respektiert und achtet. Denn die grundsätzliche Überlegenheit des Therapeuten, gesteigert durch den Nimbus des Heilers und charismatischen Gurus, der wie ein Priester heilige Substanzen austeilt, macht es ganz undenkbar, dass zwischen den an der Therapie Beteiligten Raum für ein wirklich ebenbürtiges Miteinander auf Augenhöhe bleibt.

Viel wahrscheinlicher ist es, dass der Therapeut eine Verschmelzung zwischen seiner eigenen Welt und derjenigen seiner Klienten herbeiführt. Dabei werden in erster Linie die Bedürfnisse des Therapeuten befriedigt, wobei die Klienten der Suggestion erliegen, es seien ihre eigenen.

Deutlich kommt die angezielte Verschmelzung zwischen Therapeut und Klient zum Ausdruck, wenn *Widmer* beschreibt, welche Rolle ihm selbst in dieser Beziehung zufällt. *Widmer* beansprucht für sich eine „höhere Bewusstheit", die das Erkenntnisniveau der Normalmenschen übersteigt. Mit diesem privilegierten Wissen und Erkennen „flutet" er nach eigener Aussage das Normalbewusstsein seiner Klienten. Der Therapeut – so *Widmer* –

> *„flutet mit seiner umfassenderen Bewusstheit und den reiferen Inhalten seines Bewusstseins – Liebe, Frieden, Losgelöstheit, Freiheit, Freude usw. – das Bewusstsein der Hilfesuchenden und gibt ihnen damit die Chance, neue Räume in sich zu entdecken [...]." Die „größere,*

umfassendere, ganzere Bewusstheit des Heilers" öffnet den Klienten „für das, was größer ist als er, was über ihn hinausgeht". (Widmer 2009)

Wo geflutet wird, besteht die Gefahr des Ertrinkens. Die höchste Flut herrscht bei diesem Psychiater offenbar, wenn die Wogen der „Liebe" über den Köpfen der Beteiligten zusammenschlagen. Denn *Widmers* Kommune ist eine Liebesgemeinschaft und – das ist gewiss keine üble Nachrede – im Sinne des Meisters eine Inzestgemeinschaft. Unter dem Oberbegriff Tantra und unter Drogeneinfluss kommt es zur erotischen Verschmelzung. Dann fallen die Grenzen, indem sich die manchmal bis zu hundert Klienten seiner Therapien nackt miteinander vereinigen. Jeder findet dabei seinen „Seelenpartner", was unproblematisch sei, weil wir in der Tiefe alle eins sind. Auch *Widmer* selbst vereinigt sich immer wieder mit Seelenpartnerinnen, den jüngeren von ihnen bevorzugt.

Zweifellos zielt solcherart Verschmelzung in die Richtung einer erotischen Mystik. Von dieser müsste hier die Rede sein, was aber zu weit führen würde. Keine Frage ist es jedenfalls, dass Sexualität zu spirituellen Intensiverfahrungen führen kann und daher in der Mystik ihren Platz hat. Stets war Mystik – etwa die mittelalterliche „Brautmystik", in der Nonnen die körperliche Vereinigung mit Christus halluzinierten (Störmer-Caysa 2004, 141ff.) – engsten mit Erotik verschwistert. Einer der wichtigen Ansätze, um mystisches Erleben überhaupt zu erklären, besteht in der Reduktion auf Sexualität, auf eine Art „theomanische Liebeserregung". Mystik wäre ein spiritueller Orgasmus, so etwas wie ein „Wollustkrampf" (Mattiesen 1925, 224ff.).
Die Übergänge in die sexuelle Pathologie sind jedenfalls fließend. Daher muss auch in diesem Bereich genau hingeschaut werden. Auf jeden Fall ist der Kontext von Bedeutung. Wird Sexualität Teil einer Szenerie, die auf das Verschwinden des kritischen Ichs und auf die Einbindung in eine tendenziell totalitäre Gemeinschaft ausgerichtet ist, so geht der transpersonale Gehalt der Mystik verloren.

Mystik resultiert nicht aus suggestiver Überwältigung, nicht aus einer Unterwerfung unter die Übermacht von Situationen und exotischen Erlebnissen, sondern bleibt grundsätzlich für Distanz und Urteil offen. Geflutet wird in der „echten Psychotherapie" jedoch nicht bloß das kleine Ich, dem angeblich „höhere Bewusstheit" fehlt, geflutet wird ebenso die Freiheit des Individuums, die unter dem Ansturm heftiger Einflussfaktoren kapituliert: sie ergibt sich der Überlegenheit des idealisierten Gurus, dem Bann der Gruppe, der Macht psychoaktiver Substanzen und der Kraft der stärksten Emotion, die wir kennen, der Sexualität.

Die Katastrophen der „echten Psychotherapie"

Aus der Kirschblütengemeinschaft *Samuel Widmers* wird eine Rebellion berichtet, jedenfalls von einem Ereignis, das manche Teilnehmer sehr verstörte. Das Geschehen ist charakteristisch, mitgeteilt wurde es mir von mehreren Augenzeugen.

Während einer Sitzung mit psychoaktiven Substanzen kommt es zu eigenartigen Vorfällen – ausgerechnet in einer Gruppe so genannter Meisterschülerinnen und Meisterschüler, an die *Widmer* sein Verfahren und seine Weltsicht weitergeben möchte, die also einmal selbst mit psychoaktiven Substanzen therapieren sollen. Bezeichnenderweise findet die Sitzung unter dem Thema „group of all leaders" statt und soll insofern wohl ein Versuch sein, Gemeinschaftsbildung auf der Basis von gleichrangiger Beteiligung zu vermitteln.

Der Prinzipal und seine Anima thronen wie stets in weißer Kleidung über den im Saal auf Matten liegenden Auszubildenden. Plötzlich beginnt ein Teilnehmer merkwürdige Töne von sich zu geben. Es hört sich wie die Ansage eine Anrufbeantworters an: „Sie haben acht neue Nachrichten. Nachricht Nummer eins."

Nun gut, jemand hat ein inneres Telefonerlebnis oder so etwas. Doch als die „Ansage" sich wiederholt und schließlich permanent wird, scheint hier irgendetwas Ungewohntes zu passieren. Immerhin geht es unter Einfluss von Substanzen um tiefe Einsichten, Liebe, vielleicht um Erleuchtung. Eine dauernde Telefonansage passt da nicht.

Dann hört man Beschimpfungen. „Du Arsch!" tönt es durch den Raum. Es folgen Flüche, Beleidigungen. „Blöde Sau!" ruft jemand, „Halt's Maul!" ein Dritter. Eine Professorin, eher für ihre Zurückhaltung bekannt, beginnt *Widmer* anzubelfern. Sie kritisiert ihn laut, macht ihn nieder. *Widmer*, ein Therapeut in Notwehr, verpasst ihr eine Ohrfeige.

Doch alles hilft nichts. Der Aufruhr weitet sich aus, Teilnehmer geraten in Erregung, rasten aus, beginnen zu toben. Die Hölle ist los. So greift *Widmer* zum letzten Mittel, um die Ruhe wieder herzustellen. Er erscheint mit Valium unter den lärmenden „Meisterschülern" und – so die Augenzeugen – „spritzt sie allesamt nieder".

Innerhalb kurzer Zeit glätten sich die Wogen. Der Aufruhr weicht einer bleiernen Reglosigkeit, entkräftet und frustriert landen die Teilnehmer in einem Scherbenhaufen. Es fühlt sich an, als habe die Druckwelle einer Bombe alle Fensterscheiben zertrümmert.

Die missglückte Seelenreise wird im Nachhinein nicht wirklich auf ihre Hintergründe hin besprochen. Stattdessen werden jene, die besonders ausgerastet waren, von den anderen Teilnehmern hart kritisiert. Das Sakrileg, den Prinzipal anzugreifen, gilt als schwerer Verstoß gegen die heilige Ordnung des „höheren" Bewusstseins. Und tatsächlich ist ein solche Massenhysterie unter LSD-Einfluss keineswegs ungefährlich. Wissen wir Menschen wirklich, was in uns steckt und vielleicht in einer solchen Situation heraus will?

Doch was wollte da heraus? Meine Interpretation lautet: Es war ein Befreiungsversuch. Denn die zwischen dem spirituellen Führer und den Heilsuchenden angezielte Verschmelzung lässt den für die Entwicklung des Personalen nötigen Abstand nicht zu. Symbiose verhindert, dass der polare Schatten des Verschmelzungsmodells ans Tageslicht kommt, der unvermeidlich unter der Oberfläche auch heftige Ambivalenzen verbirgt.

Denn die völlige Verschmelzung wäre zugleich der Tod. Auch liebendes Miteinander ist in aller Regel ein konfliktreiches Geschehen. Eher als der permanenten Umarmung entspricht es einem Tanz, der zwischen fast schon symbiotischem Gleichschritt und völlig eigenständigen Tanzbewegungen wechselt, die bloß noch durch den gemeinsam Rhythmus zusammen gehalten werden. Liebe hat etwas damit zu tun, dass wir diese Paradoxie aushalten, ihren Takt begreifen und uns auf den Tanz einlassen.

Die Teilnehmer an den therapeutischen Gruppen *Samuel Widmers* unterschreiben einen Vertrag, in dem sie versichern, während des Verfahrens nicht zu sterben. Und tatsächlich kann die Einnahme psychoaktiver Substanzen auch an die Grenze des Todes führen. Der Tod ist die völlig Aufhebung unserer Eigenheit, die letzte große Verschmelzung. Liebe und Tod sind Geschwister. Es gibt einen höchst luziden Text über den Eros aus der Feder des französischen Philosophen *Georges Bataille* (1897 – 1962), ein Buch mit dem Titel „Die Erotik" (Bataille 1994).

Wie viele Untersuchungen französischer Intellektueller ist er kein ausschließlicher „Kopftext", sondern zugleich ein „Bauchtext". Der Text ist für die Hartgesottenen unter den Nachdenklichen, denn er geht dem Thema Liebe und Tod an die Wurzel. „Im Übergang vom normalen Zustand zur Begierde wirkt die grundlegende Faszination des Todes", lautet einer der zentralen Sätze. Noch verstörender: „Die ganze erotische Veranstaltung ist eine auf Zerstörung der Struktur jenes abgeschlossenen Wesens ausgerichtet, das der Partner des Spiels im Normalzustand ist." (Bataille 1994, 20f.) Erotik, Sexualität zielen im Letzten auf die Auflösung aller Getrenntheit, sie enthalten ein für das Lebendige gefährliches Moment, nämlich das der restlosen Beseitigung dessen, was uns als Individuen, ja als atmende Einzelwesen ausmacht. Unsere tiefste Sehnsucht geht durch die Liebe auf den Tod und durch den Tod auf das EINE. Daher gab es in vielen Kulturen einen engen kultischen Zusammenhang zwischen Religion, grenzwertiger Ekstase und Sexualität (Schubart 1952).

Doch bevor wir sterben, wollen wir leben. Wir sind ambivalente

Wesen und die Verschmelzungs- und Todessehnsucht streitet heftig mit der Selbstbehauptung, ohne die wir nicht existieren können. Wo der Tod als das Ziel gefeiert wird, etwa im Sinne des Wahlspruchs der spanischen Faschisten „via la muerte!", es lebe der Tod!, wird der Selbstbehauptungswille bekämpft, was nicht lange gut gehen kann. Denn sofern wir leben, müssen wir ohne Wenn und Aber ein Individuum sein. Daher ist es eine Katastrophe, wenn Menschen, die leben wollen, in einer der Liebe verpflichteten psycholytischen Therapie den Tod finden.

Eine solche Katastrophe fand 2009 in Berlin statt. Sie wiederholte, wenn auch weit dramatischer, was zuvor bei einem Workshop der *Schweizerischen Ärztegesellschaft für psycholytische Therapie* (SÄPT) geschehen war, als ein Patient an der Droge Ibogain starb (Weigle 1992, 62). In Berlin therapierte der Arzt *Garri Rober*, ein „Meisterschüler" Samuel Widmers, der nach den Vorstellungen und Prinzipien des Solothurner Psychiaters arbeitete. Er hatte an der gerade berichteten *group of all leaders* teilgenommen, und reagierte, als sich in seiner Praxis eine Tragödie abspielte, nach dem Vorbild des Meisters – in diesem Falle aber mit tragischem Ausgang.

Auf meinem Schreibtisch liegt die Titelseite der *Bild*-Zeitung mit dem Foto *Garri Robers*. Er ist gerade verhaftet worden. Ein zierlicher Mann in mittleren Jahren wird von zwei Polizisten abgeführt. Schütteres graues Haar, ein feingeschnittenes Gesicht. Vermutlich liegen seine Hände auf dem Rücken in Handschellen. Ich versuche mir vorzustellen, was in diesem Mann vorgeht.

Es ist ja keine Frage, dass psycholytische Therapeuten Menschen mit hohem moralischen Anspruch sind. Auch *Rober* ging es um tiefe Einsichten in Liebe und Transzendenz. Auch bei ihm spielte Geld keine Rolle, wie sonst so oft im kommerziellen Zeitalter. Gewiss aber hatte sich *Rober* bereits in eine Art innere Sonderwelt zurückgezogen, die er mit seinen Klienten teilte: in eine Welt, die sich authentischer, bedeutsamer und in einem gewissen Sinn wirklicher anfühlt als das, was jenseits dieser Erlebensform als normaler Alltag betrachtet wird. In dieser Welt geht es um feine

Gefühle, um sensibles Nachspüren, um geistige Energien, um Kindheitserfahrungen, um verstorbene Eltern, um Ängste, um esoterische Sehnsüchte – und es kann schon einmal ein Engel durch den Raum schweben.

Natürlich ist auch von Tod und Sterben die Rede, aber der brutale Einbruch des wirklichen Sterbens und das schrille Sirenengeheul von Polizeiwagen ist in dieser Sonderwelt nicht vorgesehen.

Die Vorfälle am 19. September 2009 waren für die Beteiligten entsetzlich und traumatisierend. An diesem Tag treffen sich zwölf Therapieklienten sowie die beiden Therapeuten zu einem psycholytischen Wochenende. Angesagt ist „echte Psychotherapie". In der Bertramstraße im Berliner Ortsteil Hermsdorf hocken sie im Dachgeschoss von *Robers* Einfamilienhaus still im Kreis, aus der Stereoanlage tönt leise Musik. Jeder der Teilnehmer hat andere Motive: Thema sind Ängste, Depressionen, Sinnsuche, Eheprobleme und früher Missbrauch. Drei der Teilnehmer entscheiden sich, ohne Substanzen mitzugehen.

Gegen 12 Uhr überreicht *Rober* an die übrigen neun Teilnehmer Neocor in Kapselform, eine Designerdroge, die chemisch dem MDMA verwandt ist, etwa 13.30 Uhr betritt er mit einem Tablett den Raum, auf dem Gläser stehen. Es handelt sich um pulverisiertes MDMA, verrührt in Wasser, wie sich später zeigt in erheblicher Überdosis. Die Teilnehmer rühren um, feierlich wie bei einer Zeremonie trinken sie das Gebräu.

Allmählich verändert sich die Stimmung. Etwas Bedrohliches liegt in der Luft. Zwar ist es einige Zeit über noch nicht klar, ob dieses Bedrohungsgefühl gewissermaßen das Thema der gemeinsamen Reise ist und insofern zum inneren Prozess des psychedelischen Zustandes selbst gehört oder ob eine reale Gefahr im Anzug ist.

Als sich in *Robers* Therapieraum schließlich ein Horrorszenario entwickelt, glaubt der Therapeut zunächst noch, einer ungewöhnlich dramatischen, aber alles in allem fahrplanmäßigen Sitzung beizuwohnen. Einige Klienten fangen heftig an zu zittern, andere bekommen Krämpfe und wälzen sich am Boden, jemand erbricht sich, ein Mann reißt sich die Kleider vom Leib und schlägt um sich, so als wolle er imaginäre Feinde abwehren, andere weinen und schluchzen, ein Teilnehmer ist so nass geschwitzt, als sei er ins Wasser gefallen. Ein schrecklicher Geruch geht von ihm aus. Mit weit aufgerissenen Augen und verzerrtem Gesicht rutscht eine Frau auf den Knien durch den Raum.

Rober hält diese Vorfälle immer noch für eine Ausdrucksform im Rahmen der Therapie. Alle scheinen in ein gemeinsames inneres Erlebnis eingetaucht zu sein, das extreme Reaktionen provoziert. Er ruft den Teilnehmern zu: „Da müssen wir jetzt durch. Das ist das Böse in der Welt, das Böse in uns!"

Als aber ein 59jähriger Frührentner bewusstlos zusammenbricht, spitzt sich die Lage zu. Nun wird auch *Rober* klar, dass hier nicht „das Böse" am Werk ist, sondern schlicht der Tod. Der Frührentner rutscht willenlos an der Wand herab, schlägt rhythmisch mit den Armen und stößt unmenschliche Laute aus, bevor er das Bewusstsein verliert und schließlich stirbt. Teilnehmer berichten, er sei ganz schwarz im Gesicht geworden. Als sich ein 28 Jahre alter Student in Schmerzen windet, greifen *Rober* und seine Frau ein. Die Therapeuten versuchen es mit Valium-Spritzen und mit Morphin, so wie sie es in der Schweiz gelernt haben. Aber der Student windet sich im Todeskampf.

Nun schlägt die Aufregung in wilde Panik um. Die Angst wird so entsetzlich, dass schon dadurch Herz- und Kreislauf auf eine harte Probe gestellt werden. Wer psychedelische Zustände nicht von innen kennt, kann sich kaum vorstellen, was die Beteiligten aushalten mussten. Auf Grund von Blutuntersuchungen wurde später vermutet, dass sie bis zum Zehnfachen der üblichen Dosis erhalten hatten. Rober, zu diesem Zeitpunkt bereits selbst im LSD-Rausch, hatte sich beim Abwiegen des Pulvers vertan. So befanden sich die Teilnehmer gut zwölf bis 15 Stunden lang in einer inneren und äußeren Welt, die den schlimmsten Erfahrungen einer heftigen Psychose gleichen mochte. Ohne Traumatisierung überstehen dies nur Menschen, die frei sind von allen denkbaren psychischen Schwächen. Denn nach Beendigung des wie in einem grauenhaften Klartraum wahrgenommenen Horrors tritt ja nicht die Beruhigung ein, wieder in die Welt der Normalität und des Alltags zurückzukehren, sondern es bestätigt sich, dass diese Hölle Wirklichkeit war. Besonders galt das für einen Teilnehmer, der noch wochenlang im Koma lag und weitere Beteiligte, die unter heftigen Vergiftungserscheinungen litten.

Viel zu spät wurde der Notarzt angerufen. *Rober* und seine Frau taten alles, um ein Bekanntwerden der Drogensitzung zu vermeiden. So verteilten sie die Menschen in verschiedenen Räumen, verschwiegen deren Anwesenheit, erst die Einsatzkräfte entdeckten sie dort. Für *Ekkehard Neumann* (er hat sich im Internet geoutet, daher hier der Klarname), von dem noch die Rede sein wird, kam die Rettung im allerletzten Moment. Nach Zeitungsberichten erschien zunächst die Feuerwehr, drei Notärzte kamen per Hubschrauber. Später sei eine Hundertschaft der Polizei angerückt, die die in Panik geratenen und aggressiven Teilnehmer nur mit Mühe zur Ruhe bringen konnte.

Kann man diesen Meldungen trauen, so wäre dies ein Hinweis auf die eigenartige Selbstwahrnehmung der Gruppe. Offenbar empfanden sie das Auftauchen von Ordnungskräften nicht als Hilfe, sondern als Angriff. Zu verteidigen gab es für sie so etwas wie eine Insel der Seligen, die vom Unglück getroffen auch noch eine feindliche Invasion abwehren musste. Verteidigt werden musste auch ihr Idol – nämlich *Rober*.

Natürlich kann man von Polizisten nicht erwarten, dass sie wissen, wie man mit Menschen umgeht, die unter dem Einfluss von Psychedelika stehen. Aber stärker noch als die Drogenwirkung war sicher das Gefühl, zu einer Gemeinschaft der Auserwählten zu gehören. Auch die Berliner Gruppe hatte zumindest ansatzweise Züge einer Sekte.

Das bestätigte sich noch einmal vor Gericht. Als Zeugen schlugen sich Teilnehmer dort deutlich auf die Seite *Robers*, den sie nicht als Kurpfuscher, sondern als einfühlsamen Therapeuten schilderten. Sie verehrten ihn und erhofften sich spirituelle Erleuchtungen. Eine deutliche Ausnahme machte allerdings der durch den Zwischenfall gesundheitlich schwer geschädigte *Ekkehard Neumann*. Für ihn war *Rober* „ein machtbesessenes Schwein" (half dead). Doch davon im nächsten Kapitel.

Die Berliner Vorfälle waren eine Art Supergau der psycholytischen bzw. der „echten" Psychotherapie. Im Grunde war es der Nachweis, dass Sinn- und Heilsuche mit psychoaktiven Substanzen verkappt als „Psychotherapie" lebensgefährlich sein kann.

Auch die Ereignisse im Handeloh im Landkreis Harburg sechs Jahre später zeigten mehr als deutlich, wie riskant das Verfahren ist. Anfang September 2015 läuft eine Veranstaltung aus dem Ruder, an der vorwiegend Heilpraktiker und Ärzte teilnehmen. Die Therapeuten der Gruppe sind bei *Samuel Widmer* ausgebildet worden. Der Leiter gilt als „Kronprinz" *Widmers*, und zählt zu dessen engstem Umfeld. Es handelt sich um eine Fortbildungs- oder Ausbildungsgruppe in „echter Psychotherapie". Nach einer vermutlich mehrfachen Überdosierung von 2C-E, einer synthetischen Droge mit halluzinogener Wirkung (Shulgin 1995, 515f.), wälzen sich 29 Teilnehmer auf dem Seegrundstück eines Seminarhauses am Rande der Lüneburger Heide. Panisch waren sie aus dem Seminarraum gestürzt, torkelnd, schreiend, stöhnend und sich übergebend klagen sie über Krämpfe, Luftnot und Herzrasen. Mit einem Großaufgebot von 25 Fahrzeugen sowie Hubschraubern rücken Notärzte und Sanitäter an. Auch Polizei und Feuerwehr sind vor Ort. Auf Rettungsliegen geschnallt werden die Teilnehmer in die umliegenden Krankenhäuser transportiert. Erfahrene Rettungskräfte bestätigen, dass sie eine so chaotische Situation noch niemals erlebt hätten.

Nach so vielen bedenklich Zwischenfällen bei der Ausübung der „echten Psychotherapie", speziell den Katastrophen in Berlin und Handeloh, fragt es sich, wie ihr Erfinder *Samuel Widmer* dazu steht. Sein Rezept ist stets das gleiche: So lange es geht, leugnet er, eine Verbindung zu den entsprechenden Vorfällen zu haben. Entweder kennt er die entsprechenden Therapeuten nicht mehr oder hat jedenfalls mit deren Methoden nichts wirklich zu tun. Die Geschädigten lässt er links liegen, auf den Internetseiten der Kirschblütengemeinschaft wundert man sich, dass solche Dinge überhaupt passieren konnten. Aussteigern und Kritikern der „echten Psychotherapie" ergeht es nicht anders: Sie werden von *Widmer* verleugnet und als pathologische Fälle denunziert, gerichtlich wird gegen sie vorgegangen.

Ekkis Tragödie – wie Psycholyse einen Menschen zerstört

Die Tragödie, in die Ekki verwickelt wurde, muss hier erzählt werden, damit sie wenigstens einmal zusammenhängend dargestellt worden ist, bevor sie vollständig der Vergessenheit anheimfällt. *Ekkehard Neumann* wurde in der Psycholyse-Szene Ekki genannt. Er hat sich im Internet geoutet, daher hier der Klarname. Ekki wäre heute tot, wenn ihn nicht Rettungskräfte rechtzeitig entdeckt hätten. Man hatte ihn in ein Nebenzimmer gelegt, während im Behandlungszimmer das Chaos ausgebrochen war, damals auf jener Horrorsitzung am 19. September 2009 in Berlin.

Erschüttert liest man im Internet unter dem Adresse „half dead" wie das Leben Ekkis – ihm an sich schon eher eine Last – endgültig in die Zerrüttung getrieben wurde. Was mit großer Hoffnung auf die Erleuchtung durch *Samuel Widmer* und mit Vertrauen in die Fähigkeiten des Untergurus *Garri Robers* begann, endete in der Verzweiflung und der festen Überzeugung, man habe ich umbringen wollen. Ekki ist ein Beispiel dafür, wie die Nutzung psychoaktiver Substanzen einen Menschen restlos erledigen kann. Tot zu sein, wäre vielleicht gnädiger. „Ich frage mich manchmal auch heute noch, ob es aufgrund der Folgeschäden nicht besser gewesen wäre, wenn ich weggeblieben wäre," sagt Ekki.

Ekkehard Neumann hatte im Leben wenig Fortune. Erfolglos brach er ein Medizinstudium ab, er arbeitete bei VW am Band, wurde schließlich Lehrer in Transzendentaler Meditation, Yoga und Atemtherapie, schließlich lebte er von Harz IV. Große Hoffnungen setzte er in eine Ausbildung zum psycholytischen Therapeuten bei *Samuel Widmer*. *Garri Rober*, der damals *Widmers* Assistent war, lernte er in Lüsslingen-Nennigkofen bei Solothurn in der Schweiz kennen. Dort hat die Kirschblütengemeinschaft ihren Hauptsitz. In Berlin begab er sich bei *Rober* in Behandlung. Und weil *Rober* im Sinne der „echten Psychotherapie" das Arzt-Patienten-Verhältnis als „Freundschaft" verstand und die Gruppen, die er leitete, im Sinne *Widmers* als „Gemeinschaft", kam er seinem Therapeuten dort sehr nahe, hoffte bald selbst im Sinne *Robers* therapieren zu können, sei es als dessen Begleiter, sei es in dessen Räumen.

Am 19. September 2009 begibt sich *Ekkehard Neumann* in die Berliner Bertramstraße zur Gruppensitzung mit psychoaktiven Substanzen unter der Leitung von *Garri Rober* und dessen Frau. *Rober* wirkt an diesem Tag schlecht gelaunt, wird ungehalten, als ein Teilnehmer während einer Ruhepause hüstelt. Er stimmt die Teilnehmer auf die Einnahme von Neocor und von MDMA ein. Drei der Teilnehmer entscheiden sich, keine Droge zu nehmen. Zunächst verabreicht Rober Kapseln mit Neocor und schließlich MDMA in Pulverform, aufgelöst in Wasser.
Dabei unterläuft *Rober* beim Abwiegen der Menge ein schwerwiegende Überdosierung. Bereits das Zwei- bis Dreifache könnte in bestimmten Fällen zum Tod führen. MDMA ist eine gefährliche Substanz. Niemals ist klar, woher die illegalen Substanzen stammen, China kommt in Frage, ein Chemiker aus der Szene, nicht selten ist *Samuel Widmer* der Zwischenträger, der Substanzen nicht nur anwendet, sondern auch verkauft. Doch woher *Widmer* die Drogen bezieht, weiß niemand.
In Berlin treten schon nach einer Viertelstunde die ersten starken Reaktionen auf. *Neumann* beginnt heftig zu zittern, hat Schweißausbrüche, kann nicht mehr richtig sprechen. Ein Teilnehmer krampft mit den Beinen, schluchzt, stöhnt, läuft blau an – wenige

Stunden später ist er tot. Andere Teilnehmer schreien und entledigen sich der nass geschwitzten Kleider. Jemandem sabbert, bräunliche Flüssigkeit rinnt ihm aus dem Mund. *Neumann* hat so heftige Spasmen, dass unfähig ist, zur Toilette zu gehen. Gruppenmitglieder, die keine Drogen genommen haben, führen und stützen ihn.

Nun interveniert *Rober* mit Valium und Morphin, die Teilnehmer werden im Haus verteilt, *Neumann* wird in ein Nebenzimmer gebracht. Doch erst um 15.20 Uhr alarmiert die Frau des Therapeuten die Feuerwehr. Ein einziger panischer Gedanke scheint die Therapeuten zu beherrschen: Auf keinen Fall darf die Polizei erfahren, dass hier eine Drogensitzung stattfindet. Als die Rettungskräfte erscheinen, wird also zunächst so getan, als handle es sich nur um einen einzigen Geschädigten. Dass noch andere Menschen im Haus sind, Menschen, die im Sterben liegen, wird verschwiegen. *Neumann* ringt unterdessen im Nebenzimmer des Gruppenraumes mit dem Tod. Erst als die Rettungskräfte das gesamte Haus durchsuchen, stoßen sie auf ihn, der alle Anzeichen eines Kreislauf- und Multiorganversagens zeigt.

Tagelang schwebt *Neumann* zwischen Leben und Tod. Als er im Krankenhaus aus dem Koma erwacht, kann er sich zunächst nicht orientieren, weiß nicht, was geschehen ist. Mit großem Glück habe er eine Drogenvergiftung überlebt, erklärt man ihm. Zwei Menschen seien gestorben. *Neumann* wird in eine Psychiatrie überführt, in die geschlossene Abteilung. Horror pur sei es gewesen, so berichtet er, keine abschließbaren Schränke, krank und völlig durcheinander irritiert ihn, dass ein Fremder seine Hose anhat und es ihm nicht gelingt, sie diesem wieder abzunehmen. In jeder Beziehung ist er hilflos. Selbst seine Zähne kann er nicht mehr wie früher putzen, seine Motorik versagt, er braucht beide Hände dazu.

Doch kaum ist *Neumann* wieder halbwegs hergestellt, kommt ein neues Problem auf ihn zu: Gruppenteilnehmer, schließlich eine Anwältin, legen ihm nahe, die Beschaffung und Weitergabe der während der Todessitzung konsumierten Drogen auf seine eigene Kappe zu nehmen. *Garri Rober* wäre wenigstens in diesem Punkt entlastet. Aufgrund seines Zustandes sei *Neumann* haftunfähig, auch wolle man eine solche Aussage finanziell vergüten. *Neumann* ist empört, lehnt ab, versteht die Welt nicht mehr. Hilfesuchend wendet er sich an *Samuel Widmer*, der ihm anbietet, in einem „Meisterkurs" das gesamte Thema aufzuarbeiten, gegen Bezahlung versteht sich.

Welch absurde Welt der „echten Psychotherapie"! Unter Leitung eines Untergurus, der in Lüsslingen-Nennigkofen gelernt hat, kommen Menschen zu Tode, es entsteht ein Horror ohnegleichen. Um den Unterguru zu schützen, sucht man sich den Schwächsten der Gruppe aus und schlägt ihm vor, sich als Bauernopfer bereit zu halten. Wenigstens die Anlieferung und Weitergabe der Drogen wäre damit gerichtlich aus dem Schussfeld. Gedeckt wäre damit zugleich jener Mann, auf dessen Verfahrensweisen alles zurück geht, *Samuel Widmer*. Er ist die die Achse und der Drehpunkt des gesamten Unternehmens, des Geredes von Liebe, Gemeinschaft und von psycholytischer Erleuchtung. *Rober* nimmt zwar schließlich alle Schuld auf sich, muss endlich zugeben, dass auch er etwas mit Drogen zu tun hatte, doch nur, weil Ekki sich weigert, sich wegen der guten Sache noch mehr in die Bredouille zu bringen.

Neumanns Kurzzeitgedächtnis ist schwer geschädigt, andauernd hat er Nervenschmerzen in Händen und Füßen, seine Arbeitsfähigkeit, seine Potenz sind dahin, ständig tauchen neue Folgestörungen auf, das Leben ist ein einziger Zusammenbruch. Aber insbesondere ist sein tiefster Glaube gestorben: der Glaube an die spirituelle Verheißung, an die Liebe in symbiotischer Gemeinschaft, an die Freundschaft, ja Bruderschaft mit dem Guru und Unterguru. Der Ich-Tod, als letztes Ziel nach *Widmers* Lehre oft beschworen, hat sich in die fratzenhafte Realität von wirklichem Tod und Leiden verwandelt – und genau in diesem Moment zerbricht alles, was in vielen Gruppensitzungen immer aufs Neue als psychedelische Wahrheit erfahren wurde: es entpuppt sich als eine Illusionswelt.

In diesem Augenblick kippt bei *Neumann* die uneingeschränkte Bewunderung des Untergurus um in den Hass. Es ist einfach unmöglich, aus einer Welt so hehrer Ideale und Wünsche herausgeschleudert zu werden, sich unvermittelt körperlich und seelisch als Krüppel wiederzufinden, ohne das Objekt der vorherigen Anbetung zum plötzlichen Gegenstand des Abscheus zu machen. *Neumann* stellt also eine These auf, die ihm alles zu erklären und mit Sinn zu erfüllen scheint, wenn auch mit einem negativen: Das Ganze war eine geplante Mordaktion *Robers*, der nicht die beiden Verstorbenen, sondern ihn, *Ekkehard Neumann*, habe umbringen wollen! *Neumann* kann einfach nicht glauben, dass sich *Rober*, versiert und erfahren im Abwiegen von Substanzen, einen so groben Fehler geleistet haben könnte. Es gehe um keinen Auswiegungsfehler, sondern um versuchten Mord.

Allerlei Argumente findet er, weshalb es *Rober* auf ihn abgesehen hatte. Unmöglich ist es ihm zu akzeptieren, dass alles auf Verwirrung, auf Ideologie, auf der Unfähigkeit beruht, vernünftig mit dem Gebrauch psychoaktiver Substanzen umzugehen. So übernimmt Ekki das schon innerhalb des Paralleluniversums der „echten Psychotherapie" eingetrübte Denken und Urteilen auf die neue Ebene seines Hasses. Aus weiß wird schwarz, aus hell wird dunkel, was im Hinblick auf Gurus und auch auf Untergurus allemal im Unbewussten lauert, nämlich das Gegenteil der Bewunderung, bricht hervor und fixiert das Bewusstsein. Aus der Obsession formt sich das neue Lebensthema, entsteht eine neue Art von Sinn. Bis an sein Lebensende wird Ekki daran gefesselt bleiben.

Ach, Ekki! Kaum jemand seiner ehemaligen Freunde der psycholytischen „Gemeinschaft" wird seinen Spitznamen noch in liebevoller Weise nennen. Nun steht er vollkommen alleine da. Sein alter Vater starb während jener kritischen Zeit, seine Mutter versuchte ihn zu stützen, musste jedoch angesichts des Elends zunehmend selbst gestützt werden. „Meine Verzweiflung ist grenzenlos!" schreit Ekki in die Welt hinaus. Doch keiner hört es. Auf dem kleinen Blog, den er im Internet einrichtete, sind drei Briefe von ihm gepostet, einer davon an *Samuel Widmer*. Antworten, Kommentare, Reaktionen irgendeiner Art blieben seit 2011 aus.

200

Ekkis Tragödie ist im Lärm des täglichen Weltgetümmels untergegangen.

Daher soll Ekki noch einmal selbst zu Wort kommen:

> *„Unterdessen bin ich total vereinsamt, ein vergrätzter alter Mann, vor dem Ereignis mit 55, fühlte ich mich wie 45. Jetzt fühle ich mich wie 80, die Schäden, die ich durch die Vergiftung genommen habe, werden für mich immer deutlicher fühlbar, ich muss um alles [...] kämpfen, bin eigentlich zu schwach, aber keiner hilft mir [...] Ich bin mit dem kläglichen Rest meines Lebens total allein, keiner fühlt sich verantwortlich, die Maßnahmen, die helfen würden, werden nicht finanziert. Somit bleibt mir eigentlich keine Hoffnung mehr, ein menschenwürdiges Leben zu führen. Ekkehard Neumann"*

Samuel Widmer – Halbgott in weiß

Samuel Widmer habe ich ein einziges Mal persönlich gesehen. Mit einer kleinen Gruppe war er vor der Staatsanwaltschaft Solothurn im Gespräch und hatte gerade eine „Konfrontation" mit einer ehemaligen Anhängerin hinter sich. Nach Schweizerischer Strafprozessordnung hat ein Beschuldigter das Recht in einer „Konfrontation" dem Belastungszeugen Fragen zu stellen oder stellen zu lassen. Ein mittelgroßer Mann in langer heller Jacke, Ende sechzig, er kehrte mir den Rücken zu. Der richtige Augenblick, ihn anzusprechen war es nicht, unterdessen gehörte ich zur Gegenseite jener Front, die im Streit um *Samuel Widmer* aufgerissen worden ist. Zum soundsovielten Male schien es *Widmer* an den Kragen zu gehen, immer wegen der gleichen vermuteten Delikte: Besitz und

Weitergabe von Drogen.

Zuhause kramte ich die Postkarte aus den Neunzigerjahren heraus, die ich immer noch aufbewahrte und auf der mich *Widmer* herzlich einlud, an seinen Gruppen teilzunehmen. Ich war damals nicht darauf eingegangen, sondern gesellte mich zu einer seiner Schülerinnen. So lernte ich *Widmer* nicht direkt, sondern nur indirekt kennen.

Zunächst durch Texte, die während der Einnahme psychoaktiver Substanzen verlesen wurden. Es ging um die Liebe und wie man zu ihr kommt, indem man Schicht für Schicht zu ihr hinabsteigt. Ich fand diese Texte passend, ihren Sinn verstand ich, nur manchmal hätte ich mir weniger Worte gewünscht, *Widmer* fällt es schwer, etwas auf den Punkt zu bringen.

Ich las *Widmers* Buch „Ins Herz der Dinge lauschen". Jedenfalls versuchte ich es, scheiterte aber schließlich wie an allen *Widmer*-Büchern, obwohl dieses erste Buch weniger zusammengewürfelt und weniger weitschweifig ist als seine anderen. Die Schalentheorie der Seele, die nicht von ihm ist, leuchtete mir ein, insgesamt gefiel mir das Rebellische an *Widmer,* ich vermeinte die Stimme der 68ger-Generation zu hören, als psychoaktive Substanzen noch Mittel der Revolution waren. *Widmer* – so schien es – war ein Schweizer *Timothy Leary,* vielleicht ein wenig behäbiger, aber doch grundsätzlich ein Kämpfer für die Freiheit es Individuums.

Über viele Jahre hinweg kümmerte ich mich nicht um das Thema *Widmer.* Ab und zu klickte ich die Homepage der *Kirschblütengemeinschaft* an und fragte mich, ob ich da mitmachen sollte. Liebe ist wahrlich eine gute Sache und Tantra – ja vielleicht wäre das was für meine Sexualität auf die alten Tage.

Doch da waren die Erfahrungen in einer Gruppe mit einer seiner Schülerinnen. Wie hier das Leben der Beteiligten durch die Meisterin dirigiert wurde, schien mir nun überhaupt nicht mehr mit den Zielen er 1968-Rebellion vereinbar. Als ich in der 68-Zeit sozialisiert wurde, war es für mich um die Befreiung aus autoritären Zwängen und aus einer Welt gegangen, die den bisher größten Krieg und die bislang umfangreichste Menschenschlächterei der Geschichte hervorgebracht hatte. Doch diese Therapeutin schien sich zunehmend von *Widmer* ab- und *Bert Hellinger* zugewendet zu haben. Oder war das der erste Hinweis, dass zwischen den beiden Obergurus kein wirklich großer Unterschied besteht?

Bert *Hellinger* also. Was ist es eigentlich, was mich an der Person *Bert Hellinger* so stört und an der von ihm ausgestreuten Ideologie? Es ist der Anspruch, den totalen Durchblick zu haben, besser als viele andere Menschen in eine geheimnisvolle Tiefe zu „sehen" und dabei eine eigenartig afrikanisch geprägte Welt der „Ahnen" zu erblicken. *Hellinger* ist ein Magier, der seine Phantasien den Leuten als absolut gültige Wahrheit suggeriert, er liefert Interpretationen, die keinen Widerspruch dulden und das in jenen Momenten, wo sich die als Familien aufgestellten Menschen im „wissenden Feld" wie unter dem Einfluss psychoaktiver Substanzen befinden.

Allwissenheitsgetue, Sehertum, autoritäres Denkverbot – ich kann sie nun mal auf den Tod nicht leiden, das war schon vor 1968 so, als ich auf der Schule nicht gut tat, wenn meine Lehrer zu deutlich ihre kaum kaschierte Nazi-Gesinnung herausließen.

Angesichts der Simplizitäten der *Hellinger*-Philosophie und der Beobachtung, wie kritiklos die Leute damit umgehen, schwanke ich zwischen arroganter Verachtung und zorniger Wut. Schwer fällt mir die Übung, einfach sein zu lassen, dass es stets beschränkte Menschen gibt und auch Demagogen. Und um es noch einmal zu betonen: Die Familienaufstellung selbst – ideologiefrei versteht sich – halte ich für eine gute Sache, doch sie stammt ja nicht von *Hellinger*.

Und *Widmer*? Aussteiger aus seiner Szene versicherten mir, gerade mich hätte *Widmer* garantiert eingewickelt und vielleicht haben sie recht. Auch ich mag an erleuchtete Menschen glauben, gerne wäre ich mit dem ganzen Fragen und skeptischen auf die Goldwaage legen, ein für alle mal durch. So aber, wie ich gestrickt bin, wird das wohl vor meinem Tod nicht mehr eintreten. Wahrscheinlich hätte ich ein paar hübsche Zeiten mit *Widmer* erlebt, um ihn dann umso gründlicher auseinander zu nehmen. Mein spiritueller Weg ist derjenige beharrlichen Schürfens, dabei sind meine Vernunft und meine Sprache die Spitzhacken, ich liebe deutliche Unterscheidungen, aber auch gute Synthesen, und nichts will ich bloß vom Hörensagen übernehmen. Was ich zu wissen glaube, das weiß ich selbst und ich weiß genau, warum und weshalb. Letztlich ist mir meine Suche eine zu ernste Sache, als dass ich sie vorschnellen Antworten oder gar narzisstischen Demagogen ausliefen möchte.

Längere Zeit, nachdem ich die Psycholyse-Gruppe verlassen hatte, an der ich während einiger Jahre teilnahm, wurde die Therapeutin dieser Gruppe angezeigt und verurteilt. Ich wollte wissen, was die Gründe waren. Frappiert war ich, wie weitgehend sich diese Gründe mit meinen eigenen bedenklichen Erfahrungen deckten. Die anzeigende Person war weder eine „Verräterin", noch von bösen oder pathologischen Motiven angetrieben, sondern ein sehr selbständiger und urteilsfähiger Mensch, jemand der schwer mit sich gerungen hatte, ob er zur Polizei gehen sollte.

Seitdem finde ich weniges so albern wie das „Sehen", „Spüren", „Wähnen" und „Wissen", das nach der fünften Einnahme von MDMA oder LSD und unter Anleitung psychedelischer Gurus „höhere" Weisheit und den totalen Durchblick verleiht. Psychoaktive Substanzen sind eine gute Sache, doch man sollte sich nicht durch „echte" Therapeuten in diese Erfahrungen hinein quatschen lassen, ob sie nun von *Hellinger* inspiriert sind oder von *Widmer*. Das Leben ist so schon schwierig genug. Allerdings gibt es so etwas wie höhere Weisheit tatsächlich, psychoaktive Substanzen können Dienste leisten, diese zu finden, doch im Grund ist die höchste mystische Weisheit völlig identisch mit erleuchteter Lebenspraxis oder wenigstens der Bemühung darum. Esoterisches Getue ist überflüssig.

Zusammen mit *Gabriele Markert* veröffentlichte ich ein Buch über unsere Erfahrungen mit der Psycholyse im Untergrund (Waldrich/Markert 2014). In diesem kam *Widmer* recht gut weg. Immer noch unterstellte ich ihm eine 68ger-Mentalität. Doch dann meldeten sich Kritiker. *Widmer* sei ganz anders, als ich es darstelle. Viele dieser Kritiker suchte ich auf. Stunden- und tagelang setzte ich mich mit ihnen zusammen, hörte sie an, fragte nach, wollte verstehen. Ich wurde mit Material versorgt, las nach, selbst *Widmers* anstrengende Schriften studierte ich aufs Neue. Was ging da vor sich in Lüsslingen-Nennigkofen?

Unser Buch schien Wirkung zu entfalten. Wir hatten uns aus dem Bann gelöst, der durch das Schweigegelübde auf jeder Psycholyse-Sitzung aufs Neue bekräftigt wurde. Anfang 2015 strahlte die ARD die Sendung „Scharlatane" aus, die bei *Widmer* zu einer Hausdurchsuchung führte. Kritiker traten nun öffentlich auf. In großen Zeitungen erschienen einschlägige Artikel. Weitere werden folgen. Die Solothurner Staatsanwaltschaft rührte sich wieder. Auch wenn es hier nur um das nebensächliche Drogenthema geht, ist doch wenigstens Bewegung in die Angelegenheit gekommen. Die wirklich wichtige Frage steht nun im Raum: Ist *Widmers* „echte Psychotherapie" vielleicht eine Art Kult, eine Verführung, eine Gehirnwäsche?
Spät also korrigierte ich mein Urteil über *Widmer*. In seinen Schriften gefiel mir vieles nicht. Arroganz kenne ich bei mir selbst, aber *Widmers* Arroganz ist von anderer Art: Schwer erkennbar versteckt sie sich hinter der freundlichen Selbstverständlichkeit, die Erleuchtung in Person zu sein. Etwa wenn *Widmer* sich in der Auseinandersetzung mit seinen alten Freunden aus der *Schweizerischen Ärztegesellschaft für psycholytische Therapie* auf seine „höhere Bewusstheit" beruft und glaubt, deren Bemühung um wissenschaftliche Standards als kleinkariert verurteilen zu müssen, oder wenn er auf seinem„therapeutischen Inzest" besteht, bei dem er seine Klienten „flutet", fest überzeugt, dass die von ihm verursachte Flut ein wärmendes Südseegewässer ist an sonnigem Strand. Dass dort auch Tsunamis heranbrausen können, kommt bei ihm nicht vor.

Tatsache war, dass es den Menschen, die mit *Widmer* Schwierigkeiten bekommen hatten, gar nicht mehr zum Lachen zumute war. Sie rangen darum nach langen Jahren der Verführung wieder zu sich selbst zu finden. Dabei kam eine höchst unschöne

Seite *Samuel Widmers* zum Vorschein: Wer sich von ihm abwendet, wird verleugnet. Da *Widmer* Psychiater ist, wird der Kritiker pathologisiert, das heißt, es wird ihm eine Krankheit angedichtet. So lernte ich den rebellischen Bekenner *Widmer* auch als Leugner und wenn man so will auch als Lügner kennen. Er leugnet auch, dass er irgend etwas mit den Todesfällen 2009 in Berlin oder mit der Psycholyse-Katastrophe 2015 in Handeloh bei Hamburg zu tun haben könnte. Dabei wurden beide Gruppen von seinen engsten Meisterschülern geleitet und die Methoden des Verfahrens und auch alles, was es dabei zu fühlen und zu denken gibt, entsprachen eins zu eins demjenigen, was *Widmer* weitergibt. Ein Fahrlehrer werde auch nicht für die Unfälle verantwortlich gemacht, die seine Fahrschüler später verursachen, rechtfertigt sich *Widmer*. Mag aber sein, dass der Fahrlehrer eine verkehrte Art des Fahrens lehrt, zum Beispiel man müsse grundsätzlich auf der linken Straßenseite fahren, was sich dann in der Praxis nicht bewährt.

Ist *Widmer* also ein „ein größenwahnsinniger Idiot, der Geld hat, sich unter unserer Rechtsprechung alles leisten zu können" wie *Ekkehard Neumann* schreibt, der auf der Todessitzung in Berlin 2009 schrecklich geschädigt wurde? (half dead) Sind *Neumanns* Hilfeschreie im Internet in Lüsslingen-Nennigkofen gehört worden? Hat *Widmer* dem in jeder Hinsicht armen Mann geholfen, der sich als Hartz-IV-Empfänger die notwendigen medizinischen Anwendungen nicht leisten kann, *Widme*r, der vermutlich Millionär ist?

Er verabreiche niemals verbotene psychoaktive Substanzen lügt *Widmer* öffentlich seit Jahren. Doch vielleicht ist Leugnen und Lügen unvermeidlich, wenn man in der Illegalität „therapiert". Andererseits würde auch Aufrichtigkeit nicht den Weltuntergang bedeuten, was der Fall der Widmer-Schülerin *Friederike Meckel-Fischer* beweist, die nach ihrer Verurteilung zu einer Geld- und Bewährungsstrafe sogar von der „Gnade des Verrats" spricht.

In einem schönen Text assoziiert ein Jünger *Samuel Widmers* diesen mit Jesus. Auch Jesus hatte etwas mit der Liebe zu tun, auch er wurde angezeigt und stand – die Folgen sind bekannt – vor dem

Richter. Doch *Widmer* – Bürger eines Landes, das verständnisvoll mild mit seinen „Drögelern" umgeht – hat noch nicht einmal die Traute, aufrecht zu bekennen: „Ja klar, ich nehme und verabreiche dieses Zeug seit ewigen Zeiten! Und nun bitte die Geldstrafe oder meinetwegen eine überschaubare Auszeit im Gefängnis!" Weshalb sollte es nicht hinterher weiter gehen wie vorher – oder auch anders? Es wäre eine Gelegenheit, sich zusammenzusetzen und einmal grundsätzlich nachzudenken.

Anfang 2015 kam es bei *Widmer* zu einer Hausdurchsuchung. Zuvor hatte ein Undercover-Journalist *Widmer* der Lüge überführt, als er für eine ARD-Sendung behauptete, keine verbotenen psychoaktiven Substanzen zu verwenden. Durch diese Wirrungen geriet ein Sohn *Widmers* in Untersuchungshaft, der Meister selbst blieb bis auf Weiteres verschont. Doch endlich scheint eine Grenze erreicht zu sein. Demnächst fliegen den Kirschblütlern in Lüsslingen-Nennigkofen die Fetzen um die Ohren. Was aber folgt aus solcher Einsicht? Weiterhin die Köpfe tief in den Sand zu vergraben?
Natürlich sind die Drogengesetze mehr als fragwürdig. Doch fragwürdiger ist offenbar *Widmers* „echte Psychotherapie". Während sich die elenden Drogengesetze in absehbarer Zeit kaum verändern werden, könnte doch wenigstens über den Untergrundgebrauch psychoaktiver Substanzen nachgedacht werden.
Wo aber geschieht das? Anhänger *Widmers* verklagen Aussteigerinnen. Ergebnislos freilich, weil solches Gezänk in den Augen von Richtern nur lästig ist. Auf solche Art indirekt im verkorksten Idiom der Juristen miteinander zu kommunizieren, indem man Anwälte und Gerichte bemüht, führt jedenfalls nicht weiter. Man kann psychoaktive Substanzen hundertfach einwerfen, wenn man dabei nicht gelernt hat, Konflikte in der direkten Begegnung zu klären, sich mit Mut und Offenheit dem Kontrahenten zu stellen, war alles für die Katz.

Ich selbst begab mich im September 2015 auf das Jubiläumssymposion der *Schweizerischen Ärztegesellschaft für psycholytische Therapie (SÄPT).* Dort versuchte ich, das mit *Gabriele Markert* zusammen herausgegebene Buch über Erfahrungen mit psycholytischer Therapie im Untergrund auszulegen (Waldrich/Markert 2014).

Doch ich knallte an eine Mauer der Abwehr. Schleunigst solle ich dieses unerwünschte Schriftchen wieder fortnehmen! „Hat's äbis mit der Friederike zu tun?" fragte mich der Bewacher des Büchertisches, der ausschließlich für den Nachtschattenverlag reserviert war. Gemeint war *Friederike Meckel-Fischer,* Widmers Meisterschülerin, die die „Gnade des Verrats" erfahren hatte. „Nein, das nicht", beteuerte ich, doch es half nichts. Eine Kritik an wem oder was auch immer, sofern es sich um psycholytische Therapie handle, wolle man nicht zulassen. Noch nicht einmal Handzettel auf einem Schirmständer wollte man dulden. Mein Vorschlag, eine Studie über Geschädigte und Aussteiger der psycholytischen Therapie durchzuführen und einen Ethikkodex auszuarbeiten, wurde zwar freundlich angehört, aber ich spürte dennoch, dass auch diese Vorschläge unerwünscht waren.

Weshalb diese Abwehr, gegen die der Kopf im Sand oder die zu gehaltenen Augen und Ohren noch als weltoffen erscheinen? *Widmer* ist aus der *Ärztegesellschaft* doch schon lange ausgetreten! Ganz einfach, erklärte man mir das anschließend: Sie sind alle mit dem Untergrund verschwistert. Viele der Mitglieder der *Ärztegesellschaft* haben bei *Widmer* gelernt. Auch wenn sie es anders machen wollen als er, sie decken ihn. Jedenfalls schweigen sie in der Hoffnung, dass sie von *Widmers* Eskapaden nicht allzu sehr in Mitleidenschaft gezogen werden.

So wurde mir klar, dass die *Ärztegesellschaft* in einem Dilemma steckt: einerseits möchte sie sich von *Widmer* abgrenzen. Deutlich wird das etwa in einem langen gedruckten Gespräch zwischen Mitgliedern der Ärztegesellschaft und *Widmer,* der zu den Gründern der Gesellschaft gehört. Dort wird sein Konzept sehr deutlich kritisiert (Jungaberle, Verres 2008, 90ff.). Doch eine allzu öffentliche Abgrenzung führt möglicherweise dazu, dass *Widmer* Namen nennt, in die Offensive geht, einfach petzt. Man klebt also an ihm wie an etwas Übelriechendem, dass nach dem Spaziergang am Absatz des Schuhs hängt und einfach nicht weg zu bekommen ist.

Vollkommen aber verstehe ich diese Angelegenheit trotzdem nicht. Für die Öffentlichkeit befinden sich *Widmers* „echte Psychotherapie" und die Psycholyse der *Ärztegesellschaft* in ein und derselben Schublade. Wie viel Ärger darüber müssen Wissenschaftler und Therapeuten herunterschlucken, bis sie sich aus dem Dunstkreis *Widmers* herauslösen? In der Schweiz, so höre ich, werde all dieses milder beurteilt, aber in Deutschland weckt alleine der Begriff „psycholytische Therapie" verheerende Assoziationen.

Zugleich unterbindet das Schweigen der *Ärztegesellschaft* die realistische und für die breite Öffentlichkeit zugängliche Auseinandersetzung mit Risiken und Nebenwirkungen der therapeutischen Anwendung psychoaktiver Substanzen. Kein medizinisches oder psychotherapeutisches Verfahren ist frei davon. Man bringt eine Sache nicht voran, indem man sie einseitig bejubelt. „Seriös" können eine Wissenschaft und ein wissenschaftlicher Verein erst dann genannte werden, wenn alle Scheuklappen abgenommen wurden.

Vorläufig hängt nicht nur über der gesamten psycholytischen Therapie, sondern auch über der *Ärztegesellschaft* und überhaupt über allem, was sich mit psychoaktiven Substanzen beschäftigt, die Gewitterwolke aus der Richtung Lüsslingen-Nennigkofen. Man mag hoffen, dass sie bald zur Entladung kommt, damit der kühle und frische Regen herunter prasselt und die Schwüle sich auflöst.

Teil sieben: Wie man selbst den Weg findet

So ist es also mehr als ratsam, vom psychotherapeutischen Gebrauch psychoaktiver Substanzen die Finger zu lassen. Was sich als „echte Psychotherapie" im Untergrund entwickelt hat, ist ein Kult, der um den Guru-Psychiater *Samuel Widmer* betrieben wird und sich durch dessen „Meisterschüler" weitverzweigt fortsetzt. Nicht auszuschließen ist, dass dennoch Psychotherapeuten, die von *Widmer* gänzlich unabhängig sind oder sich von ihm gelöst haben, da und dort unbedenkliche psycholytische Therapien durchführen. Von solchen Therapeuten habe ich gehört, einen kenne ich selbst. Doch solche Therapeuten sind schwer zu finden.

Angesichts dieser Sachlage bleibt nur noch die Möglichkeit, psychoaktive Substanzen auf eigene Faust einzunehmen. Doch das sollte möglichst nicht alleine im stillen Kämmerlein, sondern innerhalb einer Gruppe geschehen, so etwas wie einer Experimentalgruppe. Wie könnte ein solches Setting aussehen?

Ratschläge für Experimente in kleinen Gruppen

Natürlich ist es naheliegend, die fraglichen Substanzen zu zweit einzunehmen. Ein Paar oder enge Freunde, die sich in dieser Hinsicht einig sind, könnten als die Idealkonstellation angesehen werden. Sofern ein Dritter, der den Sinn des Unterfangens versteht, als nüchterner Beisitzer „Wache hält", umso besser. Ist diese Möglichkeit nicht gegeben, bleibt nur die Gruppe und dabei stellt sich sofort die Frage, wie sie strukturiert sein soll, denn Gruppen ohne Struktur, ohne Ritual, ohne Absprache über den Ablauf einer

Sitzung (etwa als Spontanentschluss einer Wohngemeinschaft bei dauerndem Handygeklingel und gleichzeitigen Alkoholgenuss) empfehlen sich nicht bei so riskanten Unternehmungen wie der gemeinsamen Einnahme psychoaktiver Substanzen.

Es geht also um ein strukturiertes Setting. Ein solches Setting kann ich mir nur als ein „demokratisches" vorstellen. Das klingt zunächst eigenartig. Es soll darauf anspielen, dass charismatische „Gurus", aber auch reguläre Psychotherapeuten überflüssig sind. (Ein Psychotherapeut, der in diesem Fall ausnahmsweise auf seine Berufsrolle verzichtet, könnte dagegen nützlich sein.) Wer das Potential von Entaktogenen und Halluzinogenen ausschöpfen möchte, der sollte das unter Gleichen und Gleichrangigen tun. Auch ein solches Setting schaltet das Problem der Macht in Gruppen nicht gänzlich aus, neutralisiert es aber ein Stück weit.

Zunächst einmal sind äußere Sicherheitsvorkehrungen zu treffen. Klar sollte sein, was im Falle des Falles zu geschehen hat. Sofern irgend möglich, sollte zumindest einer der Teilnehmer nüchtern bleiben. Er sollte genau wissen, wie er im Notfall zu reagieren hat. Bei niedriger bis mittlerer Dosierung treten Notfälle so gut wie niemals auf, doch schrecklich ist es für alle, die „drauf" sind, sofern doch etwas passiert und ein Chaos ausbricht.

Weiterhin sollte eine Atmosphäre gegeben sein, in der absolute Stille möglich ist. Alle Telefone sind abgeschaltet, Nachbarn und Freunde sollten für diesen Tag fern gehalten werden. Jeder Teilnehmer hat sich verpflichtet, mindestens einen ganzen Tag lang am Setting teilzunehmen, denn der Weggang oder das Hinzukommen Einzelner verunsichert die anderen. Wann die gemeinsame Erfahrung zu Ende ist, legt der Leiter fest, von dem gleich noch die Rede ist. Alle sollten bereit sein, anschließend, am besten am folgenden Tag, an einer Nachbesprechung teilzunehmen. Dabei kann es nicht schaden, wenn jemand die Gesprächsführung anleitet, dies aber nicht „therapeutisch" (also aus der Haltung dessen heraus, der es besser weiß), sondern eher in der Form eines geregelten Austauschs oder einer Mediation.

Wie groß sollte eine Gruppe maximal sein? Gruppen unterliegen Gesetzmäßigkeiten. Große Gruppen fühlen sich anders an als kleine, Menschen verhalten sich in großen Gruppen nicht so wie in kleineren. Jeder Einzelne in einer Gruppe ist ein anderer Einzelner als außerhalb der Gruppe. Obwohl es schwer sein wird, überhaupt eine Gruppe für Experimente mit psychoaktiven Substanzen zusammen zu bringen, lautet die Regel auf jeden Fall: Je größer die Gruppe, desto größer der Gruppendruck und Gruppendruck ist neben der Verführung durch charismatische Persönlichkeiten die Hauptgefahr einer Entartung von Sitzungen mit psychoaktiven Substanzen.

Auf jeden Fall sollte vermieden werden, ins „Therapieren" zu verfallen. Wer glaubt, er müsse die anderen „therapieren", will sich in Wahrheit über sie stellen. Das Heilungspotential, das in psychoaktiven Substanzen steckt, entfaltet sich ganz von alleine und vielleicht sogar effektiver, als wenn ein „Therapeut" hineinredet. Das setzt freilich voraus, dass jeder, der sich psychedelischen Experimenten unterziehen will, einige psychische Robustheit mitbringt. Je reifer, je lebenserfahrener, je reflektierter eine Persönlichkeit ist, desto mehr wird sie mit Erfahrungen in veränderten Bewusstseinszuständen anfangen können. Menschen unter 40 sollten zweimal darüber nachdenken, ob solche Experimente für sie das Richtige sind. Psychoseneigungen sollten mit Sicherheit ausgeschlossen werden können. Wo starke seelische Einschränkungen vorliegen, benötigt es den kundigen Psychiater oder Psychotherapeuten, aber den sollte man auf regulärem Wege aufsuchen, wo er nach anerkannten Standards ohne psychoaktive Substanzen arbeitet.

Im Grunde also sind Experimente mit psychoaktiven Substanzen eine Angelegenheit für seelisch Gesunde, für gesund Gewordene, jedenfalls für Menschen mit innerer Stabilität. Für aktuell Verzweifelte, schwer an ihrer Seele Leidende und Menschen an der Grenze zur Psychose sind sie nicht. Ebenso wenig taugen solche Experimente für Jugendliche. Wer den psychedelischen Weg zu

Einsicht und Spiritualität geht, sollte bereits einen Platz im Leben und damit zumindest in sozialer Hinsicht auch sich selbst gefunden haben.

Eine solche Gruppe aus gleichrangigen Teilnehmern ist also aus reifen Erwachsenen zusammengesetzt. Vom Zeitraum der Einnahme der psychoaktiven Substanz bis zum Ende von deren Wirksamkeit, also mindestens 7 bis 13 Stunden lang (dies entspräche der Auswirkungsdauer von Magic Mushrooms bzw. Meskalin), sollte sich die Gruppe an ein strenges, vorher gemeinsam festgelegtes Ritual halten.

Zu diesem Ritual gehört es auch, dass die Gruppe während dieser Zeit verbindlich geleitet wird. Es können auch zwei Leiter sein, idealerweise eine Frau und ein Mann. Beide sollten auf die Einnahme einer Substanz verzichten oder – falls sie ein wenig Übung in dieser Angelegenheit haben – sich wenigstens auf eine niedrige Dosis beschränken. Die Autorität der Leiter darf während der Sitzung nicht angezweifelt werden, ihr Wort, ihre Anweisung gilt. Denn alle übrigen Teilnehmer schalten die Steuerungsfähigkeit ihres Ichs während der Dauer des veränderten Bewusstseinszustandes ein Stück weit aus und übergeben sie „treuhänderisch" an die Leitung. Dass die Leitung über ein „Nottelefon" verfügt, ist selbstverständlich, und auch ein Auto steht bereit, um notfalls jemanden in die Klinik fahren zu können.

Was sich anschließend freilich an rechtlichen Komplikationen einstellen könnte, steht auf einem anderen Blatt. Was meine eigenen Erfahrungen anging, so hatte ich das als Beamter im Staatsdienst manchmal verdrängt. Ein Disziplinarverfahren wegen illegalen Drogengebrauchs oder gar wegen deren Weitergabe ist keine Kleinigkeit.

Während der Wirkungszeit der Substanz herrscht also keine Demokratie, sondern „Diktatur". Das verlangt die Sicherheit in innerer und äußerer Hinsicht. Herrscht Chaos, fühlen wir uns chaotisch und vieldeutige Situationen machen Angst. Angst oder gar einen Horrortrip kann eine gute Leitung jedoch verhindern. Als

Hüterin der Regeln gibt sie jedem ein Geländer an die Hand, an dem er sich in allen Situationen festhalten kann.

Welcher Art sollte nun aber das Ritual sein, das man auswählt? Ich glaube nicht, dass hier Vorgaben nötig sind. „Ritual" sollte hier nicht im engsten Sinne verstanden werden. Es geht um einen vorher geplanten, regelhaften Ablauf. Sollte man sich zu mehreren Sitzungen treffen, wird dieser Ablauf beibehalten. Empfehlenswert ist es, über längere Zeit (das kann bis zu drei Stunden sein) einfach ganz still dazuliegen, vielleicht auf Matten, die man so anordnet, dass die Einzelnen nicht zu weit auseinander liegen. Die beste Haltung ist die Rückenlage wie etwa beim Autogenen Training. Besonders in der Eingangsphase ist absolute Ruhe angesagt. Weitere Elemente von Ritualen wäre die Einblendung entsprechender Musik, aber nicht zu lange und nicht zu laut und auch nicht zu früh. Manchmal gibt es passende kurze Texte, die vorgelesen werden können. Spannend ist es, sich aufzurichten und mit den anderen zu kommunizieren. Der Andere, das Gegenüber ist das große Faszinosum unter dem Einfluss psychoaktiver Substanzen. Dass hierbei alles sanft und ohne jede Form des Übergriffes abläuft, dafür sorgt die Leitung.

Sofern es die Verhältnisse zulassen, ist auch ein Sparziergang von hohem Interesse, am besten gegen Ende der Wirkungsdauer. Ein Gang durch den Garten, durch einen Wald und mit aller gebotenen Rücksicht ein „Besuch bei den Menschen" könnte vertiefte Einsichten bringen. Dazu genügt es, durch das Dorf zu spazieren oder einmal um den Block. Dass alle zur gleichen Zeit wieder zu Hause sind und keiner die anderen aus den Augen verliert, versteht sich.

Entscheidend ist es, dass am nächsten Tag ausführlich Zeit für Gespräche bleibt. Die Integration der Erfahrungen unter dem Einfluss psychoaktiver Substanzen ist mindestens ebenso wichtig wie die Erfahrung selbst. Wer Glück hatte und es kam bei ihm zu einem großen Gipfelerlebnis, der wird alle Hände voll zu tun haben, es in den Alltag zu integrieren. „Mystik, die nicht in den Alltag führt, ist ein Irrweg", sagt *Willigis Jäger* (Jäger 1993, 129). Doch auch auf die kleinen und ganz kleinen Gipfelerlebnisse sollte geachtet werden. Unter dem Einfluss psychoaktiver Substanzen kann schier alles zu einem Gipfelerlebnis werden. Insbesondere Menschen, die solche peak experiences bereits bei sich kennen, denen die Vielfalt der spirituellen Erfahrung bewusst ist, werden die mannigfaltigen Anklänge an das Numinose, Bedeutsame und Hintergründige immer wieder entdecken.

Doch Mystik ist auf Freiheit angewiesen. Der mystische Mensch ist ein freier Mensch. Daher kommt es gerade bei den nachfolgenden Gesprächen darauf an, dass jedem Einzelnen dasjenige als sein ureigenstes Eigentum gelassen wird, was zuinnerst zu ihm selbst gehört – nämlich seine Erfahrung! So mag es sein, dass Teilnehmer vergleichbare innere Erfahrungen während der Wirkungszeit einer Substanz sehr unterschiedlich interpretieren und es mag auch sein, dass bei manchem sich zu guter Letzt keine Spur von Mystik oder Gipfelerfahrungen gezeigt hat. Niemandem in der Gruppe steht es an, sich zum Interpreten der Erfahrung eines anderen aufzuschwingen. Es gibt keine defizitären Erfahrungen und auch keine Erfahrungen, die unbedingt sein müssen. Was die große mystische Grunderfahrung angeht, so geschieht sie auch mit Substanzen insgesamt oft nur ein einziges Mal – oder manchmal auch überhaupt nie. Wenn der Überraschungseffekt beim ersten Experiment noch am größten ist, besteht auch die größte Chance, in eine große Erfahrung hineingezogen zu werden.

Doch was auch immer bei solchen Sitzungen herauskommen mag: Erfahrungen sind Erfahrungen, alle sind gut und berechtigt. Niemand weiß besser als der Erfahrende selbst, was sie bedeuten. Das schließt nicht aus, dass es gut ist, sich auszutauschen, zu hören, was andere dazu sagen. Kein schlechtes Ergebnis besteht auch in der Einsicht, dass das eigene Innere sich ziemlich chaotisch anfühlt. Aus dem Chaos hat nach alter mythologischer Vorstellung Gott die Welt erschaffen. Es gibt auch Menschen, die nach der Einnahme von Substanzen eigentlich gar nichts spüren, Kopfschmerzen bekommen oder sich fühlen, als hätten sie ein Brett vor dem Kopf. Auch das sind gute Erfahrungen.

Zu guter Letzt noch die Fragen: Wo bekommt man das „Zeug" her und in welcher Dosierung sollte man es benutzen? Schon aus rechtlichen Gründen kann die erste Frage nicht beantwortet werden. Die Weitergabe von Informationen zu diesem Thema ist strafbar. Die Tatsache, dass die fraglichen Substanzen verboten sind, treibt die Suchenden leider in die Arme der „psycholytischen" im Sinne der „echten" Therapie. Denn diese verfügt über Netzwerke, welche die Substanzen beschaffen. Innerhalb dieser Szene werden die Substanzen weiterverkauft. Die Mitteilung, dass in Holland Psilocybin immer noch legal ist und die entsprechenden Pilze haufenweise in freier Natur wachsen, darf aber wohl angemerkt werden, ohne dass man in den Knast kommt.

Was die Dosierung angeht, so muss in allen Fällen zu äußerster Vorsicht geraten werden. Verunreinigte Drogen auf dem Schwarzmarkt, aber auch der Mischkonsum sind problematisch. Es sollte stets nur ein und dieselbe Substanz genommen und von Kombinationen abgesehen werden. Ist man sich sicher, über eine reine Substanz zu verfügen, so kann im Vorlauf durch vorsichtiges Testen ermittelt werden, wie und wie stark sie wirkt. Das kann frustrierend sein, wenn man etwas einnimmt und fast gar nichts spürt. Die Dosisermittlung ist jedoch von ausschlaggebender Bedeutung, damit Selbstexperimente nicht aus dem Ruder laufen.

Auch niedrige Dosierungen ermöglichen tiefgehende Erfahrungen. Umso größeres Gewicht kommt aber dem Setting zu. Eine meditative Atmosphäre, ein angenehmes, ruhiges Ambiente, ein liebevoller Umgang miteinander und nicht zuletzt auch eine klug ausgewählten Musik bewirken, dass auch eine niedrige Dosierung eine „hohe" Dosierung sein kann. Übrigens können auch Menschen ganz ohne Dosis, also im nüchternen Zustand, von einem solchen Experiment profitieren, zum Beispiel Schwangere, die auf die Einnahme von Drogen verzichten sollten. Sie gehen einfach mit und übernehmen die Energie, die von der Gruppe ausgeht.

Sollte wirklich einmal Angst auftauchen und sich bei einem Teilnehmer hochsteigern, so wirkt so gut wie immer das „Herunterreden" durch die Umlenkung der Aufmerksamkeit auf etwas anderes. Jemanden, der mit seiner Angst nicht mehr klarkommt, nach Anfrage sanft in den Arm nehmen, genauso wie es eine gute Mutter oder ein guter Vater täten, löst Erinnerungen an frühe Tröstungsrituale aus und bringt auch die größte Angst zum Schweigen.

Ein Nachwort – ganz persönlich

Mein ganzes Leben über habe ich mich mit der Frage beschäftigt, weshalb ich hier auf dieser Erde bin. Schon als Jugendlicher fand ich, dass das Leben viel mehr Fragen aufwirft, als es Antworten bietet. Obgleich ich mich im Laufe der Zeit an das Leben zu gewöhnen lernte, fand ich stets alles, was mir begegnete recht seltsam. Mein irdisches Dasein an sich und nicht einzelne Dinge oder Probleme irritierten mich. Manchmal meinte ich, mich irgendwohin verirrt zu haben, wo ich im Grunde nicht wirklich zuhause bin, und es machte mir nicht geringe Mühe, mich dennoch irgendwie zu orientieren.

Während ich auf der Oberflächenebene mein Leben recht gut in den Griff bekam, Erfolge einfuhr und auch meine kleinen Neurosen so einigermaßen bewältigte, blieb ich doch all die vielen Jahrzehnte über beharrlich bei der Grundfrage: Was ist hier eigentlich los?

So betrieb ich jenseits meiner beruflichen Verpflichtungen ein konsequentes philosophisches Studium. Ein wenig an der Universität, darüber hinaus aber in zahllosen „Semestern" zuhause, indem ich die großen Philosophen studierte und auch so manchen interessanten kleinen. Das gleiche tat ich mit den Psychologen und anderen Wissenschaftlern, wobei ich mich niemals darum kümmerte, wo das eine Wissensgebiet aufhört und das andere anfängt.

Bald hatte ich heraus, dass ich auf meine gewaltigen Fragen keine gewaltigen Antworten erwarten durfte. Der Geheimnischarakter des Lebens wurde Teil meiner eigenen Philosophie. Ich lernte den Respekt vor der Verborgenheit dessen, was wir so gerne wissen würden.

So stieß ich unvermeidlich auf die Mystik. Ich erinnere mich an den Tag vor etwa 20 Jahren, als ich für mich festlegte: Ich möchte eigentlich nur noch wissen, was Erleuchtung ist. Das war so ungefähre die Zeit, als ich es mit psychoaktiven Substanzen versuchte. Überwältigend klar wurde, dass Erleuchtung etwas mit der Gesamtheit meines Da-Seins zu tun hat. Mein Nachdenken wurde ein ganzes Stück gefühlsmäßiger und auch körperlicher. Es war ja gar nicht möglich, hier irgendetwas zu trennen. Es eröffnete sich so etwas wie eine Wurzel meiner Erfahrungen, die bei mir insbesondere im Herzbereich spürbar ist, von dem aus ich meinen Kopf „ergriffen" fühle. Das hatte durchaus auch mit Philosophie zu tun, denn auch die Philosophen denken nicht nur mit dem Kopf. Obwohl das schon eine ganze Menge ist, denn auch der Kopf ist ein Körperteil, denken sie ebensosehr mit dem Leib und sämtlichen Stimmungen, die dieser Leib hervorbringt. Ob sie das auch jeweils erkannt haben, ist eine andere Frage.

Eines Tages begann ich an einer Gruppe teilzunehmen, die sich, weil sie von einer bei *Samuel Widmer* ausgebildeten Therapeutin geleitet wurde, in das Fahrwasser der „echten" Therapie begab. Insgesamt lernte ich dabei viel. Da ich offenbar die Fähigkeit besitze, mir auch aus ambivalenten Situationen dasjenige herauszufiltern, das mich weiter bringt, konnte ich das Positive mitnehmen und das Negative trotzdem kritisieren. Denn letztendlich musste ich zu der Überzeugung kommen, dass die psycholytische Therapie, wie sie von dieser Therapeutin ausgeübt wurde, trotz mancher Stärken meinen moralischen Grundsätzen widersprach. Ich sehe den Menschen als ein Wesen an, das sich eigenständig entwickelt, ohne dass es der Fürsorglichkeit von Personen ausgeliefert werden muss, die es besser wissen wollen. Diese Überzeugung beruht auch auf der philosophischen Erkenntnis, dass wir Menschen, auch wenn wir noch so klug sind und auch wenn wir psychoaktive Substanzen einnehmen, eigentlich doch recht wenig wissen. Auch Therapeuten wissen nur wenig. Sind sie erleuchtet, so wissen sie, dass sie wenig wissen, und bilden sich nicht ein, ihre Klienten mit ihrem „höheren Bewusstsein" belästigen zu müssen. Das entspricht so ungefähr dem Konzept der Humanistischen Psychologie nach *Carl Rogers* oder *Abraham Maslow*, das ich gut finde.

In einem Buch habe ich zusammen mit *Gabriele Markert* die Erfahrungen bei dieser psycholytischen Therapie dargestellt (Waldrich/Markert 2014). Seitdem versuche ich darauf hinzuwirken, dass sich die *Schweizerische Ärztegesellschaft für psycholytische Therapie (SÄPT)* gegenüber dem Missbrauch der Psycholyse in der Form der „echten Psychotherapie" abgrenzt. Ich fordere, dass sie einen Ethikkodex veröffentlicht und dass sie eine wissenschaftliche Untersuchung über die Erfahrungen und die Motive von „drop outs" und der Geschädigten der psycholytischen Therapie durchführt. Bislang hat sie das nicht getan.

Alles in allem jedoch bin ich davon überzeugt, dass in den Entaktogenen und den Halluzinogenen eine enorme Potenz steckt. Diese wäre in einer legalisierten Psychotherapie nutzbar, aber auch wenn gar keine seelische Erkrankung vorliegt. Besonders für seelisch Gesunde könnten psychoaktive Substanzen sehr nützlich sein. Denn wir alle leiden unter einer ganz normalen Krankheit: Sie zeigt sich in der Entfremdung von unseren seinsmäßigen Wurzeln, eine Entfremdung, die so manchen von uns in die Verzweiflung treibt. Hinzu kommen die mehr als widernatürlichen Umstände einer Kultur, die nur noch ein einziges Lebensziel akzeptiert, nämlich Geld zu verdienen und eventuell aus dieser Geldmasse noch mehr Geld zu machen. Öffentlich gefördert wird der nackte Egoismus.

Ich finde es schade, dass es mir nicht gelungen ist, mit jenen Menschen ins Gespräch zu kommen, die ich im Hinblick auf ihre

Art, mit der Psycholyse umzugehen, kritisiere. Unfreiwillig finde ich mich auf der anderen Seite einer „Front" vor, die sich zwischen den Anhängern gewisser Formen der Psycholyse und ihren Kritikern aufgetan hat. Der instinktive Trieb, in Lagern zu denken, ist auch bei geübten Psycholytikern offenbar nicht geringer geworden. Ich behaupte nicht, ich selbst sei frei davon. Ich *will* gerne frei davon sein – das ist etwas anderes.

Natürlich bleibt für jedermann die Möglichkeit, sich keinem der „Lager" anzuschließen und einfach sein eigenes Ding zu machen. Was hat Selbst- und Welterkenntnis notwendig mit Psychotherapie zu tun? Wer nicht eindeutig seelisch krank ist, braucht das nicht. An der Vereinnahmung der psychoaktiven Substanzen durch Psychotherapie und Psychotherapeuten kann man einfach vorbeigehen, ohne die dortige Szene zu beachten. Denn mitten zwischen Kuhfladen wachsen da und dort die wunderschönsten Zauberpilzchen. Sofern man die kurze Illegalität zwischen dem Pflücken und der Einnahme dieser Pilze aushält (denn nur, während man die Pilze „besitzt", ist der Kontakt mit ihnen strafbar), kann man ohne Probleme einen veränderten Bewusstseinszustand herstellen. Nichts ist einfacher. Und manchmal – ich bin ihnen begegnet – gibt es ja auch Psychotherapeuten, die die Einnahme psychoaktiver Substanzen in aller Bescheidenheit ohne das psycholytische Brimborium betreiben – einfach, weil sie auch Menschen sind.

Was mich selbst angeht, so betrachte ich solche Substanzen als philosophische Hilfsmittel. „Philosophie hat doch nichts mit veränderten Bewusstseinszuständen zu tun, sondern zum Beispiel mit Logik", wird eingewendet. Mein Prinzip ist aber: Das eine tun und das andere nicht lassen. Ohne die formale Logik läuft beim Philosophieren gewiss gar nichts. Doch es gibt offenbar nicht nur eine einzige Form der Logik. Jeder, der psychoaktive Substanzen von innen kennt, weiß, wie viele Möglichkeiten sich da eröffnen, die Dinge auch einmal anders zu sehen. Die hohe Kunst der Philosophie besteht darin, immer wieder die Perspektive zu wechseln. Nur wer möglichst viele Sichtweisen einnimmt, hat eine Ahnung davon, wie das Ganze aussehen könnte. Wer in einem Museum eine alte griechische Vase betrachtet und sämtliche darauf abgebildeten Motive wahrnehmen möchte, der muss um die Vase herumgehen. Oder in einem anderen Bild: Bewusstsein kann sich offenbar auch auf solche Bereiche ausdehnen, die uns normalerweise unzugänglich sind. Eulen und Katzen sind hochgradig nachtsichtig, Fledermäuse orientieren sich mit Ultraschall, manche Schlangen mit Infrarot. Wie wäre es, einmal die Perspektive von Eulen oder Fledermäuse einzunehmen oder auch von Schlangen? Menschen, die Philosophen sein wollen und sich weigern, einmal zu Eulen oder Fledermäusen zu werden, halte ich für ziemlich stur.

Diese Buch ist den Eulen und Fledermäusen gewidmet. Keiner erwartet, dass in unserer perversen Kultur philosophische Eulen und Fledermäuse ungehindert herumflattern können. In Fangnetzen oder Sackgassen zu landen, ist immer wieder normal. Auch die Irrwege der Verwendung psychoaktiver Substanzen sind Wege. Und jeder einzelne entscheide, ob er an der nächsten Weggabelung einen anderen Kurs einschlagen möchte. Dieses Buch verfolgte die Absicht, kritischer zu machen, die eigene Intelligenz und Urteilskraft zu schärfen und niemals seine Autonomie aufs Spiel zu setzen. „Der Mensch ist frei geboren und dennoch liegt er in Ketten" schrieb einst *Jean Jacques Rousseau*. Freiheit muss immer wieder aufs Neue gesucht, gefunden und verteidigt werden, auch gegen den Missbrauch psychoaktiver Substanzen.

Verwendete Literatur

Ich zitiere zum Teil aus den E-Book-Versionen bestimmter Texte. In diesen Fällen gebe ich an Stelle der Seitenzahlen die Position (Pos.) auf dem Kindle-E-Book-Reader an. Onlineressourcen werden so angegeben, dass man sie mit Suchmaschinen sowie in diesem Verzeichnis leicht auffinden kann.

Albrecht, Carl: Das mystische Erkennen, Bremen 1958.

Amendt, Günter: Are you experienced?, in: WOZ. Die Wochenzeitung 12.01.2006.

Amendt, Günter: Die Legende von LSD, Frankfurt/Main 2008.

Arendsen Hein, G. W.: Selbsterfahrung und Stellungnahme eines Psychotherapeuten, in: Manfred, Leuner, Hanscarl (Hg.): Religion und die Droge. Ein Symposion über religiöse Erfahrungen unter dem Einfluss von Halluzinogenen, Stuttgart, Berlin, Köln, Mainz 1972, S. 96–108.

Bataille, Georges: Die Erotik, München 1994.

Bauer, Joachim: Warum ich fühle, was du fühlst: Intuitive Kommunikation und das Geheimnis der Spiegelneurone, Hamburg 2005.

Benn, Gottfried, Provoziertes Leben, Berlin 1955.

Bergson, Henri: Einführung in die Metaphysik, Berlin 1964.

Beringer, Kurt: Der Meskalinrausch. Seine Geschichte und Erscheinungsweise, Berlin 1927.

Beringer, Kurt: Die Bedeutung der Rauschgiftversuche für die Klinik. Referat, erstattet auf der Versammlung südwestdeutscher Psychiater in Mainz, 24. Februar 1930, in: Werner Pieper (Hg.): Kurt Beringer und die Heidelberger Drogenforschung der 20er Jahre. Edition Rauschkunde, Löhrbach o. J. (ca. 1995); S. 46–62.

Bodmer, Ines, Dittrich, Adolf, Lamparter, Daniel: Außergewöhnliche Bewusstseinszustände – ihre gemeinsame Struktur und Messung, in: Welten des Bewusstseins Bd. 3: Experimentelle Psychologie,

Neurobiologie und Chemie, hrsg. v. Adolf Dittrich, Albert Hofmann, Hanscarl Leuner, Berlin 1994, S. 45–58.

Böschemeyer, Uwe: Grundlagen, Leitgedanken und Arbeitsweisen der Logotherapie, in: Sinn – voll heilen. Viktor E. Frankls Logotherapie – Seelenheilkunde auf neuen Wegen, Herder-Bücherei, Band 1156, Freiburg, Basel, Wien 1984, S. 32–46.

Bucher, Anton A.: Psychologie der Spiritualität. Handbuch, Weinheim, Basel 2007

Bucke, Richard Maurice: Kosmisches Bewusstsein. Zur Evolution des menschlichen Geistes, Frankfurt/Main, Leipzig 1993.

Büttner, Jörg: Trance – Scharlatane und Schamanen. Die Psychologie außergewöhnlicher Bewusstseinszustände, Books on Demand o. J.

Bollnow, Otto, Friedrich: Das Wesen der Stimmungen, Frankfurt/Main 1968.

Camus, Albert: Der Mythos von Sisyphos. Ein Versuch über das Absurde, Reinbek 1960.

Cashman, John: LSD. Die „Wunderdroge", Frankfurt/Main, Berlin, Wien 1967.

Clark, Walter, Huston: Chemische Ekstase. Drogen und Religion, Salzburg 1971.

Clarke, Robert, Connell: Haschisch. Geschichte, Kultur, Inhaltsstoffe, Genuss, Heilkunde, Herstellung, Aarau 2000.

Cohen, Sidney: The Beyond Within. The LSD Story, New York 1964.

Cohn, Norman: Das neue irdische Paradies. Revolutionärer Millenarismus und mystischer Anarchismus im mittelalterlichen Europa, Reinbek 1988.

Das Manifest: Elf führende Neurowissenschaftler über Gegenwart und Zukunft der Hirnforschung, in: Gehirn & Geist, 6/2004 und im Internet.

Dawkins, Richard: Der Gotteswahn, Berlin 2008.

De Boor, Wolfgang: Pharmakopsychologie und Psychopathologie, Berlin, Göttingen, Heidelberg 1956.

Deikman, Arthur J.: Therapie und Erleuchtung. Die Erweiterung des menschlichen Bewusstseins, Reinbek 1982.

Deltgen, Florian: Gelenkte Ekstase. Die kulturelle Dimension der halluzinogenen Droge Cají der Yebámasa-Indianer des mittleren Río Piraparana (Kolumbien), Stuttgart 1993.

Dessoir, Max: Vom Jenseits der Seele. Die Geheimwissenschaften in kritischer Betrachtung, Stuttgart 1979.

Dieckhoff, Reiner: Rausch und Realität: Literarische Avantgarde und Drogen-Konsum von der Romantik bis zum Surrealismus, in: Hans Gros und die Redaktion Naturwissenschaften (Hg.): Rausch und Realität. Eine Kulturgeschichte der Drogen, Band 1, Stuttgart, München, Düsseldorf, Leipzig 1996, S. 87–107.

Diesch, Matthias K.: LSD, Rückkehr in die klinische Forschung. Mystik, Salutogenese, Psychotherapie, Solothurn 2015.

Dittrich, Adolf: Ätiologie-unabhängige Strukturen veränderter Wachbewusstseinzustände: Ergebnisse empirischer Untersuchungen über Halluzinogene I. und II. Ordnung, sensorische Deprivation, hypnagoge Zustände, hypnotische Verfahren sowie Reizüberflutung, Stuttgart 1985.

Dittrich, Adolf: Empirische Dimensionen veränderter Bewusstseinszustände: Zwischen Himmel, Hölle und Visionen, in: Resch, Andreas (Hg.): Veränderte Bewußtseinszustände. Täume, Trance, Ekstase, Innsbruck 1990, S. 73-115.

Dobkin de Rios, Marlene: Halluzinogne im Kulturvergleich, in: in: Welten des Bewusstseins, Bd. 1, Ein interdisziplinrer Dialog, hrsg. v. Adolf Dittrich, Albert Hofmann, Hanscarl Leuner, Berlin 1993, S. 47 – 63.

Dobrinski, Matthias: Drogenkrieg, in: Süddeutsche Zeitung, 08. 09. 2015.

Dreier, Manfred: Stellungnahme und Begriffserklärung zum Inzesttabu, 18. 03. 2015 (Onlineressource).

Dworkin, Ronald M.: Religion ohne Gott, Frankfurt/Main 2014, E-book.

Eliade, Mircea: Geschichte der religiösen Ideen I. Von der Steinzeit bis zu den Mysterien von Eleusis, Freiburg, Basel, Wien 1978.

Eliade, Micea: Schamanismus und archaische Ekstasetechnik, 9.

Aufl. Frankfurt/Main1997.

Enomiya-Lassalle, Hugo: Zen-Unterweisung, bearbeitete und herausgegeben Roland Ropers und Bogdan Snela, 3. Aufl. München 1988.

Falkenburg, Brigitte: Mythos Determinismus. Wieviel erklärt uns die Hirnforshung?, Berlin, Heidelberg 2012.

Foucault, Michel: Wahnsinn und Gesellschaft. Eine Geschichte des Wahns im Zeitalter der Vernunft, 2. Aufl. Frankfurt/Main 1977.

Freud, Sigmund: Das Unbehagen in der Kultur, Wien 1930.

Freud, Sigmund: Die Zukunft einer Illusion, 2. Aufl. Leipzig, Wien, Zürich 1928.

Freud, Sigmund: Totem und Tabu. Einige Übereinstimmungen im Seelenleben der Wilden und der Neurotiker, Frankfurt/Main 1964.

Fromm, Erich: Psychoanalyse und Zen-Buddhismus, in: Erich Fromm, Daitsetz Teitaro Suzuki, Richard de Martino: Zen-Buddhismus und Psychoanalyse, Frankfurt/Main 1972, S. 101-179.

Fromm, Erich: Die Furcht vor der Freiheit, Frankfurt/Main, Berlin 1983.

Gartz, Jochen: Halluzinogene in historischen Schriften. Eine Anthologie von 1913-1968, Solothurn 1999.

Gasztonyi, Alexander: Grundzüge mystischer Erfahrung, in: Mystische Erfahrung. Grenzen menschlichen Erlebens, Basel, Wien 1973, S. 98-128.

Gellman, Jerome, „Mysticism", The Stanford Encyclopedia of Philosophy (Spring 2014 Edition), Edward N. Zalta (ed.).

Gelpke, Rudolf: Vom Rausch im Orient und Okzident, Berlin 1982. Unter verschiedenen Titeln in vielfacher Auflage in verschiedenen Verlagen erschienen.

Gelpke, Rudolf: Von Fahrten in den Weltraum der Seele. Berichte über Selbstversuche mit Delysid (LSD) und Psilocybin (CY), in: Jochen Gartz: Halluzinogene in Historischen Schriften. Eine Anthologie von 1913–1968, Solothurn 1999, S. 141–158.

Geyer, Christian (Hg.): Hirnforschung und Willensfreiheit. Zur Deutung der neuesten Experimente, Frankfurt/Main 2004.

Goble, Frank: Die Dritte Kraft. A. H. Maslows Beitrag zu einer

Psychologie der seelischen Gesundheit, Freiburg im Breisgau, Olten 1979.

Goldner, Colin (Hg.): Der Wille zum Schicksal. Die Heilslehre des Bert Hellinge, Wien 2003.

Gorz, André: Auswege aus dem Kapitalismus. Beiträge zur politischen Ökonomie, Zürich 2009.

Grawe, Klaus, Donati, Ruth, Bernauer, Friederike: Psychotherapie im Wandel. Von der Konfession zur Profession, 5. Aufl. Göttingen, Bern, Toronto, Seattle 2001.

Grof, Stanislav: Die LSD-Kontroverse, in: Rüdiger Lutz (Hg.): Bewußtseins-Revolution, Öko-Log-Buch 2, Weinheim, Basel 1983, S. 84-90.

Grof, Christina, Grof, Stanislav: The Stormy Search for the Self. A Guide to Personal Growth through Transformational Crisis, Los Angeles 1990.

Grof, Stanislav: Geburt, Tod und Transzendenz. Neue Dimensionen der Psychologie, München 1985.

Grof, Stanislav: Das Abenteuer der Selbstentdeckung. Heilung durch veränderte Bewusstseinszustände. Ein Leitfaden, München 1987.

Grof, Stanislav: Topographie des Unbewussten. LSD im Dienste der Tiefenpsychologischen Forschung, 5. Aufl. Stuttgart 1991.

Grom, Bernhard: Religionspsychologie, 3. Aufl. München 2007.

Groys, Boris, Hagemeister, Michael, von der Heiden, Anne (Hg.): Die neue Menschheit. Biopolitische Utopien in Russland zu Beginn des 20. Jahrhunderts, Frankfurt/Main 2005.

Gruehn, Werner: Die Frömmigkeit der Gegenwart. Grundtatsachen der empirischen Psychologie, 2. Aufl. Konstanz 1960.

Haas, Werner: Familienstellen – Therapie oder Okkultismus? Das Familienstellen nach Hellinger kritisch betrachtet, Kröning 2005.

Hafke, Christel: Macht, Ohnmacht und Machtmissbrauch in therapeutischen Beziehungen, Opladen 1996.

Half dead: http://halfdead2012.blogspot.de/p/personen.html (28. Juli 2016).

Han, Byung-Chul: Philosophie des Zen-Buddhismus, Stuttgart 2002.

Haubl, Rolf: Das erschöpfte Selbst. Eröffnungsvortrag der Tagung

„Das erschöpfte selbst", 5./6. Oktober 2007 in Salzburg. Tagungsmanuskript.

Heigl, Peter: Mystik und Drogenmystik. Ein kritischer Vergleich, Düsseldorf 1980.

Henrich, Dieter (Hg.): All-Einheit. Wege eines Gedankens in Ost und West, Stuttgart 1985.

Hermle, Leo, Gouzoulis, Euphrosyne, Kovar, Karl-Artur, Borchardt, Dieter: Zur Bedeutung der historischen und aktuellen Halluzinogenforschung in der Psychiatrie am Beispiel Arylalkanamin-induzierter Wirkunden bei gesunden Probanden, in: Welten des Bewusstseins, hrsg. von Adolf Dittrich, Albert Hofmann, Hanscarl Leuner, Band 3: Experimentelle Psychologie, Neurobiologie und Chemie, Berlin 1994, S. 153–173.

Hermle, L., Geppert, M.: Zur Bedeutung der experimentellen Psychoseforschung in der Psychiatrie, in: Nervenheilkunde 9/2014, S. 1–5.

Hofmann, Albert: LSD – mein Sorgenkind, München 1993.

Hofmann, Albert: Die Botschaft der Mysterien von Eleusis an die heutige Welt, in: Welten des Bewusstseins, Bd. 1: Ein interdisziplinärer Dialog, hrsg. v. Adolf Dittrich, Albert Hofmann, Hanscarl Leuner, Berlin 1993, S. 9 – 19.

Hofmann, Albert: Einsichten, Ausblicke, Essays, München 1997.

Hofmann, Albert: Naturwissenschaft und mystische Welterfahrung, Löhrbach, Solothurn o. J. Der grüne Zweig 150. (Manuskript der „Volkspredigt" in der Leonhardskirche in Basel.)

Hüther, Gerald: Wirkungen und Gefahren von Ecstasy, in: W. Hiddemann (Hrsg.): Medizin im Brennpunkt. Aktuelle Fragen der klinischen Medizin, Berlin, Heidelberg, New York 2000, S. 370–374.

Hüther, Gerald, Hauser, Uli: Jedes Kind ist hochbegabt. Die angeborenen Talente unserer Kinder uns was wir aus ihnen machen, 2. Aufl. München 20143.

Hummel, Reinhart: Gurus in Ost und West. Hintergründe – Erfahrungen – Kriterien, Stuttgart 1987.

Huxley, Aldous: Die ewige Philosophie. Philosophia Perennis, Freiburg/Breisgau 2008.

Huxley, Aldous: Die Pforten der Wahrnehmung. Himmel und Hölle. Erfahrungen mit Drogen, 12. Aufl. München, Zürich 1986.

Huxley, Aldous: Eiland, München, 7. Aufl. Zürich 1996.

Huxley, Aldous: Moksha. Auf der Suche nach der Wunderdroge, hrsg. von Michael Horowitz und Cynthia Palmer, 3. Aufl. 1998.

Holzhey-Kunz, Alice: Daseinsanalys. Der existenzphilosophische Blick auf seelisches Leiden und seine Therapie, Wien 2014.

Izutsu, Toshihiko: Philosophie des Zen-Buddhismus, Reinbek bei Hamburg 1979.

Jäger, Willigis: Religiöse Erfahrung als Chance für den interkulturellen Dialog, in: Welten des Bewusstseins, Bd. 2: Kulturanthropologische und philosophische Beiträge, hrsg. v. Adolf Dittrich, Albert Hofmann, Hanscarl Leuner, Berlin 1993, S. 119–138

Jäger, Willigis: Mystik und Psychotherapie. Zwei Wege zur ganzheitlichen Persönlichkeit, in: Riedel, Lothar (Hg.): Couch oder Kirche. Psychotherapie und Religion – zwei mögliche Wege auf der Suche nach Sinn, Riehen 2001, S. 117 – 146.

Jäger, Willigis: Suche nach der Wahrheit. Wege – Hoffnungen – Lösungen, 4. Aufl. Petersberg 2005.

James, William: Die Vielfalt religiöser Erfahrung. Eine Studie über die menschliche Natur, Olten, Freiburg/Breisgau 1979.

James, William: The Will to Believe an Other Essays in Popular Philosophy, Cambridge/Mass., London (Harvard University Press) 1979 (b)

James, William: The Will to Believe and Other Essasy in Popular Philosophy, Cambridge, Massachusetts and London (Harvard University Press) 1979 (c)

James, William: Selected Writings, ed by G. H. Bird, London, Vermont (Everyman) 1995.

Jaspers, Karl: Die Chiffern der Transzendenz. Mit zwei Nachworten herausgegeben von Anton Hügli und Hans Saner, Basel 2011.

Jacobi, Jolande: Die Psychologie von C. G. Jung. Eine Einführung in das Gesamtwerk, 4. Aufl. 1959.

Jünger, Ernst: Annäherungen. Drogen und Rausch, Stuttgart 1970.

Jungaberle, Henrik, Gasser, Peter, Weinhold, Jan, Verres, Rolf

(Hg.): Therapie mit psychoaktiven Substanzen. Praxis und Kritik der Psychotherapie mit LSD, Psilocybin und MDMA, Hofgrebe, Bern 2008.

Jungaberle, Henrik ,Peter Gasser, Jan Weinhold, Rolf Verres: Die Professionalisierung Substanz-unterstützter Psychotherapien (SPT), in: Henrik Jungaberle, Peter Gasser, Jan Weinholf, Rolf Verres (Hg.): Therapie mit psychoaktiven Substanzen. Praxis und Kritik der Psychotherpie mit LSD, Psilocybin und MDMA, Hofgrebe, Bern 2008, S. 21–40.

Jungaberle, Henrik, Verres, Rolf: Regeln und Standards in der substanzuntersützten Psychotherapie (SPT), in: Jungaberle, Henrik, Gasser, Peter, Weinhold, Jan, Verres, Rolf (Hg.): Therapie mit psychoaktiven Substanzen. Praxis und Kritik der Psychotherapie mit LSD, Psilocybin und MDMA, Hofgrebe, Bern 2008, S. 41-109.

Keilbach, Wilhelm: Techniken religiöser Ekstasen, in: Josuttis, Manfred, Leuner, Hanscarl (Hg.): Religion und die Droge. Ein Symposion über religiöse Erfahrungen unter dem Einfluss von Halluzinogenen, Stuttgart, Berlin, Köln, Mainz 1972, S. 9–22.

Kerényi, Karl: Mescalin-Perioden der Religionsgeschichte. Ein Beitrag zur Hermeneutik der Sache, in: Jochen Gartz: Halluzinogene in Historischen Schriften. Eine Anthologie von 1913–1968, Solothurn 1999, S. 47 – 52.

Kippenberg, Hans G.: Gewalt als Gottesdienst. Religionskriege im Zeitalter der Globalisierung, München 2008

Klosinski, Gunter: Warum Bhagwan? Auf der Suche nach Heimat, Geborgenheit und Liebe, München 1985.

Knecht, Sigrid: Magische Pilze. Über die mexikanischen Pilzzeremonien, in: Jochen Gartz: Halluzinogene in Historischen Schriften. Eine Anthologie von 1913–1968, Solothurn 1999, S. 109 – 124.

Kupfer, Alexander: Göttliche Gifte. Kleine Kulturgeschichte des Rausches seit dem Garten Eden, Stuttgart, Weimar 1996.

Laatsch, Hartmut: Das Fleisch der Götter – Von den Rauschpilzen zur Neurotransmission, in: Welten des Bewusstseins, Bd. 3: Experimentelle Psychologie, Neurobiologie und Chemie, hrsg. v.

Adolf Dittrich, Albert Hofmann, Hanscarl Leuner, Berlin 1994, S. 181–195.

Langlitz, Nicolas: Neuropsychedelia. The Revival of Hallucinogen Research since the Decade of the Brain, Berkeley, Los Angeles, London (University of California Press) 2013.

Lamparter, Daniel, Dittrich, Adolf: Differentielle Psychologie außergewöhnlicher Bewusstseinszustände – Literaturübersicht und methodische Probleme, in: Welten des Bewusstseins Bd. 3: Experimentelle Psychologie, Neurobiologie und Chemie, hrsg. v. Adolf Dittrich, Albert Hofmann, Hanscarl Leuner, Berlin 1994, S. 59–69.

Lasson, Aldolf: Meister Eckhart, der Mystiker und eine Einführung in die mittelalterliche Mystik, Wiesbaden 2003 (Nachdruck 1868).

Lattin, Don: The Harvard Psychedelic Club. How Timothy Leary, Ram Dass, HustonSmith, and Andrew Weil Killes the Fifties and Ushered in an New Age for America, New York 2010.

Leakey, Richard: Die ersten Spuren. Über den Ursprung des Menschen, München 1999.

Leary, Timothy: Politik der Ekstase, Hamburg 1970.

Leuner, Hanscarl: Katathymes Bilderleben. Grundstufe. Einführung in die Psychotherapie mit der Tagtraumtechnik, 2. Aufl. Stuttgart, New York 1981.

Leuner, Hanscarl: Religionspsychologie und die psychedelische Therapie, in: Ders.: Halluzinogene. Psychische Grenzzustände in Forschung und Psychotherapie, Bern, Stuttgart, Wien 1981, S. 173–218.

Leuner, Hanscarl: Die „Wunderdroge" LSD und ihr Mißbrauch, in: Jochen Gartz: Halluzinogene in Historischen Schriften. Eine Anthologie von 1913–1968, Solothurn 1999, S. 159 – 172.

Lewin; Louis: Phantastica. Über die berauschenden, betäubenden und erregenden Genussmittel, Köln 2000.

Lilly, John, C.: Das Zentrum des Zyklons. Eine Reise in innere Räume, Frankfurt/Main 1986

Maslow, Abraham: Motivation und Persönlichkeit, Reinbek bei Hamburg 1996.

Maslow, Abraham A.: Psychologie des Seins. Ein Entwurf, Frankfurt/Main 1997.

Maslow, Abraham H.: Jeder Mensch ist ein Mystiker. Impulse für die seelische Gesundung, Wuppertal 2014.

Masters, R. E. L., Houston, J.: The Varieties of Psychedelic Experience, New York 1966.

McKenna, Terence: Speisen der Götter. Die Suche nach dem ursprünglichen Baum der Weisheit, Löhrbach 1992.

Kovel, Joel: Kritischer Leitdfaden der Psychotherapie, Frankfurt/Main, New York 1977.

Mattiesen, Emil: Der Jenseitige Mensch. Eine Einführung in die Metapsychologie der mystischen Erfahrung, Berlin und Leipzig 1925.

Meckel-Fischer, Friederike: Therapy with Substance. Psycholytic Psychotherapy in the Twenty First Century, London, New York 2015.

Mensching, Gustav: Buddha und Christus – ein Vergleich, Stuttgart 1978.

Metzinger, Thomas: Spiritualität und intellektuelle Redlichkeit. Ein Versuch, Selbstverlag 2013, Internetressource.

Metzner, Ralph (Ed.): The Ecstatic Adventure, New York, Toronto (Macmillan) 1968.

Metzner, Ralph: Sucht und Transzendenz als Zustände veränderten Bewusstseins. Vortrag auf dem 1. Kongreß der Europäischen Collegiums für Bewusstseinsstudien (ECBS) Göttingen, 24.–27. September 1992, Solothurn (Der Grüne Zweig 158) o. J.

Metzner, Ralph: Molekulare Mystik: Die Rolle psychoaktiver Substanzen bei der Transformation des Bewusstsein, in: Christian Rätsch (Hrsg.): Das Tor zu inneren Räumen. Heilige Pflanzen und psychedelische Substanzen als Quelle spiritueller Inspiration. Eine Festschrift für Albert Hofmann, Löhrbach 1996, S. 62–78.

Myerhoff, Barbara G.: Der Peyote-Kult, München 1980.

Mynarek, Hubertus: Mystik und Vernung. Zwei Pole *einer* Wirklichkeit, Olten, Freiburg im Breisgau 1991.

Naranjo, Claudio: Die Reise zum Ich. Psychotherapie mit heilenden Drogen. Behandlungsprotokolle, Frankfurt/Main 1979.

Naranjo, Claudio: Die psychedelische Erfahrung im Lichte der Meditation, in: Rätsch, Christian: Das Tor zu inneren Räumen. Heilige Pflanzen und psychedelische Substanzen als Quelle spiritueller Inspiration. Eine Festschrift zu Ehren von Albert Hofmann, Löhrbach 1996, S. 197–204.

Nelles, Wilfried: Die Hellinger-Kontroverse. Fakten – Hintergründe – Klarstellungen, Freiburg, Basel, Wien 2005.

Neuhäusler, Anton: Wir sind alle eins. Die Bestätigung der mystischen Erfahrung durch die Vernunft. Plädoyer für die Unsterblichkeit des Menschen, Petersberg 1997.

Newberg, Andrew, d'Aquili, Rause, Vince: Der gedachte Gott. Wie Glaube im Gehirn entsteht, München, Zürich 2014.

Nossack, Hans Erich: Der Untergang, in: Marie Luise Kaschnitz: Deutsche Erzähler, Zweiter Band, Frankfurt/M 1979, S. 572–620.

Otto, Rudolf: Das Heilige. Über das Irrationale in der Idee des Göttlichen und sein Verhältnis zum Rationalen, München 1971.

Pahnke, Walter N.: Drogen und Mystik, in: Religion und die Droge. Ein Symposion über religiöse Erfahrungen unter Einfluss von Halluzinogenen, hrsg. v. Manfred Josuttis, Hanscarl Leuner, Stuttgart, Berlin, Köln, Mainz 1972, S. 54–76.

Palmers, Vanja: Erfahrene Meditierende nehmen Psilocybin. Ein aktuelles Forschungsprojekt, Vortrag auf dem Jubiläumssymposium der Schweizerischen Ärztegesellschaft für Psycholytische Therapie (SÄPT) „Bewusstseinsveränderung und Psychotherapie" am 10. September 2015 in Münchstein bei Basel.

Passie, Torsten: Psycholytic an Psychedelic Therapy Research 1931–1995. A Complete International Bibliography, Hannover 1997.

Passie, Torsten: Bewusstseinszutände: Konzeptualisierung und Messung, Hannover 2007. **Passie**, Torsten, Diersen, Oliver: Zur Einführung in: Hans Friedrichs: Die Psychologie des Meskalinrausches, hrsg. v. Passie und Dierssen, Berlin 2009.

Passie, Torsten, Dürst, Thomas: Heilungsprozesse im veränderten Bewusstseinszustand. Elemente psycholytischer Therapieerfahrungen aus der Sicht von Patienten, Berlin 2009.

Passie, Torsten: Traum, Trance und Ekstase – Ihr Verschwinden in der Kulturgeschichte des Abendlandes. Eine historische Skizze, in: Torsten Passie, Wilfried Belschner, Elisabeth Petrow (Hg.): Ekstasen: Kontexte – Formen – Wirkungen, Würzburg 2013, S. 53–66.

Passie, Thorsten: Homepage, http://www.bewusstseinszustaende.de (Juli 2016)

Pellerin, Cheryl: Trips. Wie Halluzinogene wirken, Aarau 2001.

Piegler, Theo: Macht, Ohnmacht und Machtmissbrauch in psychotherapeutischen Beziehungen, in: Psychotherapie Forum, Bd. 11, Heft 3, S. 106–112. (Onlineressource)

Prinzhorn, Hans: Entrückung durch Rauschgift, in: Jochen Gartz: Halluzinogene in Historischen Schriften. Eine Anthologie von 1913– 1968, Solothurn 1999, S. 23 – 37.

Renggli, René, Tanner, Jakob: Das Drogenproblem. Geschichte, Erfahrungen, Therapiekonzepte, Heidelberg 1994.

Quarch, Christoph, Hartlieb, Gabriele: Eine Mystik, viele Stimmen. Leben aus der Spiritualität des Herzens, Freiburg, Basel, Wien 2004.

Quekelberghe, Renaud van: Ozeanisches Bewusstsein. Einführung in die Vijnana Meditation, Frankfurt/Main, Magdeburg 2011.

Resch, Andreas (Hg.): Veränderte Bewußtseinszustände. Täume, Trance, Ekstase, Innsbruck 1990.

Rätsch, Christian: Zur Ethnologie veränderter Bewusstseinszustände, in: Welten des Bewusstseins, hrsg. v. Adolf Dittrich und Hanscarl Leuner, Bd. 1: Ein interdisziplinärer Dialog, Berlin 1993, S. 21–45.

Rätsch, Christian: 50 Jahre LSD-Erfahrung. Eine Jubiläumsschrift, Solothurn o. J.

Rätsch, Christian: Einleitung: Sucht und veränderte Bewusstseinszustände im Kulturvergleich, in: curare, 18 (1995), S. 271-277.

Rippchen, Ronald (Hg.): Das Recht auf Rausch. Materialien zur Haschisch-Dikussion, Löhrbach, Solothurn o. J. (Der grüne Zweig 147)

Sahihi, Arman: Designer-Drogen. Gifte, Sucht und Szene, 3. Aufl. Weinheim, Basel 1990.

Samuels, Andrew, Shorter, Bani, Plaut, Fred: Wörterbuch Jungscher

Psychologie, München 1991

Schäfer, Thomas: Was die Seele krank macht und was sie heilt. Die psychotherapeutische Arbeit Bert Hellingers, München 1998.

Scheidt, Jürgen vom: Freud und das Kokain. Die Selbstversuche Freuds als Anstoß zur „Traumdeutung", München o. J. (ca. 1973).

Schellnhuber, Hans Joachim: Selbstverbrennung: Die fatale Dreiecksbeziehung zwischen Klima, Mensch und Kohlenstoff, München 2015.

Schimmel, Annemarie: Wie universal ist die Mystik? Die Seelenreise in den großen Religionen der Welt, Basel, Wien 1996

Schmidbauer, Wolfgang, vom Scheidt, Jürgen: Handbuch der Rauschdrogen, Frankfurt/Main 1998.

Schmidt-Lellek, Christoph: Narzisstischer Machtmissbrauch in der Psychotherapie, in: Schmidt-Lellek, Heimannsberg, Barbara (Hrsg.): Macht und Machtmissbrauch in der Psychotherapie, Köln 1995.

Schopenhauer, Arthur: Die Welt als Wille und Vorstellung. Erster Band, hrsg. von Julius Frauenstädt, Leipzig 1922.

Schubart, Walter: Religion und Eros, hrsg. v. Friedrich Seifert, 3. Aufl. München 1952.

Schüttler, Günter: Die Erleuchtung im Zen-Buddismus. Gespräche mit Zen-Meistern und psychopathologische Befunde, Freiburg, München 1974.

Schultes, Richard, Evans, Hofmann, Albert, Rätsch, Christian: Pflanzen der Götter. Die magischen Kräfte der bewusstseinserweiternden Gewächse, Aarau 1998.

Seger, Imogen: Wenn die Geister wiederkehren. Weltdeutung und religiöses Bewusstsein in primitiven Kulturen, Frankfurt/Main, Berlin, Wien 1984.

Serko, Alfred: Im Meskalinrausch, in: Jochen Gartz: Halluzinogene in Historischen Schriften. Eine Anthologie von 1913–1968, Solothurn 1999, S. 11 – 21.

Sheldrake, Rupert: The Science Delusion. Freeing The Spirit of Enquiry, London 2012.

Shulgin, Alexander, Schulgin, Ann: Pihkal. A Cemical Love Story, Berkeley (Transform Press) 1995.

Singer, Wolf, Ricard, Matthieu: Hirnforschung und Meditation. Ein Dialog, Frankfurt/Main 2008.

Siegel, Ronald K.: RauschDrogen. Sehnsucht nach dem künstlichen Paradies, Reinbek 2000.

Sudbrack, Josef: Mystik. Selbsterfahrung – Kosmische Erfahrung – Gotteserfahrung, 3. Aufl. Mainz, Stuttgart 1992.

Smith, Huston: Erneuerung und Vertiefung des religiösen Lebens?, in: Josuttis, Manfred, Leuner, Hanscarl (Hg.): Religion und die Droge. Ein Symposion über religiöse Erfahrungen unter dem Einfluss von Halluzinogenen, Stuttgart, Berlin, Köln, Mainz 1972, S. 147–165.

Stace, W. T.: Mysticism and Philosophy, London 1961.

Steckel, Ronald: Bewusstseinserweiternde Drogen. Eine Aufforderung zur Diskussion. Edition Voltaire, o. O., o. J. (ca. 1971).

Störmer-Caysa, Uta: Einführung in die mittelalterliche Mystik, Stuttgart 2004.

Stolaroff, Myron J.: Thanatos To Eros. Thirty-Five Years Of Psychedelic Exploratxion, Berlin 1994.

Strassman, Rick: DMT. Das Molekül des Bewusstseins. Zur Biologie von Nahtod-Erfahrungen und mystischen Erlebnissen, 3. Aufl. Baden und München 2014.

Szasz, Thomas S.: Das Ritual der Drogen, Wien, München, Zürich 1978.

Tart, Charles T.: On Being Stoned. A Psychological Study Of Marijuana Intoxication, (Library of Congress) 1971.

Tart, Charles T.: Das Übersinnliche. Forschungen über einen Grenzbereich psychischen Erlebens, Stuttgart 1977.

Tart, Charles, T.: Bewusstseinszustände und zustandsspezifische Wissenschaften, in: Walsh, Roger N., Vaughan, Frances (Hg.): Psychologie in der Wende. Grundlagen, Methoden und Ziele der Transpersonalen Psychologie. Eine Einführung in die Psychologie des Neuen Bewusstseins, Reinbek 1987. S. 227-243.

Tart, Charles T.: The End of Materialism. How Evidence of the Paranormal Is Bringing Science And Spirit Together, Oakland 2009.

Thomas, Alexander: Grundriss der Sozialpychologie, Göttingen,

Göttingen, Bern, Toronto, Seattle, Band 1: 1991, Band 2: 1992.

Thomas, Klaus: Die künstlich gesteuerte Seele. Brainwashing, Haschisch und LSD – chemische und hypnotische Einflüsse auf Gehirn und Seelenleben, Stuttgart 1970.

Tilliette, Xavier: Schelling. Biographie, Stuttgart 2004.

Topitsch, Ernst: Grundformen vorwissenschaftlicher Seelenvorstellungen, in: Club Voltaire 1, Jahrbuch für kritische Aufklärung, hrsg. v. Gerhard Szcesny, München 1963, S. 3232 – 334.

Tschan, Werner: Missbrauchtes Vertrauen. Sexuelle Grenzverletzungen in professionellen Beziehungen. Ursachen und Folgen, 2. Aufl. Basel, Freiburg, Paris 2005.

Ulrich, Hans E.: Von Meister Eckhardt bis Carlos Castaneda. Reise durch eine andere Wirklichkeit, Frankfurt/Main 1986.

Urteil des Landgerichts Berlin Geschäftsnummer: (529) 234/1 Kap Js 1885/09 (4/11),19.03.2010.

Utsch, Michael, Bonelli, Raphael M., Pfeifer, S.: Psychotherapie und Spiritualität. Mit existenziellen Konflikten professionell umgehen, Berlin, Heidelberg 2014 (zitiert nach E-Book und Position).

Vaughan, Frances: Heilung aus dem Inneren. Leitfaden für eine spirituelle Psychotherapie, München 1990.

Vaitl, Dieter: Veränderte Bewusstseinszustände. Grundlagen – Techniken –Phänomenologie, Stuttgart 2012.

Victoria, Brian (Daizen) A.: Zen, Nationalismus und Krieg. Eine unheimliche Allianz, Berlin 1999.

Vollenweider, Franz X.: Neurobiologie der Halluzinogenforschung, in: Henrik Jungaberle, Peter Gasser, Jan Weinholf, Rolf Verres: Die Professionalisierung Substanz-unterstützter Psychotherapien (SPT), in: Henrik Jungaberle, Peter Gasser, Jan Weinholf, Rolf Verres (Hg.): Therapie mit psychoaktiven Substanzen. Praxis und Kritik der Psychotherapie mit LSD, Psilocybin und MDMA, Hofgrebe, Bern 2008, S. 111–129.

Walder, Patrick, Amendt, Günter: Ecstasy & Co. Alles über Partydrogen, Reinbek 1997.

Waldrich. Hans-Peter: Grenzgänger der Wissenschaft, München

1993.

Waldrich, Hans-Peter: Esoterik für Einsteiger. Ein Leitfaden durch östliche und westliche Traditionen, München 1985.

Waldrich, Hans-Peter: Zwischen Therapie und Erleuchtung, in: der Freitag 19. 09. 05. 2008.

Waldrich, Hans-Peter: Lucy in the Sky. Tod durch Therapie, in: der Freitag, 01. 10. 2009.

Waldrich, Hans-Peter (unter Mitarbeit von Gabriele Markert): Gehirnwäsche oder Heilverfahren? Erfahrungen mit drogengestützten Psychotherapien, Hamburg 2014.

Walsh, Roger N., Vaughan, Frances (Hg.): Psychologie in der Wende. Grundlagen, Methoden und Ziele der Transpersonalen Psychologie. Eine Einführung in die Psychologie des Neuen Bewusstseins, Reinbek 1987.

Walter, Gerda: Phänomenologie der Mystik, Olten, Freiburg im Breisgau 1955.

Waltz, Edwin, Millard: Soziale Faktoren bei der Entstehung und Bewältigung von Krankheit – ein Überblick über die empirische Literatur, in: Badura, Bernhard (Hrsg.): Soziale Unterstützung und chronische Krankheit. Zum Stand der sozialepidemiologischen Forschung, Frankfurt/Main 1981, S. 40–119.

Wasson, Gordon R.: Heilige Pilze, in: Edward Reavis: Rausgiftesser erzählen. Eine Dokumentatxion, Frnkfurt/Main 1967, S. 214.223.

Wasson, Gordon R., Hofmann, Albert, Ruck, Carl A. P.: Der Weg nach Eleusis. Das Geheimnis der Mysterien, Frankfurt/Main 1984.

Watts, Alan: Zeit zu leben. Erinnerungen eines „heiligen Barbaren", München 1972.

Watts, Alan: Dies ist es, in: John White (Hrsg.): Was ist Erleuchtung? Freiburg im Breisgau 1988, S. 40-56, 54.

Watts, Alan W.: Kosmologie der Freunde. Psychedelische Bibliothek, hrsg. v. Claudia Müller-Ebeling und Christian Rätsch, Aarau 2000.

Watts, Alan: Leben ist jetzt. Der östliche Weg der Befreiung und die Verwandlung des Selbst, Freiburg, Basel, Wien 2001.

Watts, Alan: Die Illusion des Ich. On the Taboo Against Knowing

Who You Are, München 2005.

Watzlawick, Paul: Die erfundene Wirklichkeit. Wie wissen wir, was wir zu wissen glauben?, 2. Aufl. München, Zürich 2007.

Weigle, Constanze, Rippchen, Ronald (Hrsg.): MDMA. Die psychoaktive Substanz für Therapie, Ritual und Rekreation. Der grüne Zweig 103, o. O., o. J. (ca. 1992)

Weil, Andrew: Drogen und höheres Bewusstsein. Psychedelische Bibliothek, hrsg. v. Claudia Müller-Ebeling und Christian Rätsch, Aarau 2000 oder: Weil, Andrew: Das erweiterte Bewusstsein. Therapie in eigener Sache, Stuttgart 1974.

Weischedel, Wilhelm: Skeptische Ethik, Frankfurt/Main 1980

Widmer, Peter: Mystikforschung zwischen Materialismus und Metaphysik. Ein Einführung, Freiburg, Basel, Wien 2004.

Widmer, Samuel: Ins Herz der Dinge lauschen. Vom Erwachen der Liebe. Über MDMA und LSD. Die unerwünschte Psychotherapie, Solothurn 1989.

Widmer, Samuel: Ecstasy. Die User-Fibel, Neu-Allschwil/Basel 1996.

Widmer, Samuel: Keine Macht den Drogen, Vortrag an der Universität Hamburg vom 2. Juni 2009 (Onlineressource).

Widmer Nicolet, Samuel: Das Inzesttabu. Band I: Zusammenfassende Gedanken zum Lebenswerk. Die Art des Kriegers, Allschwil/Basel 2010.

Widmer Nicolet: Wer heilt, hat recht. Band II: Zusammenfassende Gedanken zum Lebenswerk. Die Art des Kriegers. Allschwil/Basel 2010.

Wilber, Ken: Wege zum Selbst. Östliche und westliche Ansätze zu persönlichem Wachstum, 3. Aufl. München 1987.

Wilber, Ken: Die drei Augen der Erkenntnis. Auf dem Weg zu einem neuen Weltbild, München 1988.

Wilber, Ken: Halbzeit der Evolution. Der Mensch auf dem Weg vom animalischen zum kosmischen Bewusstsein, 4. Aufl. Frankfurt/Main 1999.

Wilber, Ken: Integrale Spiritualität. Spirituelle Intelligenz rettet die Welt, München 2007.

Wirth, Hans-Jürgen: Narzissmus und Macht. Zur Psychoanalyse seelischer Störungen in der Politik, 2. Aufl. Gießen 2002.

Wyss, Dieter: Psychologie und Religion. Untersuchungen zur Ursprünglichkeit religiösen Erlebens, Würzburg 1991.

Yensen, Rich: Vom Mysterium zum Paradigma: Die Reise des Menschen von heiligen Pflanzen zu psychedelischen Drogen, in: Christian Rätsch (Hrsg.): Das Tor zu inneren Räumen. Heilige Pflanzen und psychedelische Substanzen als Quelle spiritueller Inspiration. Eine Festschrift für Albert Hofmann, Löhrbach 1996, S. 17–78.

Yensen, Richard, Dreyer, Donna: Dreißig Jahre psychedelische Forschung. Das Spring Grove Experiment und seine Folgen, in: Welten des Bewusstseins, hrsg. v. Adolf Dittrich, Albert Hofmann, Hanscarl Leuner, Bd. 4: Bedeutung für die Psychotherapie, Berlin 1994, S. 155–187.

Zweig, Stefan: Roman Rolland. Der Mann und das Werk, Frankfurt/Main 1923.

Zaehner, Robert Charles: Mystik religiös und profan. Eine Untersuchung über verschiedene Arten außernatürlicher Erfahrungen, Stuttgart 1957.

Zuzuki, Daisetz Teitaro: Ur-Erfahrung und Ur-Wissen. Die Quintessenz des Buddhismus. Wien 1983

Dank an Begleiter und Informanten

Diese Schrift resultiert aus einer jahrzehntelangen Beschäftigung mit psychedelischen Substanzen sowohl in Theorie wie auch in der Praxis. Vielen Menschen bin ich verpflichtet, denn ohne sie hätte ich diesen Text nicht zustande gebracht. Dankbar bin ich auch jenen Menschen, mit denen ich mich überworfen habe, weil ich ihre Art, psycholytische Therapie zu betreiben oder diese Art zu verteidigen, ablehnen muss. Es ist schon recht so, dass wir in diesem Leben konträre Rollen spielen, und ich stelle mir gelegentlich vor, welche Freude es sein wird, wenn wir uns nach Vollendung dieses Lebens lachend in den Armen liegen. Ende gut, alles gut.

Aktuell danke ich besonders meiner Tochter, die mehrfach gegengelesen und im Übrigen des Vaters schräge Abenteuer in der Welt der psychoaktiven Substanzen aus nächster Nähe miterlebt hat, ich danke Ida Braun, die Korrektur las, aber vor allem Thomas Welter, dessen Ermutigung und liebevolle Begleitung eine wirkliche Stütze war. Es gehört eine Menge Offenheit dazu und auch vielleicht so etwas wie eine psychdelische Weisheit, wenn jemand in der Lage ist, einerseits Verbandsvertreter für die psycholytische Therapie zu sein und andererseits gleichwohl die Berechtigung einer kritischen Distanz anzuerkennen.

Einem weiteren Thomas gilt es zu danken, doch ich soll und kann ihn nicht mit vollem Namen nennen, denn er würde in seinem verantwortungsvollen Beruf als verrückt erklärt werden, wüsste man, dass er ernsthaft mit jemandem zu tun hat, der Drogen nicht heimlich einnimmt, sondern offen darüber spricht.

Zentrale Anregungen erfuhr ich von Menschen, die zu den Geschädigten der „echten Psychotherapie" gehören. Durch sie erhielt ich Einblicke, die meine persönlichen Erfahrungen vervollständigten. Nicht alle diese Informanten dürfen genannt werden, auf jeden Fall aber zwei Menschen, die ich lieben und schätzen gelernt habe: Sabine Bundschu und Ariela Bogenberger, denn ihr Prinzip ist es, mit ihrem Anliegen in die Öffentlichkeit zu gehen. Ihr Ringen um die

Bewältigung dessen, was sie als Verführung und als Beraubung ihrer seelischen Integrität erfahren haben, ist tapfer und von einen konsequenten Willen angetrieben, in einem authentischen und tiefen Sinne wieder zu sich selbst zu finden. Die Tatsache, dass sie von den „echten" Therapeuten pathologisiert werden und man jede wirkliche Kommunikation verweigert, ist ein sprechendes Zeugnis für die Irrwege, auf den die Verwendung psychoaktiver Substanzen geraten ist.

Der Autor freut sich über jede Zuschrift und beantwortet sie auch:

hanspeterwaldrich@yahoo.de

Hans-Peter Waldrich

Gehirnwäsche oder Heilverfahren?

Erfahrungen mit drogengestützten
Psychotherapien

tredition®

Verbreitet werden illegale Gruppentherapien mit Drogen durchgeführt. Dabei kommen Halluzinogene zum Einsatz, deren psychotherapeutische Wirksamkeit in mehreren wissenschaftlichen Studien nachgewiesen wurde. Halluzinogene ermöglichen eine vertiefte Selbsterkenntnis und führen oft zu Einsichten, die heilend wirken und als Leitlinie für das weitere Leben dienen können. Doch spätestens seit den Todesfällen in Berlin sollten derartige Verfahren an strenge Standards gebunden werden. 2009 starben dort zwei Patienten an einer Überdosis, da sich der therapeutische Gruppenleiter unter dem Einfluss von LSD bei der Abmessung der Rauschmittel vertan hatte.

Als Journalist nahm der Autor zur Erkundung dieser Untergrundszene selbst an einer langlaufenden Gruppentherapie teil. Während er einerseits die eindrucksvolle Wirkung von Halluzinogenen wie LSD, Ecstasy oder Meskalin erlebte, schockierten ihn andererseits die unprofessionellen Therapiemethoden. Die Abstinenzregel, die eine Mindestdistanz zwischen dem Psychotherapeuten und seinen Patienten vorschreibt, wurde systematisch verletzt. So lösten sich die Grenzen zwischen Seriosität und sektenähnlicher Esoterik auf.

Nach Abschluss seiner eigenen Nachforschungen brachte eine Patientin die Leiterin dieser Gruppe vor Gericht. Der Autor nahm Kontakt zu ihr auf und protokollierte auch deren Geschichte. Sie illustriert ebenso anschaulich, wo die Gefahren der „psycholytische Therapie" liegen und wo die Abwege in den Realitätsverlust beginnen. Dabei spielt die Tatsache der Illegalität eine besondere Rolle. Wenn Therapeuten mit einem Fuß im Gefängnis stehen, ist effektive Psychotherapie kaum mehr möglich. Es bildet sich ein paranoisches Gruppenklima heraus, in dem Konflikte unter den Tisch gekehrt werden und wahnhafte Ideologien Fuß fassen können. Die suggestive Wirkung von Halluzinogenen wird zum Mittel der Manipulation. Es kommt zum Machtmissbrauch in der Psychotherapie. Ein sonst vielversprechendes Verfahren wird auf diese Weise konterkariert.

Zeitfracht Medien GmbH
Ferdinand-Jühlke-Straße 7
99095 Erfurt, Deutschland
produktsicherheit@kolibri360.de